El ABC de la sexualidad humana

Dr. José Aníbal Cruz

Título original:
El ABC de la sexualidad humana

Autor:
José Aníbal Cruz

ISBN:
978-9945-13-1505

Ilustración:
Mayra Hasbun Cruz

Diseño de portada:
Charyna Hasbun

Diagramación:
Mediaprint, s.r.l.
www.mediaprint.com.do

Impresión:
Meriabyte, s.r.l.
www.mediabyte.com.do

"Compartir tus conocimientos es una forma de alcanzar la inmortalidad".

(Dalai Lama)

Contenido

Prólogo	9
Introducción	12
CAPÍTULO I	15
La sexualidad humana	16
Aspecto psicológico	18
La sexualidad y la moral religiosa	19
Las mil y una razones de por qué es el sexo necesario y saludable	20
CAPÍTULO II	24
El aparato reproductor masculino	25
Órganos genitales externos	25
Órganos genitales internos	28
CAPÍTULO III	30
El aparato reproductor femenino	31
Órganos genitales femeninos externos	32
Órganos genitales internos	34
CAPÍTULO IV	39
Desde el cerebro hasta el orgasmo	40
I. El sistema límbico	41

II. Los centros del placer	42
III. La corteza cerebral	43
Cómo funciona el cerebro	44
Cómo se envían estos mensajes	44
Inervación del pene y del clítoris	45
CAPÍTULO V	47
La química mágica del erotismo, la atracción sexual y el amor romántico	48
La Feniletilamina (FEA)	50
CAPÍTULO VI	55
La biopsicología de la atracción sexual y el amor sublime	56
Formulaciones sobre el origen de la atracción sexual y el amor	57
Formulación sicoanalítica	58
Las bases químicas de la atracción sexual y el amor romántico	60
Formulación y comparación de los modelos científicos	64
CAPÍTULO VII	66
El orgasmo y otras cosas	67
Orgasmo espontáneo	68
Orgasmo femenino	69
Orgasmo y otras áreas de estimulación	72
Estimulación de los senos y los pezones	72
Estimulación anal	72
Orgasmos múltiples	73
Eyaculación Femenina	73

Orgasmo masculino y eyaculación	75
Fase 1. La respuesta sexual del hombre (Excitación)	75
Fase 2. La respuesta sexual del hombre (Plateau)	75
Fase 3. La respuesta sexual del hombre (Orgasmo)	76
Fase 4. La respuesta sexual del hombre (Resolución)	77
CAPÍTULO VIII	78
La masturbación	79
Masturbación Mutua	79
7 mitos y preocupaciones acerca de la masturbación y la salud	80
La masturbación en los niños	83
La masturbación en los hombres	85
La masturbación en la mujer	86
CAPÍTULO IX	90
Disfunción sexual	91
Causas de la disfunción sexual	94
CAPÍTULO X	96
Disfunción sexual femenina	97
Causas del desorden	99
Tratamiento de los desórdenes sexuales	103
CAPÍTULO XI	104
Disfunción Sexual Masculina Disfunción Eréctil	105
Causas más comunes de disfunción eréctil	106
Tratamiento	109
Fármacos y medicaciones que ayudan a mejorar la disfunción eréctil	109

CAPÍTULO XII	112
Las parafilias	113
CAPÍTULO XIII	131
Homosexualidad	132
La homosexualidad en la historia	133
Causas de la homosexualidad, estudios e investigaciones científico-académicas	136
Teorías neurobiológicas	136
Punto de vista Psicológico	138
La homosexualidad y los grupos científicos	141
Homosexualidad en la población	143
Situación legal de la homosexualidad en el mundo	145
El matrimonio homosexual	145
CAPÍTULO XIV	147
Enfermedades sexualmente transmitidas o enfermedades venéreas	148
El Linfogranuloma Venéreo (LGV)	151
Tricomoniasis:	157
Condiloma acuminado:	158
El herpes simple:	160
El virus de inmunodeficiencia Humano (VIH) y el síndrome de inmunodeficiencia adquirido (SIDA)	163
De dónde provino el VIH	166
Cómo se contagian los humanos con el VIH	166
Tratamiento:	169
CAPÍTULO XV	172

Formas del control de la natalidad	173
Métodos anticonceptivos:	179
Métodos anticonceptivos naturales	179
Espermicidas:	181
Diafragma Vaginal:	181
Dispositivo Intrauterino (DIU)	181
Anticonceptivos hormonales:	183
El preservativo o condón	186
Métodos permanentes:	187
Métodos de emergencia:	188
Métodos anticonceptivos en desarrollo	190
CAPÍTULO XVI	192
El aborto	193
CAPÍTULO XVII	202
Sexualidad en los envejecientes	203
Cambios en la función sexual notados con el envejecimiento	205
Actitud y reparo para evitar el deterioro de la vida sexual del envejeciente	207

Prólogo

Durante varios años de práctica clínica, particularmente, tratando con pacientes afectados por trastornos sexuales primarios o secundarios, observé de forma constante la fuerte limitación, que ,oponía de forma casi natural, la apertura del paciente para discutir su problema, con la represión que este sentía, y que, por ende saboteaba la relación terapéutica. En seminarios y discusiones científicas, con otros colegas, siempre hice hincapié en la relación dialéctica de la pareja en torno a su vida sexual como punto de partida de muchos trastornos emocionales .Este se vislumbra constantemente entre el sufrimiento causado por la disfunción neurótica en torno a la actividad sexual, que produce el no poder obtener el goce libidinal deseado, y el prejuicio ideológico hacia la actividad sexual que impide la solución psicológica del conflicto.

Durante siglos, se percibió la relación entre parejas, como forma de tenencia, sujeta a reglas morales, dictaminadas por los que sustentaban el poder. De esta concepción de la pareja que se fomenta en la etapa medieval, se forman sentimientos negativos, que a su vez afectan la relación de pareja, en referencia al goce libidinoso y por ende a toda la estructura psicológica de unión. Esto conllevó, al tabú ideológico y a la concepción del sexo como un ente, primariamente, reproductor. En mi opinión, esta estructura de pensamiento socialmente adquirido, conllevó al obscurantismo educacional y científico sobre la actividad sexual que perduró, durante varios siglos. Fue la figura de Freud y sus discípulos, que iniciaron el camino al estudio científico de las relaciones sexuales y sus trastornos a finales del siglo XIX...

Más de cien años han pasado, desde entonces, y lo que hoy se habla y se sabe de sexo, es inobjetablemente, un logro de la evolución del sistema técnico y educativo. No obstante el uso comercial que se la da al sexo, que al igual que la violencia, constituyen artefactos socio culturales con fines enajenantes, los avances científicos sobre el sexo y sus enfermedades, ha sido vertiginoso en los últimos dos decenios. Lamentablemente, y en sentido diametralmente opuesto, la difusión educativa de dichos avances ha sido más bien lento y tímido. En Latinoamérica y España, son escasos los materiales con seriedad científica, que están dirigidos a educar con lenguaje sencillo, pero conciso, a la población general. Si acaso, algunos panfletos o libros de bolsillo, con información básica se pueden encontrar en las grandes librerías de las urbes de los países de habla castellana.

Es precisamente, el motivo por el cuál, con mucho honor, me gustaría presentar esta obra sencilla pero rica en material científico e información minuciosa sobre temas hasta ahora obscuros en el saber popular. Este libro escrito por el siquiatra dominicano José Aníbal Cruz García, es el resultado de más de cuarenta años de práctica clínica, que incluyen un intenso y largo entrenamiento en psicoanálisis en la reputada clínica Menninger, en Tópeka, Kansas.

El Dr. Cruz García, ha dedicado al lector de habla castellana, el esbozo de muchos años de conocimientos en el diagnóstico y tratamiento de los trastornos sexuales. Por ejemplo, temas relacionados al aborto, al SIDA (síndrome de inmunodeficiencia adquirida), trastornos de la eyaculación rápida [precoz], trastornos del deseo sexual en la mujer y el hombre, en los ancianos, en la población homosexual etc., son expuestos por el autor con una aguda, pero detallada versatilidad que permite al lector el entendimiento casi inmediato de los temas expuestos.

De tal manera, creo que la difusión del trabajo del Dr. Cruz García contribuye al enriquecimiento educativo del lector general sobre los diversos aspectos de la actividad sexual. En mi opinión, éste es el objetivo primordial ya que al propiciar, a través del conocimiento, la ruptura del tabú represivo cultural, optimiza a su vez el goce en la pareja y una relación más saludable entre los individuos y el entorno social.

Dr. José J. Dergan
Psicólogo Clínico
Doral, FL, EE.UU.
10 de Octubre del 2011

Introducción

Este libro que ha sido escrito en una forma sencilla, y fácil de seguir evitando lo más posible el uso de términos técnicos y científicos, en el cual su orientación principal fue la de proveer al lector y la población general con información y conocimientos científicos a través de términos sencillos y fáciles de digerir por una persona común que no está familiarizada con temas y términos técnicos sobre la sexualidad humana, función que se logró al utilizar conceptos simples plasmados en una prosa sencilla, pero sin alterar su contenido científico.

Durante largos años de práctica en psiquiatría, sin importar la relación o causa de los problemas o trastornos emocionales de los pacientes que me consultaban, de una forma u otra generalmente aparecían preguntas relacionadas con temas de la sexualidad humana, lo que siempre llamo mi atención eran todas aquellas preguntas que los pacientes durante muchos años o décadas trataron de obtener una respuesta que nunca recibieron, quizás por temor, vergüenza, o por cierto grado de desconocimiento, no se atrevieron a preguntar. Conocemos con lujos de detalles lo que sucede a miles de cientos de kilómetros de la tierra y lo sucede en la superficie lunar y del planeta Marte, conocemos a ciencia cierta la composición geológica del centro de la tierra, y conocemos casi todos los misterios del fondo del mar, más allá de la ciencia ficción y de la imaginación de Julio Verne en su versión de 20,000 leguas de viaje submarino, sin embargo desconocemos en gran parte lo que pasa a pocas pulgadas debajo del cinturón que sujeta nuestras prendas de vestir. Por lo tanto el objetivo de este libro es proveer información certera basada en un marco de referencias científicas que se apega a las exigencias rigurosas de la metodología de la ciencia, aun y trate de hacerlo lo más sencillo e ilustrativo siempre se tuvo en cuenta la base médico-científico como la parte más importante.

Numerosas ideas procedentes de mis años de experiencias como psiquiatra, y conocimientos sobre la sexualidad obtenidos durante la participación del seminario taller del instituto de estudios sexuales de Master And Johnson, efectuado en la ciudad de Filadelfia, forman parte del desarrollo de los temas contenido en este libro, siendo la gran mayoría de estas ideas y temas avalados por una numerosa lista de citaciones, referencias y un extenso listado de referencias bibliográficas puestos a la disposición del lector para consultar, revisar, o ampliar conocimientos relacionados a temas de interés expresados en este libro.

El objetivo principal del ABC DE LA SEXUALIDAD HUMANA, no es el de proyectarse o ser interpretado como un libro de texto académico, orientado básicamente hacia personas con amplio conocimientos dentro del campo de la medicina, y de profesionales de la conducta, al contrario, fue el objetivo de este, el crear un texto en el cual su misión principal fuese la de proveer al lector y la población general con información y conocimientos científicos a través de términos sencillos, comprensibles.

El lector notara que se abordaron temas controversiales que se prestan a discusiones, argumentos y diferencias conceptuales, en especial al tema la homosexualidad, y el aborto y otros quizás no tan controversiales pero definitivamente chocantes debidos a la formación y el carácter social imperante en la civilización occidental actual, la cual tiende a crear debates álgidos entre las ideas con orientación científicas y las ideas religiosas, y de tradición social. Fue mi intención en esos temas tratar de mantener la imparcialidad en cuanto las ideas expresadas, y me sentí obligado a apegarme al estricto marco de la información certera y no permitir la contaminación de mis ideas, tratando de no afectar la objetividad del tema expuesto, creo que esta fue la parte más difícil, pero quizás la más importante.

Al finalizar esta introducción solo me resta desearle al lector que este libro tenga las respuestas e información esperadas, lo cual fue el objetivo principal, desde su comienzo, hasta su final, por lo que si esta misión fue en parte cumplida, bien podría decirse que lo escrito lleno su cometido.

JAC

CAPÍTULO I

La sexualidad humana

La sexualidad humana

El término sexualidad abarca todas las experiencias y respuestas eróticas relacionadas con el sexo, el acto sexual y todas las actividades sexuales propias de los humanos. La sexualidad también incluye la atracción hacia otras personas; es decir, la atracción erótica sexual hacia el sexo opuesto (heterosexual), al mismo sexo (homosexual) o la atracción sexual a ambos sexos (bisexual).

El diccionario médico Dorland´s, define la sexualidad como "la formación característica de un individuo en relación a su actitud o actividad sexual"; prosigue diciendo que "la sexualidad envuelve todos los elementos que componen el aparato reproductivo del hombre y de la mujer".

Otra definición como la del diccionario Larousse, define la sexualidad como "un conjunto de caracteres especiales externos e internos que presentan los individuos, y que son determinados por su sexo". En una forma sencilla, se podría resumir la sexualidad como un conjunto de fenómenos relacionados a la actitud psicológica, a la actividad física asociada con el sexo (genitales), al acto sexual y a las funciones resultantes a esta actividad.

La sexualidad se podría enfocar desde el punto de vista biológico y desde el punto de vista funcional, ya que por muchos años se pensó que la conducta sexual humana era diferente a la conducta sexual de otros animales, porque se creía que los animales sólo tenían relación sexual para procrear y mantener la especie y no por placer. Sin embargo, numerosas investigaciones y trabajos científicos en el campo de la zoología han demostrado lo contrario, puesto que los animales, al igual que el hombre, efectúan y hace el amor puramente por placer y en ocasiones resultando en procreación.

Desde el punto biológico, la sexualidad humana tiene que ver con la copulación (hacer el amor) como un medio de procreación humana a través del contacto físico en el acto sexual. En lo que concierne al sexo en la reproducción conlleva el acto sexual, el cual consiste en un hombre hacer el amor a una mujer, el cual se cristaliza con el orgasmo y la eyaculación dentro de la vagina femenina, lo que podría terminar en preñez o embarazo. Pero existe otra parte de la sexualidad, de igual importancia, y es la que envuelve la función sexual refiriéndose a la realización del acto sexual, por placer, que al igual que el sexo en la reproducción resulta placentero y divertido.

Otro aspecto a considerar en la sexualidad es el aspecto sociocultural, donde se puede entender la sexualidad como parte de la vida social de los humanos, creando reglas y normas sociales, las cuales tienen una influencia directa en como la sociedad es informada y manejada, en lo referente a la sexualidad, especialmente en las áreas que envuelve a niños y jóvenes, donde se imponen reglas sobre qué información debe ser facilitada y a qué edad deben estos ser expuestos a la información sexual. El sistema escolar en la mayoría de países desarrollados tiene la educación sexual como parte del pensum académico, y la cantidad y calidad de la información sobre los temas de la sexualidad varían de una sociedad a otra. Por ejemplo, en la mayoría de los países europeos y en Australia se considera que la edad apropiada para exponer a una persona a la educación sexual debe comenzar en la edad preescolar; mientras que en otros países se reserva la educación sexual a la edad de la preadolescencia y la adolescencia. Los temas y tópicos a incluir dentro del programa de educación sexual varían; pero generalmente incluyen el aspecto mental, físico y social de la conducta humana.

Aspecto psicológico

La sexualidad en los humanos crea definitivamente curiosidad, la que conlleva a una intensa respuesta tanto emocional como psicológica, creándose varias teorías que identifican la sexualidad como un componente vital de suma importancia en la personalidad de los humanos.

Desde tiempo atrás, estudios sobre la sexualidad se enfocaban en los efectos psicológicos que afectaban la conducta sexual y las experiencias resultantes de esta actividad. Uno de los primeros investigadores en estudiar la sexualidad fue Sigmund Freud, médico, neurólogo austríaco, quien creó y elaboró la Teoría Sicoanalítica. La piedra angular de esta teoría es el aspecto del desarrollo psicosexual. También estudió y describió las zonas erógenas que se manifestaban en las diferentes etapas del desarrollo psicosexual y elaboró la propuesta del complejo de Edipo, latencia y la resultante actividad sexual durante la adolescencia. Otros teóricos conductistas, John B. Watson y B. F. Skinner, también estudiaron en una forma minuciosa las acciones, consecuencias y las variantes resultantes de la conducta sexual humana.

Han sido analizados también otros aspectos significativos de la conducta sexual humana, la cual parece manejada por el deseo del placer, que se acompaña con la búsqueda de pareja y la interacción entre individuos que buscan acercamiento y contacto físico, intimidad emocional, lo que lleva generalmente al juego sexual, la masturbación y al orgasmo.

La atracción sexual es uno de los aspectos más importantes en la sexualidad de los individuos. Cada persona determina y elige las cualidades que encuentra como atractivas, las que varían, de persona a persona, y que determinan la orientación sexual, las cualidades y detalles que los individuos encuentran como sexualmente atractivos y que generalmente tienen que ver con la apariencia física, belleza y gracia en la armonía de los movimientos.

Otros elementos a considerar, que podrían influenciar en la atracción sexual, son el tono y la melodía de la voz, el olor y la personalidad. Estas cualidades y gustos preferenciales se deben a una variedad de elementos, tales como: factores genéticos, psicológicos y culturales.

La sexualidad y la moral religiosa

La mayoría de las religiones existentes en el mundo siempre han abordado y tratado de influenciar a las sociedades en el tema del sexo y la sexualidad, y cada una, en especial la católica, ha desarrollado un esquema de patrones y reglas morales que rigen y manejan los códigos de la sexualidad, creando en su gran mayoría una doble moral o doble estándar, acompañados de códigos éticos rígidos y dogmáticos, difíciles de seguir o de cumplir, los cuales dictan las pautas, y guías a seguir por sus feligreses, los cuales son generalmente carentes de una base científica y apoyadas en dogmas de fe.

Aunque en lo referente al conocimiento sexual, hoy se ha avanzado algo, este avance ha sido más bien tímido. Aun con los avances científicos durante y después de la Revolución Sexual, en la década de los 70´s y, en especial, con la exposición de los jóvenes a la educación sexual en el sistema escolar en las últimas décadas, la gran mayoría poblacional de muchas sociedades no se ha actualizado en los conocimientos de la sexualidad moderna. Países y sociedades altamente religiosos y con economías subdesarrolladas, se han visto privados de los nuevos conceptos y adelantos científicos, y han sido arrollados por prejuicios, tabúes, mitos, prohibiciones y represiones de valores de clase, los cuales han quedado grabados en el inconsciente colectivo durante años, décadas y siglos, y aún perduran en la actualidad. La falta de acceso a la educación sexual ha llevado al erotismo y a la sexualidad a niveles de incomprensión y distorsión de sus verdaderos valores, creando una falsa percepción de la sexualidad donde el sexo es sólo válido cuando es orientado hacia la procreación, llegando a los extremos de considerar la sexualidad como algo morboso, enfermizo, pecaminoso y hasta diabólico, cuando es practicada por otros motivos que no sean orientados hacia la procreación, siendo la realidad completamente diferente, pues el sexo y el hacer el amor es efectuado por placer y para crear familia, y es una actividad definitivamente saludable y placentera.

Las mil y una razones de por qué el sexo es necesario y saludable

Una de las preguntas, quizás la más frecuente en el tópico de la sexualidad durante mis largos años de práctica en psiquiatría fue: "¿Es el sexo y hacer el amor necesario?" A lo que en numerosas ocasiones contesté: "No sólo es necesario, sino que es imprescindible." Por lo tanto, siendo tan importante esta función biológica revisaré unas cuantas razones, dieciséis razones, pues enumerar mil y una razón sería interminable y se saldría fuera del concepto descriptivo de este tema. Me limito a enumerar las respuestas más comunes e importantes:

- **Estudios realizados** en la Universidad de Queen, en Belfast, demostraron que a los hombres que tenían relaciones sexuales tres o más veces a la semana se les disminuía a la mitad el riesgo de infarto en el corazón
- **Este mismo estudio** reportó que hombres que hacían el amor frecuentemente reducían a la mitad el chance de sufrir un accidente cerebro vascular.
- **Beneficios cardíacos.** Se conoce que durante el acto sexual, y al alcanzar el orgasmo, el pulso, la presión sanguínea y la respiración aumentan considerablemente, por efecto de las hormonas Dehidroepiandrosterona (DHEA), y de la Oxitocina, lo que sugiere que el sexo (el coito) tiene un efecto protector del corazón. Algunos estudios sugieren que personas que disfrutan del sexo regularmente

sufren menos ataques cardíacos. Otra hormona liberada durante el acto sexual es la testosterona, que también se cree pudiera tener un efecto protector del músculo cardíaco.

- **El sexo ayuda a mantener el peso.** El acto sexual es considerado como un ejercicio aeróbico que aporta aire (oxígeno) a los pulmones y al cuerpo, capaz de consumir aproximadamente 200 calorías, en 30 minutos; posiblemente igual número de calorías a consumir en una sesión en la caminadora. Claro está el acto sexual es más placentero y divertido.

- **Investigadores en la Universidad de Pennsylvania** encontraron que efectuar el sexo, una o dos veces por semana, fortalece el sistema inmunológico hasta un 30%, liberando anticuerpos, inmunoglobulinas, que ayudan a combatir las infecciones.

- **La actividad sexual tonifica los músculos de la pelvis.** Los músculos de la pelvis que soportan el útero, la vejiga y los intestinos se tonifican con la actividad sexual, mejorando el control de la vejiga y manteniendo en su lugar y funcionamiento a otros órganos.

- **Mejora los dolores de la menstruación.** La actividad sexual en forma regular disminuye y mejora el dolor, los espasmos y las contracciones durante la menstruación, en la mujer.

- **Endocrinólogos de la Universidad de Columbia y de la Universidad de Stanford** encontraron que las mujeres que mantienen actividad sexual, al menos una vez por semana, tienen ciclos menstruales más regulares que aquéllas que no tienen relaciones sexuales regularmente.

- **Beverly Whipple, de Rutger University,** en New Jersey, ha descubierto que durante el orgasmo femenino se activan los centros analgésicos del cerebro, liberando endorfinas y corticosteroides que disminuyen el dolor crónico de la espalda, la migraña y la artritis.

- **Las personas satisfechas con su vida sexual** son menos propensas a desarrollar depresión.
- **La actividad sexual reduce** la tensión, disminuye la ansiedad y calma los temores y estados de angustias.
- **Estudios e investigaciones** efectuadas en Australia arrojaron datos de que hombres que eyaculan frecuentemente tienen un bajo riesgo de desarrollar cáncer de la próstata.
- **La Oxitocina y la Dehidroepiandrosterona**, liberadas durante el orgasmo en la mujer, se cree podría prevenir el cáncer de mama.
- **Hacer el amor es placentero**, saludable y divertido y hasta perpetúa la especie humana a través de la procreación, asegura la doctora Patricia Becerra, profesora de Ciencias Familiares y Sexológicas, de la Universidad de Lovaina, Bélgica.
- **Desde el punto de vista emocional**, hacer el amor es un medio por el cual se fortalecen los sentimientos y se despierta la ternura y el acercamiento en las parejas.
- **La práctica de actividad sexual cotidiana** aumenta la longevidad, quizás por los beneficios que aporta el orgasmo al corazón, al sistema inmunitario y a los enormes beneficios que en general reciben la mente y el cuerpo.

Después de esta larga lista de beneficios resultantes de la actividad sexual, sólo queda decir que ejercitar la sexualidad o practicar el juego del amor, en una forma frecuente, es tan beneficioso a la salud mental y física, como lo es el hacer ejercicios regularmente, llevar una dieta sana y balanceada y dormir suficientes horas de descanso al día.

No podría hablar del tema de la sexualidad sin revisar todos los aspectos que constituyen la sexualidad, empezando con el aparato reproductor masculino y femenino, el cerebro humano, la química que mueve los hilos del placer, la atracción sexual y el amor romántico. También revisaremos las funciones y los trastornos que influyen y forman la sexualidad.

CAPÍTULO II

El aparato reproductor masculino

El aparato reproductor masculino

Los órganos del aparato reproductor del hombre tienen como función producir espermatozoides (las células del sistema reproductor masculino) mantenerlos y protegerlos, con un líquido protector llamado semen, transportarlos y depositarlos dentro del tracto reproductivo de la mujer. Para lograrlo se hace a través de sus órganos sexuales, los cuales se dividen en dos partes: una externa que se encuentra localizada alrededor de la región pélvica, y una interna, con estructuras no visibles a simple vista y localizadas dentro del cuerpo humano.

Órganos genitales externos

Son aquellos órganos genitales que se encuentran fuera del cuerpo. Estas estructuras externas del sistema reproductor del hombre son: el pene, el escroto, los testículos y el epidídimo.

El Pene: Es el órgano sexual masculino para realizar la copulación o el acto sexual. Se compone de tres partes: la base o raíz, el cuerpo y, por último, la cabeza del pene llamada glande.

La base o raíz es la parte que se encuentra unida a la pared baja del abdomen.

El cuerpo del pene de forma cilíndrica es la parte comprendida entre la base y la cabeza del pene. Está formado por tres columnas, de consistencia esponjosa-eréctil, dos laterales llamadas cuerpos cavernosos, y una cilíndrica alrededor de la uretra denominada como cuerpo esponjoso, que se llena de sangre cuando el hombre se excita sexualmente, expandiéndose y produciendo una erección, la cual permite la penetración durante el coito.

El glande o cabeza del pene se encuentra cubierto por un capuchón de piel denominado prepucio, el cual es removido quirúrgicamente en algunas culturas, y como parte ritual en la religión judía. Al final del glande se encuentra un orificio llamado el orificio de la uretra, que es un tubo por donde se transporta y se elimina el semen y la orina. El semen que contiene los espermatozoides es liberado en la eyaculación y es expulsado a través de la uretra del pene, una vez alcanzado el orgasmo. Cuando el pene está erecto se bloquea la salida de orina de la vejiga permitiendo que sólo el semen sea eyaculado a través de la uretra.

El Escroto: Es una bolsa de piel que protege los testículos, y que cuelga detrás del pene. Esta tiene una función de protección y actúa como un control de temperatura de los testículos, puesto que para los espermatozoides vivir y madurarse necesitan una temperatura ambiente más fría que la de la cavidad abdominal. De ahí que los testículos estén fuera de la cavidad abdominal (fuera del cuerpo humano). El escroto está compuesto de paredes musculares (los músculos Cremáster), que se contraen o se relajan, de acuerdo a la temperatura, moviendo los testículos hacia arriba, cerca de la cavidad abdominal cuando existen temperaturas muy frías, y relajándose, permitiendo a los testículos alejarse del cuerpo humano cuando experimenta temperaturas altas, actuando el escroto como un termostato de protección.

Los Testículos: Los testículos son dos estructuras ovaladas, aproximadamente del tamaño de una aceituna grande. El izquierdo cuelga un poco más que el derecho, Estos órganos yacen en el suelo del escroto, fijados por el cordón espermático (incluyendo lo que luego se convierte en los vasos deferentes: nervios y vasos). Los testículos están compuestos de unos 900 tubos seminíferos, en los que se forman y se producen los espermatozoides. La función principal de los testículos es producir espermatozoides y son los responsables de crear testosterona, la principal hormona sexual masculina.

El Epidídimo: Es un tubo largo y contorneado que envuelve y se pega a los testículos en su parte posterior. Su función principal es de almacenar y transportar los espermatozoides que son producidos en los testículos. Los dos epidídimos se conectan con sus respectivos vasos deferentes. Durante la excitación sexual se producen contracciones que fuerzan a viajar a los espermatozoides hacia el cordón espermático los vasos deferentes.

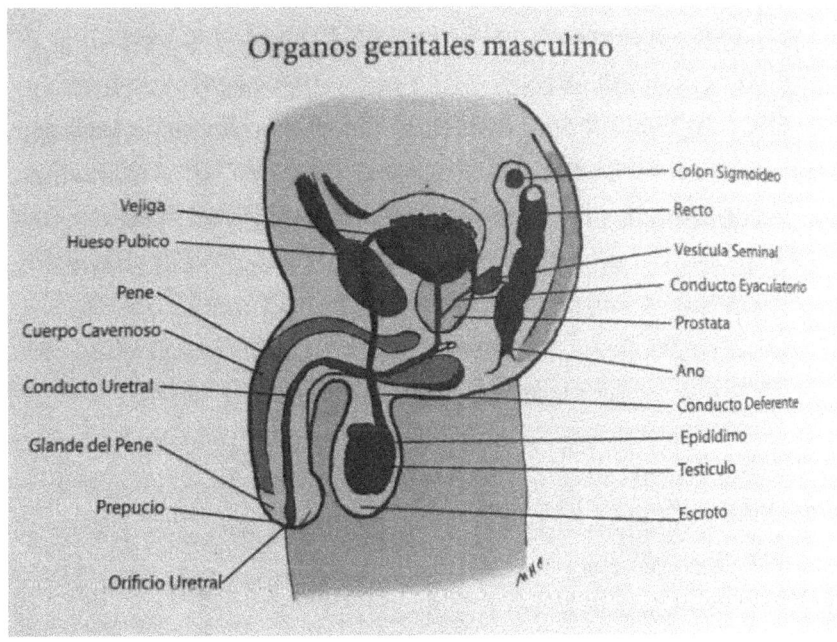

Órganos genitales internos

Los órganos genitales internos del aparato reproductor masculino son aquellas partes no visibles, localizadas dentro del cuerpo humano y estas estructuras internas incluyen los siguientes:

Los Conductos Deferentes: Un tubo muscular largo, que se extiende desde el epidídimo, atraviesa la pelvis, detrás de la vejiga y llegan a la parte posterior de la próstata donde se unen con las vesículas seminales.

Las vesículas seminales: Son sacos o bolsas que se unen a los vasos deferentes cerca de la base de la vejiga urinaria. Su función principal es producir un fluido rico en azúcar (fructuosa) que le da energía a los espermatozoides y los ayuda a mejorar su motilidad (les da más velocidad en su movimiento). El fluido proveniente de las vesículas seminales constituye la gran mayoría del volumen del semen o de la eyaculación del hombre.

El Canal Eyaculador: Está formado por la unión de los vasos deferentes y la vesícula seminal, formando así un conducto eyaculador que desagua y se vacía en el canal de la uretra.

La Próstata: (Palabra griega que significa, el protector, el guardián). Es una glándula aproximadamente del tamaño de una nuez, que se encuentra situada debajo de la vejiga urinaria y enfrente del recto. La próstata posee numerosas glándulas que producen parte del líquido seminal que protege y nutre a los espermatozoides contenidos en el semen.

Uretra: Un canal en forma de tubo que comienza en la vejiga, atraviesa la próstata y termina en la punta del glande (la cabeza del pene), en un huequito llamado orificio uretral. Su función consiste en transportar la orina desde la vejiga urinaria hasta fuera del cuerpo. En el hombre tiene otra función adicional: la de expulsar o eyacular el semen cuando el hombre alcanza el orgasmo. Durante el acto sexual, cuando el pene está erecto, la salida del flujo de la orina de la vejiga es bloqueada en la uretra, permitiendo sólo al semen a ser eyaculado durante el orgasmo.

CAPÍTULO III

El aparato reproductor femenino

El aparato reproductor femenino

La mayoría de las especies animales y en especial los mamíferos tienen dos sexos: el macho y la hembra. En los humanos existen también dos sexos: hombre y mujer, y cada sexo tiene sus características específicas, únicas a su propio sistema reproductivo. Estas pueden diferir en forma y estructura anatómica; pero en ambos géneros el sexo está designado para producir, alimentar y transportar el huevo (óvulo) y el espermatozoide.

Diferente al hombre, la mujer tiene un sistema reproductivo localizado dentro de una cavidad conocida como la pelvis (parte anatómica localizada en la parte baja del abdomen). El aparato reproductivo de la mujer se compone de dos partes: una llamada genitales femeninos externos que podemos ver a simple vista y son los que componen la vulva, localizada entre la cara interna de los muslos. La vulva es la parte externa y visible del sexo femenino y también la zona más sensible y más erógena. Está limitada por el Monte Venus, por delante y por el perineo, por detrás (ver Figura genitales externos). La vulva o genitales femeninos externos comprende estructuras externas, como: el Monte de Venus, los labios mayores, los labios menores, el clítoris, el orificio vaginal y el himen.

Órganos genitales femeninos externos

El Monte de Venus o Pubis: Es la parte superior de la vulva localizada en la base del abdomen y marca el comienzo de los genitales externos. Está formado por tejido adiposo (grasa) formando como una almohadilla, protegida por vello púbico. Es un área abundante en terminaciones nerviosas y sensibles que cuando es tocada o estimulada tiende a dar respuestas placenteras.

Labios mayores o externos: Son dos pliegues carnosos de piel. Se extienden verticalmente desde el monte de Venus hacia abajo hasta su unión lateral con la piel del muslo, próximo al periné. Estos pliegues rodean y protegen las estructuras más delicadas de la vulva (el clítoris, el orificio de la uretra y la entrada de la vagina). La parte más externa de los labios mayores es rugosa con vellos y está formada por glándulas sudoríparas y sebáceas, que le dan y confieren a la vulva un olor específico y peculiar. Estos labios o pliegues se encuentran súper puestos cubriendo y protegiendo la uretra y la vagina cuando no hay actividad sexual.

Labios Menores o Internos: Son dos pliegues verticales que se encuentran por debajo de los labios mayores. Estos son más finos, más claros, sin vello y formados por tejido esponjoso. Los labios menores son muy sensibles al tacto y se hinchan fácilmente durante la actividad sexual. Este par labial, en su parte superior, se unen y forman el clítoris.

El Clítoris: Es una pequeña protuberancia que se encuentra en la parte superior donde se reencuentran y unen los labios menores. Es una protuberancia similar al pene del hombre, que también está protegida por un capuchón de piel llamado el prepucio femenino. A finales de los años noventa, la doctora australiana Helen O'Connell descubrió que detrás del pequeño botón encapuchado, que apenas se asoma entre los labios menores, se esconde una masa de tejido clitoriano, de aproximadamente 8 a 10 cm. de largo. Esta protuberancia está formada por un cuerpo interno, compuesto por dos cuerpos cavernosos y uno esponjoso, con una estructura análoga al pene masculino. En su parte visible, debajo del capuchón, se encuentra el glande del clítoris, y en éste se unen gran cantidad de terminaciones nerviosas, más que en ninguna parte del cuerpo. Es el único órgano cuya única función es la de proporcionar placer sexual. El clítoris **no** tiene nada que ver con la menstruación, ni con orinar, ni con la preñez; únicamente con producir placer en la mujer.

A finales de la década de los noventa, en los Estados Unidos, Betty Dobson, terapista y educadora sexual, realizó numerosos trabajos investigativos sobre el clítoris y sobre su inervación nerviosa, encontrando multitud de terminaciones nerviosas (más de ocho mil terminaciones nerviosas) que hacen al clítoris el centro y zona más sensible y erógena del cuerpo humano.

El Orificio vaginal: Es el orificio que permite la entrada a la vagina (la vagina es un órgano interno, que discutiré en la sección de órganos internos).

El Meato urinario: Es la abertura uretral, la salida del meato urinario. Su función es más relacionada al vaciamiento de la orina proveniente de la vejiga (aparato urinario); pero se menciona por su localización en la vulva, situada en la parte superior por encima de la abertura vaginal. No tiene relación desde el punto de vista funcional-sexual con el aparato genital reproductivo de la mujer.

Himen: Es una membrana delgada y rosada que cubre o bloquea la entrada de la vagina. Esta membrana aparece sólo en mujeres vírgenes; sin embargo, existen mujeres que no lo tienen. Esta membrana, cuando existe, tiene perforaciones que permiten la salida del flujo menstrual y de las secreciones vaginales.

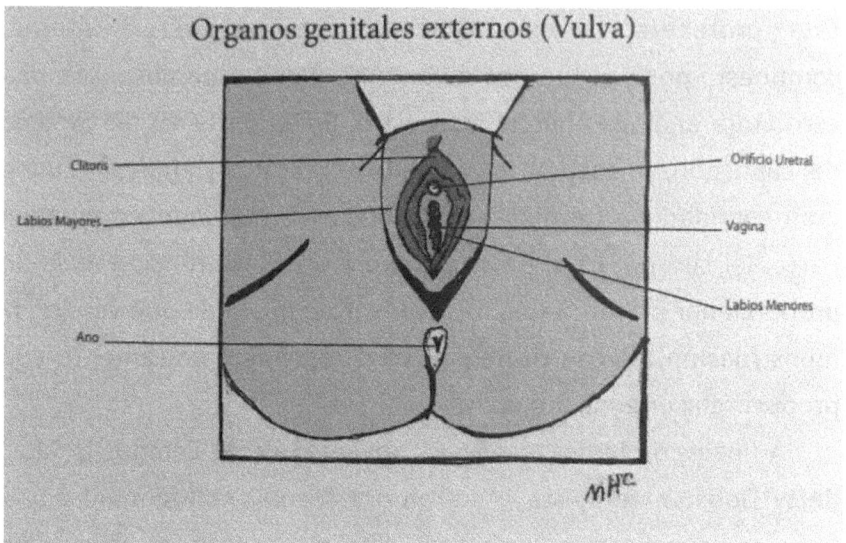

Órganos genitales internos

Los órganos genitales internos femeninos son aquéllos que se encuentran escondidos en el cuerpo y que no podemos ver a simple vista. Éstos comprenden la vagina, el útero (que se divide en cérvix o cuello del útero, el cuerpo y al final, el fondo del útero), las trompas de Falopio y los ovarios.

La Vagina: La etimología de la palabra vagina se cree que proviene del término funda o vaina donde se guardaban las espadas. Quizás data desde épocas lejanas, como la Edad Media; pero por años y siglos, los textos de Medicina y los tratados de Anatomía utilizaron el término vaina (en lenguaje común) y lo sustituyeron por el nombre de vagina (término procedente del latín) refiriéndose al conducto de introducción del aparato reproductivo femenino.

La Vagina es un canal cilíndrico, formado por músculos, de contextura húmeda y elástica. Este conducto que se extiende desde la vulva hasta la cérvix del útero, mide aproximadamente de 8 a 12 centímetros de largo, y su tamaño varía según las razas y los genotipos. De contextura elástica, puede albergar desde un dedo, un pene, hasta la cabeza y el cuerpo de un niño recién nacido, durante el parto. La vagina también permite la salida de sangre durante la menstruación.

El Útero: También denominado Matriz es el órgano de la gestación y el mayor de los órganos del sistema reproductor femenino en la mayoría de los mamíferos, incluyendo a los humanos. El útero es un órgano hueco en forma de pera, de paredes musculares gruesas que se agranda para albergar el feto. Situado en la pelvis mayor de la mujer dentro de la cavidad peritoneal (abdominal), que se apoya entre la vejiga urinaria, por delante y por el recto, por detrás. Mide aproximadamente 7.6 centímetros de largo y 5centimetros de anchura, cuando no hay embarazo. Situado entre la parte distal de la vagina y las trompas de Falopio, en su parte superior. El útero se compone de una **base o fondo** (parte superior), que se comunica con las trompas de Falopio, canal por donde se transporta el huevo maduro u óvulo listo para ser fecundado y que es transportado hasta la cavidad del útero. Luego sigue **el cuerpo** y dentro de éste se encuentra **la cavidad uterina (o endometrio),** sitio formado por un tejido especial glandular donde se implanta un óvulo fecundado y donde generalmente se anida el embrión. De no producirse la fecundación, el óvulo y el tejido especial donde éste se implantó se desprenden y se expulsan durante la menstruación.

Por último, se encuentra el cérvix o cuello uterino, que es la parte más inferior del útero, que se comunica y continúa dentro del canal de la vagina. Por su orificio o abertura pasan la esperma, la menstruación y el recién nacido, durante el parto; pues tiene la facultad de dilatarse durante la labor del parto.

Las trompas de Falopio: De cada lado del fondo o base (parte superior del útero) salen dos conductos, en forma de hilo, denominados trompas de Falopio, dado en nombre de su descubridor, el anatomista italiano Gabrielle Fallopio. Estos conductos se unen a sus respectivos ovarios. La función de las trompas y su parte terminal, las fimbrias (procedente del latín, que significa dedos), cercana a los ovarios, es atrapar o capturar el huevo (óvulo) maduro liberado por los ovarios, y llevarlo dentro del canal de las trompas. Una vez dentro de las trompas, el huevo y el espermatozoide se encuentran y el huevo es fecundado. Contracciones de los finos músculos de éstas mueven el huevo y los espermatozoides hacia el útero. Pero la parte interna de las trompas, próxima al útero, se cierra como un esfínter para impedir que el huevo sea liberado hacia el útero, hasta que éste (el huevo) esté fecundado y listo para ser transplantado a la cavidad uterina. Si el huevo no es fecundado por el espermatozoide de 24 a 36 horas, después de la ovulación, éste se deteriora y es removido por el sistema inmunológico del organismo, igual que cualquier otra célula muerta del organismo.

Los Ovarios: Son dos órganos situados dentro de la cavidad abdominal. Son del tamaño y la forma de una almendra. Muchas veces es llamada la fábrica de óvulos y de hormonas femeninas. Dentro de los ovarios se encuentran los folículos, que es el sitio donde se producen las hormonas femeninas: **el estrógeno y la progesterona**. Estas hormonas se segregan en forma cíclica repetitiva cada 28 días, durante el período fértil y productivo de la mujer, el cual se conoce como período menstrual. A partir de cierta edad, entre los 40 y 60 años aproximadamente, la función del ovario y de los folículos comienza a disminuir y la producción de hormonas se va reduciendo hasta desaparecer y los períodos menstruales también desaparecen, conociéndose este fenómeno biológico como **menopausia.** La función principal del ovario es la de producir y liberar el óvulo o huevo y el de producir hormonas en la mujer. Éstos generalmente liberan un óvulo por mes. El ovario normal produce dos hormonas importantes que funcionan en una forma peculiar. Durante la primera mitad del ciclo menstrual sólo estrógeno es producido; en la segunda mitad del ciclo, el ovario produce otra hormona llamada progesterona. El ovario también produce pequeñas cantidades de testosterona (la hormona masculina) que son rápidamente convertidas en estrógenos. Cuando una niña nace, sus ovarios contienen todos los óvulos o huevos que ella va a tener por el resto de su vida; pues estos huevos se forman durante el embarazo, en la vida intrauterina, y una vez formados, **nuevos óvulos** no serán producidos después del nacimiento. Situación que difiere por completo en el hombre, quien empieza a producir espermatozoides sólo en la pubertad y continúa produciéndolos por el resto de su vida. De ahí, el porqué la mujer entra en la menopausia cuando ha usado todos sus óvulos.

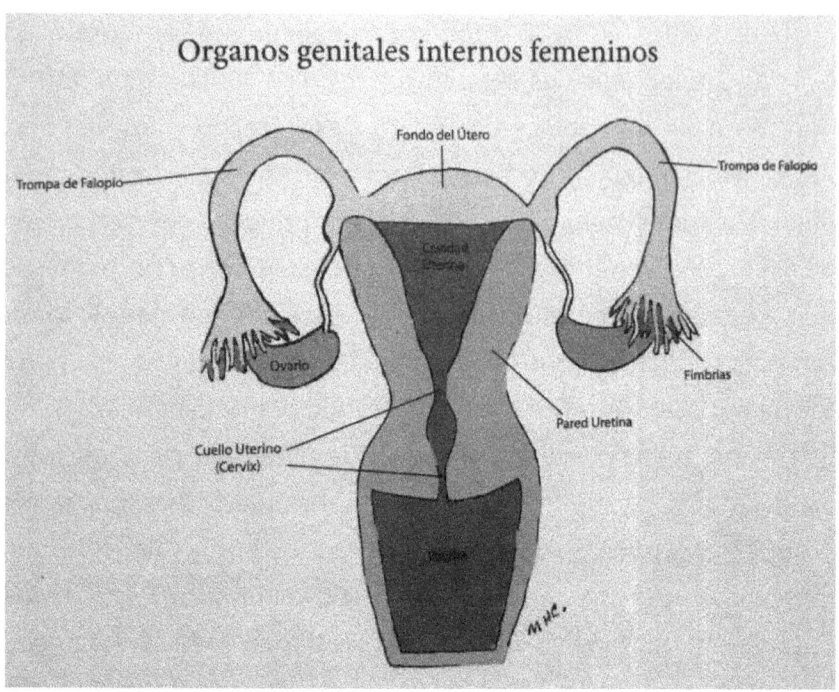

CAPÍTULO IV

Desde el cerebro hasta el orgasmo

Desde el cerebro hasta el orgasmo

Es bien conocido que toda actividad sexual y el juego de hacer el amor es armoniosamente ejecutado por el cerebro, que regula desde el principio de un estímulo erótico hasta la realización del clímax y el final de esta fase, con el orgasmo.

El cerebro humano es el órgano más complejo y difícil de estudiar del cuerpo humano. Primero por su complejidad, y por la poca accesibilidad para su estudio; pues es como una caja sellada, la cual una vez abierta no vuelve a cerrar como antes. Sin embargo, sí sabemos lo suficiente a través de investigaciones científicas para conocer que el cerebro es una masa compuesta de células nerviosas, llamadas neuronas, que pesa aproximadamente 3 libras y es el centro de todas las actividades humanas. Su presencia es necesaria para lo más simple hasta lo más complicado; desde montar una bicicleta hasta conducir un cohete espacial. Es necesario para pensar, escuchar una pieza musical, disfrutar, respirar, crear una obra de arte y cualquier otra actividad que se lleva a cabo en nuestra vida diaria.

El cerebro regula todas las funciones del organismo y nos ayuda a controlar todo lo que sentimos y padecemos, dando así forma a nuestros pensamientos, sentimientos, comportamientos y hasta nuestra personalidad.

El cerebro está formado por muchas células nerviosas llamadas neuronas, que se entrelazan y se comunican entre sí, y que trabajan en equipo y están encargadas de coordinar y ejecutar funciones específicas que mantienen la vida.

Las partes del cerebro humano que nos atañen en relación con la sexualidad humana son aquellas áreas que se relacionan con la actividad sexual, el amor y la reproducción. Entre esas áreas se encuentran varias estructuras que describiré a continuación:

I. El sistema límbico

Éste es un conjunto de estructuras nerviosas del cerebro que se encuentra localizado en la parte más profunda del cerebro humano, podría bien decirse que es el centro del cerebro. Filogenéticamente el sistema Límbico es una de las partes más rudimentarias y primitivas del cerebro, y juega un papel importante en la formación de la memoria, el aprendizaje, las emociones y las funciones neuroendocrinas (producción de hormonas del sistema nervioso); pero una de las funciones más importante, quizás la más importante y vital, es la de preservación de la vida, pues es el centro de los instintos a cargo de la preservación y continuación de la especie y de la vida humana. Como parte integrante de este sistema se encuentra el sistema de gratificación del cerebro, que se conecta con varias estructuras del sistema Límbico, las que controlan y modulan nuestra capacidad de sentir y recibir placer.

Las principales estructuras que forman el sistema Límbico son: 1. la amígdala cerebral; 2. el hipocampo; 3. el hipotálamo y 4. el séptum pellucidum, el cual es considerado como el centro del placer sexual, pues numerosas investigaciones científicas realizadas en Europa y en los Estados Unidos han demostrado que la estimulación del séptum pellucidum lleva al animal a tener respuestas de placer sexual continuo, perdiendo el interés en la comida o en saciar la sed, y dando respuestas de placer sexual hasta el cansancio físico y en algunos casos hasta la muerte por agotamiento.

II. Los centros del placer

Se denominan como centros del placer a un grupo de estructuras del cerebro, donde la más importante es el Área Tegmental Ventral [ATV] localizada en el cerebro medio y considerado como una de las partes más primitivas del cerebro. Esta área está directamente relacionada con el placer y la gratificación en los humanos. Su importancia principal es la síntesis y la elaboración de Dopamina, un neurotransmisor que es considerado como responsable productor de los deseos y el placer.

El ATV (área tegmental ventral) tiene numerosas conexiones con otras estructuras que mantienen una relación estrecha con la corteza cerebral y el resto del cerebro.

SISTEMA LÍMBICO

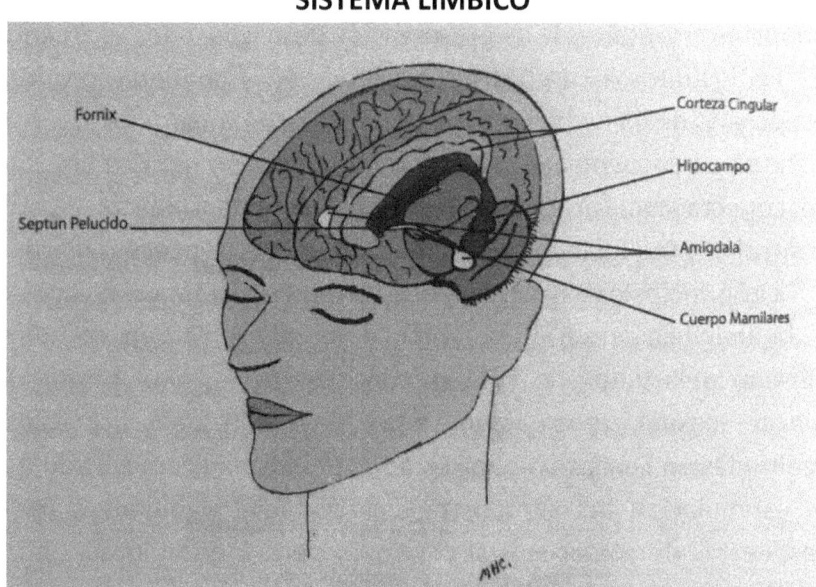

El ATV produce la dopamina y la envía a través de sus conexiones nerviosas hacia la amígdala, hipocampo, hipotálamo, núcleo Accumbens y al septum pellucidum.

III. La corteza cerebral

La corteza cerebral es la parte más externa del cerebro, la más desarrollada y evolucionada. Esta encargada de la formación del pensamiento y de las funciones de jerarquía más especializadas del cerebro y el cuerpo humano, la cual diferencia a los hombres de los animales y hace al hombre capaz de pensar, razonar y discernir.

La corteza cerebral está dividida en dos partes o hemisferios unidos por fibras nerviosas y tejido conectivo. Cada hemisferio contiene 4 partes llamadas lóbulos: lóbulo frontal, temporal, parietal y occipital, colocados a cada lado de la cabeza. Cada uno de estos lóbulos tiene funciones especializadas distintivas:

El lóbulo frontal, situado en la parte anterior del cerebro, está a cargo del razonamiento, habilidad para analizar y resolver problemas, planificar y otras funciones de alta jerarquía del pensamiento.

El lóbulo temporal, localizado a ambos lados de la cabeza es responsable de recibir y procesar estímulos auditivos y ayuda a interpretar el lenguaje (el habla).

El lóbulo parietal, localizado entre los lóbulos frontal y occipital, tiene como principal función coordinar los movimientos y la percepción de los estímulos.

El lóbulo occipital, situado en la parte posterior del cerebro está a cargo de procesar efectos de todo lo relacionado con la visión.

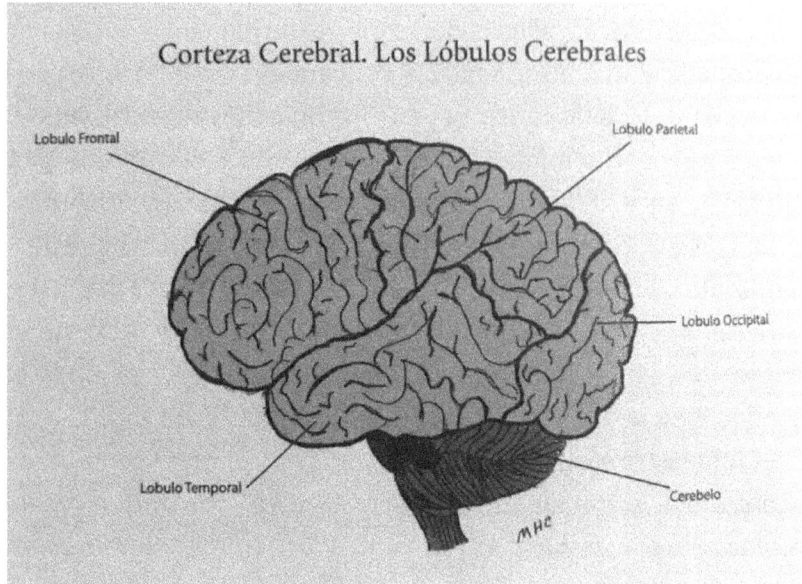

Cómo funciona el cerebro

El cerebro funciona como un centro de comunicaciones. Está compuesto de más de cien billones de células nerviosas o neuronas, y billones de redes de comunicación. Estas redes de neuronas llevan y traen mensajes a las diferentes partes dentro del cerebro, a la medula espinal, al sistema autonómico (el sistema simpático y el parasimpático) y por último hacia los nervios periféricos. Estas redes de células nerviosas supervisan, regulan y dirigen lo que pensamos, hacemos o sentimos.

Cómo se envían estos mensajes

Cada neurona (célula nerviosa) recibe de ida y vuelta mensajes en forma de impulsos eléctricos. Una vez recibido y procesado el mensaje por una neurona, se lo envía a otras neuronas. Estos mensajeros químicos que conducen los impulsos son llamados neurotransmisores (porque transmiten los impulsos nerviosos). Estos transportadores de mensajes nerviosos tienen sitios especiales llamados receptores, donde se reciben los mensajes. Cada neurotransmisor tiene su receptor específico en cada neurona o célula nerviosa.

En la actualidad, se conocen aproximadamente 30 o más neurotransmisores; pero en lo concerniente a la sexualidad humana, sólo nos atañen tres neurotransmisores: la dopamina, la serotonina y la norepinefrina.

La Dopamina: neurotransmisor o mensajero cerebral que es producida en el área tegmental ventral (ATV) y está a cargo de la producción del deseo erótico y el placer sexual; así como, otros sentimientos encontrados en el amor romántico.

La Serotonina: neurotransmisor (mensajero) cerebral, producida en el cerebro medio y tallo cerebral, que ayuda producir saciedad y producir sentimientos de bienestar y satisfacción, los cuales se sienten después de alcanzar el orgasmo.

La Norepinefrina: neurotransmisor del cerebro, los nervios espinales y las glándulas suprarrenales (glándulas situadas encima de los riñones) que tiene acción en la activación del sistema simpático causando una descarga masiva de adrenalina (hormona suprarrenal) que produce aumento del ritmo cardíaco, aumento de la presión arterial, aumento de la respiración, seguida por dilatación de los grandes vasos sanguíneos en los músculos largos y disminución del calibre de los vasos sanguíneos del resto del cuerpo. La norepinefrina ayuda y facilita la excitación sexual y el orgasmo.

Inervación del pene y del clítoris

Se conoce como inervación al modo de distribución anatómica y funcional de los nervios, que permite la transmisión de un impulso nervioso a una región determinada del organismo. Es decir en una forma sencilla la distribución de nervios y conexiones que irrigan y alimentan el pene y el clítoris es autonómica y también somática, lo que significa que el sistema autonómico, que está compuesto por el sistema simpático y el sistema parasimpático, están envueltos en la inervación de ambos, el pene y el clítoris. Estos dos sistemas trabajan juntos para causar la erección y alcanzar el orgasmo.

Los nervios somáticos o sensorios se originan en la piel del pene y el clítoris, glande y de la uretra. Todas estas terminaciones nerviosas provenientes de todas estas áreas se juntan y se agrupan para formar el nervio dorsal, convirtiéndose más adelante en los nervios pudendos que inervan los genitales de ambos sexos.

Los nervios pudendos, además de inervar el pene y el clítoris, también inervan los músculos bulboesponjosos y los músculos isquiocavernosos, y áreas relacionadas como el escroto, el periné y el ano. Durante el período de alcanzar el clímax sexual u orgasmo se producen contracciones y espasmos en los músculos isquiocavernosos y bulboesponjosos resultando en eyaculación, en el hombre y secreción vaginal, en la mujer; así como, la gran mayoría de los sentimientos y las emociones de placer experimentados en ambos sexos.

CAPÍTULO V

La química mágica del erotismo, la atracción sexual y el amor romántico

La química mágica del erotismo, la atracción sexual y el amor romántico

Las señales y estímulos eróticos percibidas en el cerebro viajan por la médula espinal y prosiguen hasta los nervios periféricos para así lograr la respuesta sexual apropiada; pero para realizar esta función se necesita la acción y la participación de numerosas hormonas productoras de voluptuosidad, y neurotransmisores libidinosos, que son responsables de crear la atracción sexual, el placer erótico y el amor romántico. Estas sustancias definitivamente dirigen las reacciones químicas responsables de producir nuestros impulsos de lujuria y, en general, nuestro comportamiento sexual.

Numerosos estudios y experimentos científicos de los últimos 20 o 25 años, continúan arrojando resultados que confirman qué hormonas y neurotransmisores cerebrales dirigen y mueven la química causante de nuestra conducta sexual y el complejo fenómeno de nuestra conducta y preferencias amorosas. Mas para lograr la concertación y la ejecución de esta sinfonía química perfecta, se necesita un grupo de piezas químicas que actuando en combinación y en franca armonía produzcan impulsos eléctricos capaces de crear nuestro deseo libidinal, atracción sexual y nuestro amor romántico. A continuación, delinearé algunas de las más importantes sustancias químicas y hormonas responsables de crear la sexualidad humana:

Las hormonas sexuales. El testículo en el hombre y el ovario en la mujer producen y segregan sustancias sexuales. El testículo produce hormona sexual masculina, la testosterona. Mientras que el ovario produce hormonas sexuales femeninas, el estrógeno y la progesterona

La Testosterona. Una hormona masculina producida por los testículos. Ésta se produce en un lugar especial del testículo llamado células de Leydig. La testosterona es también producida por el ovario y también producida en pequeñas cantidades en las glándulas suprarrenales, en ambos sexos. En la mujer, la testosterona se convierte rápidamente en estrógeno. La testosterona en el varón tiene como función vital intervenir en el desarrollo del aparato genital masculino. En el hombre, esta sustancia es la clave del placer erótico y la voluptuosidad, y una disminución de ésta tiende a producir pérdida del deseo sexual.

Estrógenos. Son hormonas segregadas por los folículos del ovario, que tienen una función vital en la preparación del sistema reproductivo para aceptar y recibir la esperma y preparar la implantación del óvulo fecundado. Regulan la ovulación y actúan en el desarrollo de los caracteres femeninos. Los estrógenos tienen participación de importancia en la creación del deseo erótico en la mujer, y se cree que participan en la estimulación y en la producción de dopamina.

Oxitocina. Sustancia producida en la hipófisis (glándula localizada debajo del lóbulo frontal del cerebro), por los ovarios y por los testículos. Participa en la producción de leche, durante el embarazo, y es responsable de las contracciones durante el parto, y en los espasmos y sacudidas pélvicas que acompañan el orgasmo (en ambos sexos). Se cree que la oxitocina es responsable de reforzar el instinto maternal y el instinto de protección hacia los hijos, y que en alguna forma influye en mantener el amor duradero en la pareja.

Óxido nítrico. Es un gas vasodilatador que actúa a nivel del gas dilatador del pene, provocando un aumento del flujo de sangre y la dilatación de los vasos sanguíneos, cuerpos cavernosos, para que se produzca la erección. Este gas media en la erección del pene y del clítoris durante la excitación sexual.

Fármacos como Viagra, Levitra y Cialis liberan y aumentan esta sustancia, mejorando los trastornos de disfunción eréctil en el hombre.

La Dopamina. Es un químico que actúa como neurotransmisor de señales cerebrales y viaja de célula a célula en el cerebro llevando y pasando información. Este neurotransmisor es esencial en el control de los movimientos del cuerpo humano. La dopamina también juega un papel primordial en las áreas del cerebro relacionadas con el placer erótico. Este mensajero cerebral tiene como misión crear sentimientos de satisfacción y actúa directamente en la producción del deseo sexual y el placer erótico, sentimientos y emociones hacia otros; así como, la ofuscación placentera de la consciencia que experimentamos cuando nos sentimos flechados por el amor romántico. Cuando los humanos nos sentimos enamorados o cuando somos estimulados o excitados durante el contacto físico con otra persona, los niveles de dopamina en la sangre aumentan significativamente. Al alcanzar el orgasmo, los niveles de dopamina llegan a niveles máximos, creando una verdadera tormenta en el cerebro y el sistema límbico produciéndose así la obnubilación y ofuscación del deleite y el placer, experimentados durante el orgasmo

La Feniletilamina (FEA). Es un alcaloide natural de efectos estimulantes. Es un neurotransmisor encontrado en el sistema nervioso central y en el cerebro de los mamíferos (incluido el hombre), el cual es considerado como similar a las anfetaminas y que actúa como agente que estimula la liberación de la dopamina y de la norepinefrina. Este neurotransmisor se encuentra en grandes cantidades en el chocolate (especialmente en el chocolate negro), y se encuentra en bajas concentraciones en el trastorno de déficit de atención y en la depresión clínica. La deficiencia de este estimulante ha sido asociada con los sentimientos de infelicidad, tristeza, y se cree que podría tener una relación con algunos tipos de depresión. Concentraciones anormalmente altas de este neurotransmisor han sido encontradas en pacientes esquizofrénicos (lo que llaman comúnmente locura).

La Feniletilamina (FEA) se encuentra en grandes cantidades cuando nos sentimos atraídos sexualmente o cuando se experimenta amor romántico. Esto ha dado origen a las especulaciones de algunos autores de que ese estado de disolución y alborotamiento emocional, que nos arropa de tal manera que no se piensa ni se razona, cuando somos flechados por Cupido, se asemeja bastante a un estado de locura transitorio.

Norepinefrina o noradrenalina. Un mensajero o neurotransmisor del cerebro, los nervios espinales y también producidos por las glándulas suprarrenales (glándulas localizadas encima de los riñones), envuelto en la excitación libidinal y en el orgasmo, en ambos sexos. Su aumento durante este proceso produce grandes descargas de adrenalina y se registran grandes cambios en el organismo, tales como: aumento del ritmo cardíaco y la presión sanguínea, aumento de la respiración, dilatación de las pupilas, aumento del flujo sanguíneo de los grandes vasos y cuerpos cavernosos.

La serotonina. Neurotransmisor producido por las neuronas de los núcleos del rafe, localizados en el tallo cerebral y cerebro medio. Son la fuente principal de liberación de la serotonina en el cerebro. La gran mayoría de la serotonina es producida en las células endocromafinas de los intestinos. La serotonina está encargada de mantener nuestro buen estado de ánimo y es la mayor responsable de nuestros buenos y malos cambios de humor. Esta neurohormona también tiene acción sobre la actividad sexual, pues produce un efecto inhibitorio de las gonadotropinas de la hipófisis, bajando y disminuyendo la respuesta sexual. Tiene como función el producir saciedad en el apetito, la ingesta de agua y la saciedad sexual. Esta acción de saciar la respuesta sexual es acompañada de una experiencia de satisfacción, relajación general y un estado de sentirse bien, incluida la experiencia que se vive después de logrado el orgasmo.

Las endorfinas. Son sustancias químicas producidas por el propio organismo y muy parecidas en su composición a los opiáceos (opio, heroína, morfina); pero no tienen efecto dañino. Las endorfinas son las hormonas encargadas de crear felicidad, alegría y placer sexual. Son neurotransmisores que aumentan en gran cantidad en los momentos placenteros que disfrutamos, por lo que se conocen como la droga natural de la felicidad. Las endorfinas se encuentran en todas partes del cuerpo humano y están localizadas en la glándula pituitaria, y son las encargadas de lograr la comunicación entre las neuronas (células nerviosas). Las endorfinas y su producción aparecen en respuesta a múltiples estímulos y sensaciones, como el dolor, el estrés. También juegan un papel importante en la modulación del apetito, revitalización del sistema autoinmune, y estimulando la producción y liberación de hormonas sexuales, que van en relación directa con aquellas actividades placenteras que efectuamos en nuestras actividades cotidianas. Numerosos estudios e investigaciones científicas han corroborado que las caricias, besos, abrazos y el contacto físico con personas que nos quieren y nos aprecian estimulan la producción de endorfinas, creando así un estado de placidez, placer sexual y estados eufóricos de felicidad.

Las feromonas. Son sustancias hormonales encontradas en algunos animales, las cuales pueden mandar señales para atraer sexualmente a parejas de su misma especie, para crear límites territoriales, estatus de dominio y supremacía. Estas hormonas volátiles pueden ser esparcidas en el aire y están supuestas a ser captadas por el aparato olfatorio- nasal (órgano vomeronasal). Este aparato nasal-olfatorio superdesarrollado está presente en muchas especies de insectos, anfibios, reptiles y mamíferos no primates, (léase mamíferos no pertenecientes a la familia de los monos). No aparece en las aves; tampoco en los monos ni simios. En los humanos, este aparato olfatorio nasal superdesarrollado (OVN) o no existe o está atrofiado, por lo que muchos científicos dudan de la capacidad de detección de las feromonas por el olfato en los humanos. Algunos autores e investigadores señalan que estas sustancias olorosas transmiten señales de estímulos sexuales inconscientes y que en los humanos son segregadas por las axilas en el sudor. En la década de los setenta varias fragancias fueron comercialmente elaboradas a partir de las sustancias encontradas en el sudor de las axilas y promovidas como feromonas, sustancias capaces de estimular deseos eróticos y de actividad afrodisíaca; sin embargo, a pesar de todas estas sugerencias y reclamos de estas cualidades, ninguna feromona ha demostrado tener un efecto directo en producir o influenciar directamente la conducta sexual en humanos.

Investigadores suecos, utilizando técnicas de imágenes de resonancia magnética, han demostrado que el cerebro de hombres homosexuales y el cerebro de hombres heterosexuales responden en forma diferente a los olores que aparecen en la fase inicial de la excitación sexual. Los hombres homosexuales respondieron a los olores en la misma forma que respondieron mujeres heterosexuales que participaron en este estudio. Este estudio se expandió e incluyó mujeres homosexuales, y los resultados mostraron poca o ninguna respuesta a los olores provenientes y específicos de los hombres; mientras que la respuesta a los olores femeninos fue igual a la de los hombres heterosexuales. De acuerdo a los últimos avances, las investigaciones señalan y sugieren un papel importante de las feromonas en determinar o influir en la formación biológica de la orientación sexual de los humanos. De acuerdo a este estudio, en la actualidad, las feromonas han sido halladas en los animales, no han sido aisladas en los humanos como una hormona excitadora y afrodisíaca, que tenga una acción directa sobre la actividad y el comportamiento sexual. El diccionario médico Dorland´s define las feromonas "como sustancias excretadas del cuerpo de un individuo y percibidas por el olfato de otro individuo de la misma especie".

CAPÍTULO VI

La biopsicología de la atracción sexual y el amor sublime

La biopsicología de la atracción sexual y el amor sublime

Existen suficientes datos e investigaciones realizadas por zoólogos y estudiosos de la conducta sexual y función reproductiva en insectos, vertebrados, gatos, perros y otros animales, incluyendo mamíferos no primates (no pertenecientes a los monos) donde se comprueba que éstos responden a señales de olores que le sirven para marcar territorio, demostrar agresión o atraer su pareja durante el llamado período de calor, en que la hembra está apta para la fecundación, y el macho es sexualmente atraído por el olor peculiar que libera la hembra (que libera la vagina). Esta sustancia ha sido aislada en animales, y son las llamadas feromonas (estudiadas en el capítulo anterior). Se cree que el macho y la hembra de estas especies responden sexualmente a estas sustancias volátiles olorosas, pues poseen un aparato vomeronasal muy desarrollado.

Sin embargo, a medida que los animales ascienden en la escala filogenética (como los primates, los simios y el hombre), el olor toma una posición menos importante, pues ese aparato vomeronasal generalmente o no existe o está atrofiado. Recientes investigaciones científicas llevadas a cabo por el Doctor Richard P. Michael, psiquiatra británico y sus asociados, quienes han realizado numerosos experimentos en monos Rhesus, aislaron una sustancia en la vagina de las monas que se hace presente durante el período de fertilidad o período de calor, cuando la hembra está lista para aparejarse sexualmente. Estos encontraron que esta sustancia, la cual denominaron con el nombre de copulinas o feromonas, tenía capacidad afrodisíaca y habilidad de estimular sexualmente a la pareja de la misma especie.

Numerosos estudios en monos (principalmente el chimpancé) arrojaron que éste es el pariente más cercano al hombre, pues comparte un 84% de los genes que componen el genoma humano, nuevos estudios y e investigaciones realizadas en Emory University, Atlanta, Georgia [publicado por National Geographic octubre 28 2010], arrojan nuevos datos y afirman que el chimpancé comparte un 96 % de los genes [DNA] que componen el genoma humano. Otras similitudes con el chimpancé es que tienen pelos al igual hombre y caminan sobre sus piernas, sólo en combate pierden la posición erecta; asimismo, al igual que el hombre, tiene un actividad sexual muy activa; son básicamente muy promiscuos, pues el período de fertilización o calor de la hembra es muy corto, lo que les obliga a buscar múltiples parejas. Otros estudios revelan que los primates (monos) y los simios no tienen un aparato vomeronasal desarrollado, y que la atracción sexual y las respuestas sexuales obedecen a señales de olores provenientes de la vagina de la hembra de los simios; olor que juega un papel importantísimo en la actividad sexual de los monos.

A pesar de que la especie humana es la especie de más rango y jerarquía en la escala filogenética, con un cerebro y una corteza cerebral altamente desarrollados y evolucionados, su actividad reproductiva y sexual es muy diferente y más compleja que los demás animales existentes en el globo terráqueo, por lo que resultaría ilógico pensar que la atracción sexual y el amor sublime o romántico obedecen sólo a olores volátiles o a simples reacciones químicas. Créanme, es algo definitivamente más complicado.

Formulaciones sobre el origen de la atracción sexual y el amor

Muchas son las teorías que intentan analizar el proceso de la atracción sexual y el amor romántico. Tantas que enumerarlas o brevemente definirlas escaparían al marco de referencia del tema que nos atañe. Por lo tanto, intentaré delinear las más aceptadas y reconocidas científicamente.

Formulación sicoanalítica

Sigmund Freud, el reconocido médico-psiquiatra, austriaco, creador de la Teoría Sicoanalítica, llamado el Padre de la Psiquiatría, exponía en sus estudios sobre la atracción sexual y el amor sublime, que estos impulsos y sentimientos tenían una razón inconsciente, y que estos sentimientos se manifestaban en comportamiento y conducta, obedeciendo a experiencias tempranas que formaban nuestro inconsciente individual. En numerosas ocasiones, Freud, quien era un ferviente estudioso de la Teoría de la Evolución de Charles Darwin, decía que la atracción sexual en el hombre, quizás respondió a olores volátiles en períodos previos a la evolución del hombre al estado homo erectus (hombre en posición erecta). El hombre evolucionó y se hizo un bípedo sin plumas, y caminó sobre sus piernas, manteniendo su cabeza en la parte más alta del cuerpo, para así proteger el cerebro de ser golpeado al rastrear, y utilizó la cabeza como un centro de alarma para protegerse de su depredadores, a través de un sistema de vigilia localizado en la parte más alta del cuerpo. Seguidores de estas teorías confirman que el hombre al hacerse bípedo y no rastrear con el olfato fue perdiendo su importancia funcional y a través del proceso de evolución se atrofió y luego desapareció. En la actualidad, el aparato vomeronasal se encuentra presente en el período embrionario del hombre, pero luego en el desarrollo humano se atrofia o desaparece.

De acuerdo a Freud estos impulsos y sentimientos que rigen la conducta sexual humana obedecen a impresiones tempranas, relacionadas con figuras de gran significancia en el contacto del niño(a), en su desarrollo psicosexual. Es conocido que la edad de 3 a 7 años es el período en el cual el niño(a) comienza a entender la diferencia sexual de uno y otro género (si es niño o niña) y es durante este período en el cual aprende e incorpora rasgos y detalles físicos asociados a experiencias eróticas. Durante la niñez, estas impresiones o rasgos o trazos físicos son reconocidos, almacenados en el inconsciente, determinando en la pubertad y en la adultez los llamados patrones sexuales, que conllevan a la preferencia física sexual; es decir, de acuerdo a estos patrones se expresan las preferencias físicas, tales como: color de pelo, largo de pelo, estatura, peso y silueta, sentido del humor, personalidad y un conjunto de trazos físicos que armoniosamente se corresponden a esos patrones inconscientes creados a temprana edad. En muchas ocasiones, nos sentimos irresistiblemente atraídos por alguien de interés y pensamos que hemos sido flechados por Cupido, cuando en realidad lo que sucede es que esa persona ha traído a nuestra conciencia, impresiones, emociones y memorias tempranas similares a las almacenadas en nuestro inconsciente, que han sido resultantes de impresiones durante el desarrollo psicosexual, los cuales posiblemente nos llevan a recordar aquellos rasgos y detalles físicos de figuras importantes (léase madre, padre, cuidador primario u otra figura importante) durante el período de dependencia, apego y período temprano del desarrollo psicosexual.

Carl Gustav Jung, psiquiatra suizo, discípulo de Freud, quien luego se separó de su maestro y creó la Psicología Analítica y su conocida Teoría del Inconsciente Colectivo o los llamados arquetipos, los cuales podríamos llamar nuestra "herencia psíquica", la cual Jung definía como el acumulo de nuestras experiencias como especie; esos instintos, conocimientos, memorias y emociones con los que todos nacemos y compartimos como especie. Contrario a la definición de Freud de inconsciente individual, refiriéndose sólo a experiencias personales e individuales, el inconsciente colectivo se refería al acumulo de memorias y emociones propias de grupos de nuestros ancestros, acumulados por años, siglos y transmitidos como información inconsciente.

Algunos autores y seguidores de las ideas de Jung, aseguran que estos datos, memorias y preferencias son pasados de generación en generación y quizás datan de períodos prehistóricos de nuestros ancestros, las cuales son pasadas genéticamente, en una forma similar a como son pasados los genes físicos que heredamos de nuestros ascendentes, por ejemplo: caracteres sexuales, color de la piel, de los ojos, estatura, etcétera. De forma similar, los genes psíquicos llevan la información colectiva a nuestro inconsciente, influenciando y determinando nuestras preferencias, gustos y peculiaridades sexuales, que nos llevan a obedecer informaciones instintivas previamente programadas en nuestro inconsciente, y heredadas genéticamente al nacer. Seguidores de estas formulaciones e ideas sostienen la teoría de que el fenómeno del amor a primera vista es un claro ejemplo de la dinámica del inconsciente colectivo.

Las bases químicas de la atracción sexual y el amor romántico

Los modelos biológicos del amor y de la atracción sexual tienden a ver el amor como un instinto innato en los mamíferos; al igual que el hambre y la sed.

Helen Fisher, la reconocida antropóloga, y experta en tópicos del amor, menciona en su libro titulado "Why We Love" (Por qué amamos), numerosas pruebas y análisis científicos, incluyendo el uso de escáneres cerebrales, los cuales mostraron que el amor es el producto de reacciones químicas que se efectúan dentro del cerebro. Entre los químicos que aparecieron como los principales responsables de la excitación y el placer, están la Dopamina y la Norepinefrina, concluyendo la señora Fisher que estas reacciones químicas tienen una base genética y, por lo tanto, debe considerarse al amor como un instinto innato igual que el hambre y la sed.

Asegura la antropóloga y experta que el amor se divide en tres estadios:

1. Pasión
2. Atracción física y sexual

3. Unión duradera

Pasión: Es el deseo sexual erótico inicial que promueve el acercamiento de la pareja (apareamiento), y es durante esta fase que se producen y se liberan grandes cantidades de químicos, en forma de hormonas sexuales, tales como: la testosterona y los estrógenos. Los efectos de estas hormonas tienen una corta vida, pues sólo duran semanas y quizás algunos meses.

Atracción física y sexual: Esta segunda fase está más orientada hacia un deseo romántico, y de acercamiento a la pareja con la que se quiere realizar un compromiso, dejando a un lado la lujuria. Estudios recientes en neurociencias muestran que las personas que se sienten enamoradas liberan cantidades significativas de sustancias químicas en el cerebro, tales como: dopamina, norepinefrina, serotonina y endorfinas, las cuales actúan de manera similar a las anfetaminas, estimulando y excitando los centros del placer del cerebro (ATV, núcleo Accumbens, núcleo Corulius), que producen efectos simpáticos (sistema nervioso simpático), tales como: aumento cardíaco, aumento de la presión arterial, pérdida del sueño y del apetito, acompañado de intensos sentimientos de euforia y excitación, que hemos experimentado una o más veces en nuestras vidas.

Extensos y numerosos estudios e investigaciones mostraron que esta fase o estadio dura generalmente de un año y medio a tres años.

Unión duradera: Estadio que envuelve planes de duración de largo plazo, creando un lazo de unión afectiva que podría durar por años, décadas y en algunos casos toda una vida. Esta fase se orienta a relaciones más duraderas, y que generalmente se basan en compromisos permanentes, tales como: el matrimonio, vida de parejas, creación de familia, o en relaciones de amistad que están basadas en intereses mutuos. Durante este período se ha notado un aumento significativo de las hormonas oxitocina y vasopresina.

Enzo Emanuele y sus asociados han reportado altos niveles de una molécula – proteína llamada Factor del Crecimiento del nervio que se encuentra en niveles muy altos en las personas cuando se enamoran (al principio); pero luego vuelve a niveles normales después del año.

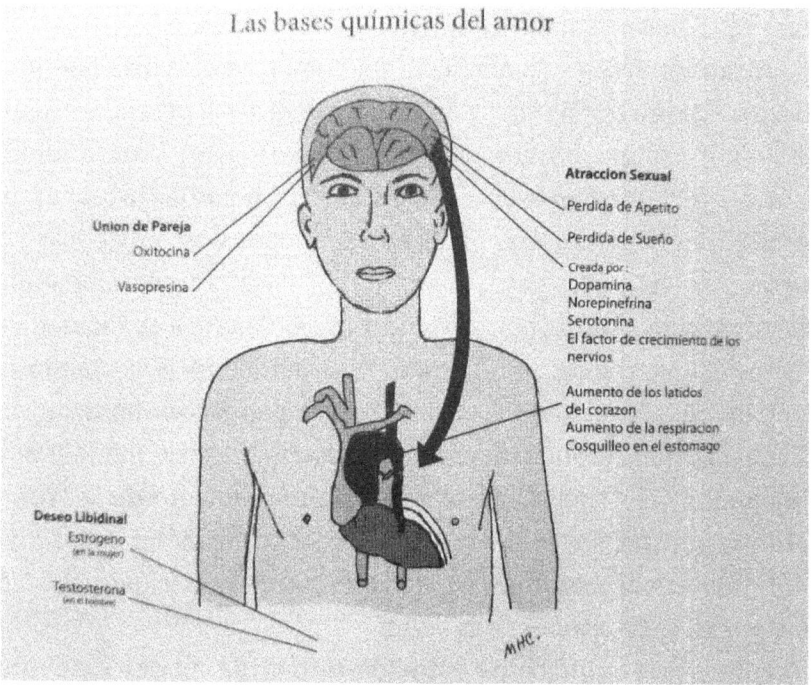

La psicología define el amor como una experiencia vivencial y como un fenómeno social. El psicólogo Robert Stenberg ha propuesto la teoría del amor, la cual es un triángulo formado por tres componentes: intimidad, compromiso y pasión.

Intimidad: Es una forma de amor en la cual dos personas comparten confidencias y detalles de su vida personal.

Compromiso: Es la promesa de que la relación va a ser permanente y duradera.

Atracción sexual y pasión: La más común forma de amor. Este amor apasionado es generalmente percibido como una ilusión.

En el libro "Texto de Amor", su autor, el psicólogo Harold Bessell, Phd, propone que las personas son arrastradas a juntarse por una fuerza, la que llamó "atracción romántica", la cual es una combinación de factores genéticos y culturales, que puede ser débil o fuerte, y que en algunos casos puede sentirse en grados diferentes por cada miembro de la pareja.

La Dra. Martie Haselton, psicóloga en la Universidad de California, Los Ángeles (UCLA) considera el amor romántico como "una pieza de compromiso", o mecanismo que lleva a dos personas a formar una unión duradera. La Dra. Haselton ha concluido que el amor romántico moderno ha sido ayudado por las relaciones duraderas, asegurando así que los niños alcancen la edad reproductiva bajo el cuidado y la compañía de los dos padres.

Investigaciones y estudios realizados por la Universidad de Pavia, sugieren que el amor romántico dura aproximadamente un año, para luego ser reemplazado por una forma más estable que denominaron como "amor de compañía". En este amor de compañía ocurre en los estadios tempranos del amor y cuando éste se hace más estable, los sentimientos románticos comienzan a desaparecer. Sin embargo, numerosos estudios hechos por la Universidad de Stony Brook, en New York, sugieren que en algunas parejas se mantiene el amor romántico por largos años y décadas.

El antropólogo John Towsend expone en su libro "What Women Want, What Men Want" (Lo que quieren las mujeres, lo que quieren los hombres), la diferencia entre los géneros sexuales en sus predisposiciones y planeamientos. En su libro hace una recopilación de sus numerosos proyectos e investigaciones y concluye que los hombres son más atraídos por la juventud y la belleza de la mujer; mientras que las mujeres son atraídas y sensibles al estatus y a la seguridad que ofrece el hombre, y considera que estas diferencias son parte del proceso de selección de la naturaleza, en el que los hombres buscan mujeres saludables y en edad fértil, que puedan tener hijos; mientras que las mujeres buscan hombres que deseen y que sean capaces de proteger y ocuparse de ellas y de sus hijos.

Es popularmente conocida la frase de que los hombres mueren por los ojos y las mujeres por los oídos. Los hombres son instintivamente visuales y atraídos por la belleza y la lujuria de la carne de la mujer y generalmente llegan a enamorarse y a alcanzar el amor romántico a través de la atracción y la actividad sexual.

En las mujeres, la primera atracción hacia el hombre es más compleja y no es puramente instintiva hacia la carne (como el hombre); sino que es más sublime y obedece más a la admiración hacia la figura masculina y sus cualidades inherentes; es decir, su apariencia física, inteligencia, sentido del humor, prestigio y su capacidad de proveer. Generalmente, las mujeres, contrarias a los hombres, llegan a la actividad sexual a través del romance y del amor.

Formulación y comparación de los modelos científicos

El modelo biológico tiende a interpretar el amor como un instinto o impulso propio de los mamíferos, similar al hambre y a la sed.

El modelo psicológico percibe el amor como un fenómeno social y cultural. Y resulta muy posible que los dos modelos tengan suficientes elementos de razón.

Ciertamente el amor es influenciado por neurotransmisores y por hormonas sexuales, que inclusive dictan la actitud y el comportamiento hacia el amor.

Desde el punto de vista convencional, el modelo biológico sostiene que el amor tiene dos fuerzas mayores: la atracción sexual y la unión por lazos de afecto.

Esta unión por afectos en los adultos posiblemente trabaja de la misma forma y bajo el mismo principio que lleva a un infante a depender y a crear lazos de unión afectivos con la madre.

Investigaciones han mostrado que estudios con escáneres del cerebro, en personas enamoradas, muestran un patrón similar a aquéllos que padecen trastornos afectivos y desórdenes psiquiátricos. Estos hallazgos han demostrado que las personas enamoradas producen actividad cerebral en las mismas áreas del cerebro donde se encuentran los centros del hambre, la sed y la adicción a las drogas.

El modelo psicológico tiende a interpretar el amor como una combinación de amor de pareja y amor apasionado.

El amor apasionado es intenso, poderoso y está acompañado por excitación fisiológica, respiración rápida y corta, jadeo, y aumento de la frecuencia cardíaca, tales como: latidos rápidos y palpitaciones del corazón.

El amor de pareja envuelve sentimientos de intimidad, y lazos de afectos, y *no* es acompañado por excitación fisiológica.

Se podría concluir que el enamoramiento es más físico que emocional. Luego con el pasar del tiempo esta reacción de enamoramiento se calma y madura, notándose que áreas diferentes del cerebro son activadas, principalmente aquéllas que tienen que ver con compromisos duraderos.

CAPITULO VII

El orgasmo y otras cosas

El orgasmo y otras cosas

Se conoce como orgasmo la culminación del placer sexual. También llamado clímax sexual, no es más que el pico de la fase Plateau (pico de la fase plana) del proceso de la culminación sexual. Esta fase se caracteriza por una intensa sensación de placer "lo máximo de la respuesta final del acto sexual". Esta intensa sensación descrita como "trascendental" es experimentada por ambos sexos. Tanto el orgasmo masculino como el femenino son controlados por el sistema involuntario o autonómico, y por el sistema límbico. Se acompaña de rápidas y rítmicas contracciones de los músculos más bajos de la pelvis, los cuales yacen y rodean los órganos primarios sexuales (pene y escroto, en el hombre y la vulva, en la mujer), y el ano. Generalmente acompañan al orgasmo contracciones musculares en otras partes del cuerpo, y se percibe una sensación eufórica generalizada (una verdadera tormenta de descarga de dopamina y oxitocina), que frecuentemente conlleva movimientos rítmicos y explosiones de sonidos verbales con alto tono erótico. Cambios fisiológicos acompañan al orgasmo, tales como: aumento de la frecuencia cardíaca, de la presión arterial y cambios en la respiración con aumento de una respiración rítmica, superficial y entrecortada (jadeante). Numerosos estudios muestran que el orgasmo es una reacción fisiológica autonómica que aparece en respuesta al estímulo sexual. En el hombre, el orgasmo puede llevar a la eyaculación.

El orgasmo en los humanos usualmente resulta por la estimulación del pene, en el hombre y por el clítoris, en la mujer. Esta estimulación puede ser por propia complacencia [masturbación] o ser efectuada por otra persona, o por penetración sexual a través del coito. Otras formas de alcanzar el orgasmo es a través del uso de accesorios, tales como: vibradores o cualquier objeto que produzca estimulación erótica, caricias, y prácticas anogenitales.

Orgasmo espontaneo

El orgasmo también puede ser logrado a través de actividades no sexuales que pueden resultar en orgasmo espontáneo; por ejemplo, la estimulación involuntaria como sucede en algunas ocasiones con el roce del sillón de una bicicleta en contra de los genitales, mientras, se monta ésta; durante la práctica de algunos ejercicios físicos, cuando los músculos pélvicos están contraídos y tensos. Otros orgasmos espontáneos tienden a ocurrir sin estimulación directa de los genitales, como es el caso de orgasmo durante el sueño (emisión nocturna). Algunos antidepresivos también tienden a provocar orgasmos espontáneos.

Una persona puede alcanzar orgasmo involuntariamente, como en algunos casos de contacto sexual forzado u obligado, en el caso de un asalto o violación sexual, los cuales a menudo se asocian con sentimientos de culpa y vergüenza. Los orgasmos involuntarios pueden ocurrir en ambos sexos.

Durante el orgasmo, se han efectuado estudios con escáneres, del cerebro de hombres y mujeres, y se notaron cambios similares en ambos; además de una marcada actividad cerebral y una disminución en la actividad metabólica de las partes más largas de la corteza cerebral y una activad normal metabólica o aumentada en las áreas límbicas del cerebro.

Una vez alcanzado el orgasmo, le sigue el período refractario. Esta fase se caracteriza por una sensación de relajación, y una experiencia de sentirse bien; esto es atribuido a la liberación de las neurohormonas oxitocina, prolactina y el neurotransmisor serotonina.

Orgasmo femenino

El orgasmo femenino fue por mucho tiempo tema controversial, debido al hecho de que se consideraba como dos orgasmos separados: uno vaginal y uno clitoriano; creencia errónea que se mantuvo por décadas y siglos.

El concepto de orgasmo vaginal fue documentado y postulado por Sigmund Freud, en 1905, con la teoría de modelos de respuesta sexual, la cual proponía que las mujeres tenían un "orgasmo vaginal" y un "orgasmo clitoriano", los dos fisiológicamente idénticos; aunque la estimulación era iniciada en sitios diferentes. Aseguraba él que el orgasmo clitoriano era un fenómeno propio de la adolescencia y que una vez alcanzada la pubertad y la adultez, la respuesta sexual de una mujer madura se efectuaba en la vagina, sin incluir la estimulación del clítoris. Por años y décadas se mantuvo esta concepción errónea que llevó a muchas mujeres a sentirse inadecuadas por su inhabilidad de alcanzar un orgasmo único, vía penetración vaginal excluyendo a la estimulación clitoriano.

A finales de la década de los 90, la doctora, uróloga, australiana, Helen O'Connell, descubrió que detrás del botón clitoriano que se asoma entre los labios menores de la vagina se esconde una masa de terminaciones nerviosas y cuerpos esponjosos de aproximadamente 10 centímetros (4 pulgadas) de longitud, cuya única función es proporcionar placer a la mujer. El clítoris y sus terminaciones nerviosas cubren las paredes laterales y el piso de la vagina como una herradura y las piernas de esa herradura se extienden desde el orificio o entrada de la vagina hasta el ano; mientras que el bulbo del clítoris (que contiene tejidos eréctiles) de la uretra (canal por donde la vejiga vacía la orina) descansa sobre el techo o parte superior de la vagina, y esta área con numerosas terminaciones sensitivas nerviosas, que contiene además el bulbo del clítoris (cuerpos cavernosos- esponjosos), puede ser estimulada a través de la vagina, puesto que se ha comprobado que la vagina por sí misma no tiene mecanismos propios para estimular o darle placer a la mujer, si no es a través del clítoris y su terminaciones nerviosas.

En 1966, William H. Master, ginecólogo y obstetra, profesor de la Universidad de Virginia, y Virginia Johnson, psicóloga, terapista sexual, publicaron los resultados de su investigación sobre las fases de la estimulación sexual y encontraron que el llamado orgasmo vaginal y el orgasmo clitoriano tenían las mismas fases físicas y propusieron el orgasmo clitoriano como el centro principal de todos los orgasmos en los humanos.

Descubrimientos recientes acerca del tamaño y la localización del clítoris y la extensión del clítoris dentro de la vagina han dado por demostrado que sólo el orgasmo femenino existe cuando este único centro del placer y del orgasmo es estimulado.

La Dra. Hellen O'Connell dice del Grafenberg Spot, el popular Punto G, dado en honor al ginecólogo alemán Ernst Grafenberg, que es como una pequeña área detrás del hueso pubis que rodea la uretra y que colinda con la pared anterior de la vagina. Esta área (punto G) varía de tamaño de persona a persona, y que al orgasmo resultante por estimulación con objetos eróticos, los dedos o el pene durante el acto sexual de esta área, erróneamente se le llamó orgasmo vaginal.

Numerosos estudios e investigaciones efectuados en los Estados Unidos, por Betty Dobson, terapista y educadora sexual, quien ha elaborado extensos trabajos investigativos sobre el clítoris, aseguran que en ese órgano de 10 centímetros de diámetro se encuentran más de ocho mil terminaciones nerviosas (el pene sólo contiene aproximadamente cuatro mil) lo que hace al clítoris el centro nervioso más sensible del cuerpo humano.

La doctora O'Connell asegura que la interrelación y la interconexión del clítoris con el G spot o punto G, no es más que la extensión interna del cuerpo del clítoris dentro y sobre el techo vaginal. La Dra. O'Connell manifiesta "como un hecho real que las paredes de la vagina no son más que la extensión del clítoris; si se levanta la piel (mucosa) de las paredes de la vagina encontraríamos los bulbos del clítoris y masas crecientes y elevadas de tejido eréctil".

En la figura del clítoris, se aprecia el clítoris cabalgando, montado sobre la uretra y sobre el conducto vaginal, con las piernas y el bulbo abrazando el conducto vaginal, y proyectando las piernas hacia atrás hacia el ano. Es muy posible que algunas mujeres tengan un clítoris más grande y extenso que otras, pudiendo alcanzar el orgasmo clitoriano a través de la vagina. Mientras que otras mujeres con un clítoris más pequeño sólo alcanzarán el orgasmo con estimulación directa de la parte externa o glande del clítoris.

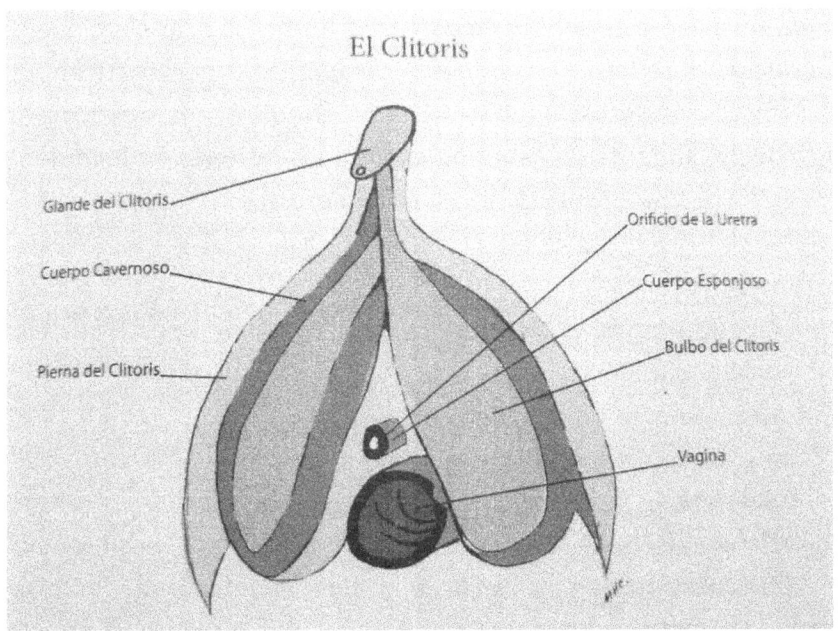

Orgasmo y otras áreas de estimulación

En la mujer el orgasmo es usualmente logrado a través de la penetración vaginal, sexo oral, (cunnilingus), masturbación y otros tipos de estimulación no penetrantes, tales como: vibradores o electroestimulación. Otras formas de orgasmo se pueden lograr por estimulación de los pezones, glándulas internas de Skene (glándula homóloga a la próstata del hombre), popularmente denominada esta área como Punto U.

Estimulación de los senos y los pezones

Antes y durante el acto sexual se tiende a producir excitación en las mujeres alcanzando orgasmos que varían de moderado a intenso, a través de la estimulación de los senos, llamado orgasmo de los senos, el cual es perfectamente normal. Sin embargo, la mayoría de las mujeres no alcanzan el orgasmo sólo con estimulación de los senos. Aquellas mujeres que alcanzan este orgasmo se cree es debido en parte a la hormona oxitocina, que es producida durante la estimulación sexual. De acuerdo a trabajos científicos y observaciones se ha demostrado que la oxitocina se produce y aumenta en cantidad cuando los pezones de la mujer y del hombre son estimulados y se ponen erectos.

Estimulación anal

En ambos sexos, el placer es producido cuando se estimulan las terminaciones nerviosas alrededor del ano o en el ano directamente, durante el acto sexual.

La estimulación anal en algunas mujeres ha sido reportada como agradable y placentera, debido a que las piernas del clítoris se extienden a todo lo largo desde la abertura vaginal hasta el ano.

Los orgasmos en la mujer han sido estimados a durar un promedio de aproximadamente 20 segundos y consisten en una serie de contracciones musculares en el área pélvica e incluye a la vagina, el útero y el ano. Sin embargo, algunas mujeres reportan orgasmos sin ningún tipo de contracción.

Orgasmos múltiples

En 1966, Master y Johnson publicaron el libro "Human Sexual Response" (Respuestas Sexuales Humanas) describiendo lo que ellos denominaron como los 4 estadios de respuesta sexual, en ambos sexos. Ciclos que se denominaron: 1. Fase de excitación; 2. Fase Plateau (fase plana); 3. Orgasmo y 4. Fase de resolución. Modelos de respuesta sexual considerados presentes en ambos sexos; aunque en las mujeres después del orgasmo no existía el período refractario (periodo de inactividad y descanso) que aparece en los hombres, lo que hacía a las mujeres capaces de orgasmos múltiples.

Orgasmos múltiples han sido reportados por algunas mujeres, las cuales no tienen o tienen un corto período refractario (período después del orgasmo) y, por lo tanto, pueden experimentar un segundo o más orgasmos, sin un período de descanso (refractario). Se ha reportado que los siguientes orgasmos tienden a ser más fuertes y más placenteros.

Algunas mujeres dicen que después de alcanzado el orgasmo, el clítoris y los pezones se vuelven muy sensibles e hiperalgésicos llegando a ser dolorosos.

Eyaculación Femenina

Recientemente se ha puesto en el tapete si las mujeres eyaculan durante la fase orgásmica. Algunos autores de estudios en este aspecto señalan que se ha demostrado eyaculación en las mujeres, en algunas ocasiones; desde unas pocas gotas tan pequeñas que no son perceptibles, a cantidades suficientes como para ser observadas, como manchas húmedas en las sábanas. Aseguran los exponentes de estos nuevos hallazgos que la eyaculación proviene de numerosas pequeñas glándulas, en las glándulas de Skene o glándulas parauretrales, también llamadas el Punto U, consideradas **la próstata femenina,** las cuales se encuentran localizadas en la parte inferior de la uretra (pueden ser observadas a simple vista, si se separan los labios menores) una a cada lado de la uretra (o meato urinario en la vulva) que se cree son las responsables de la eyaculación en las mujeres. En el año 2002, Emanuele Jannini, de la Universidad de L'Aquila, en Italia, demostró que existe eyaculación en la mujer; pero que la razón por la que se niega la existencia de ésta es porque se ha demostrado gran variedad anatómica de las glándulas de Skene, y en algunos casos se encuentran ausentes por completo.

Después de numerosos estudios e investigaciones se ha encontrado que una gran cantidad del líquido lubricante (plasma) es secretado por estas glándulas y se considera como una eyaculación que proviene de estas glándulas parauretrales, cuando son estimuladas por dentro de la vagina. Algunos reportes indican que algunas mujeres que tienen este tipo de eyaculación, al desconocer el fenómeno se sienten avergonzadas, pues erróneamente tienden a confundir este líquido con orina. Esta sustancia que resulta del orgasmo es de composición algo similar al semen generado en la próstata del hombre y contiene numerosas proteínas.

Estudios comparativos con microscopios electrónicos entre la próstata del hombre y las glándulas de Skene (parauretrales) se encontró que ambas glándulas muestran estructuras secretorias parecidas y ambas actúan similarmente en términos de estudios de antígeno específico de la próstata y de la fosfatasa ácida. Estos nuevos estudios e investigaciones han llevado a los investigadores a no utilizar el nombre de glándulas de Skene y han comenzado a utilizar el término de próstata femenina.

Orgasmo masculino y eyaculación

El orgasmo en el hombre aunque parezca sencillo es más complejo de lo que parece, ya que para el hombre alcanzar el orgasmo se deben dar varios pasos. Cuatro han sido descritos, incluyendo un desafío a la fuerza de gravedad (mantener una erección), lo que envuelve varios órganos, hormonas, vasos sanguíneos y nervios; que todos juntos llegan a orquestar y realizar un orgasmo, el cual es seguido casi simultáneamente por una descarga explosiva de espasmos musculares resultando en la eyaculación de semen.

William H. Masters (ginecólogo, obstetra) y Virginia E. Johnson (psicóloga y terapista sexual) quienes fueron los pioneros en investigar la naturaleza de la respuesta sexual humana, diagnóstico y tratamiento de las disfunciones y de los desórdenes sexuales, condujeron investigaciones y experimentos con adultos efectuando el acto sexual y observando y anotando las diferentes reacciones del cuerpo humano. En 1966, Master and Johnson publicaron el libro **"Human Sexual Response"**, dirigido a una población, con orientación médica, y escrito con datos y en una terminología altamente médico-técnica, que capturó la atención del público en general, volviéndose una sensación popular, que alcanzó la aceptación y la fama. En este libro, Master and Johnson describen las cuatro fases que ocurren en la respuesta sexual del hombre, y que delinearé a continuación:

Fase 1. La respuesta sexual del hombre (Excitación)

La respuesta sexual a un estímulo, ya sea psicológico, en forma de pensamientos, o en forma de fantasías, o en forma de estimulación física, se acompaña de un proceso de vaso congestión que ocurre cuando más flujo de sangre entra al pene de la que sale, resultando usualmente en la erección del pene del hombre. El tiempo que toma la erección varía de hombre a hombre. Los cambios físicos que pueden ocurrir en esta fase incluyen:

- cambios en el escroto y en los testículos, aumentan de tamaño y el escroto se eleva acercándose hacia el cuerpo.
- la piel se pone rojiza y aparece gran sensibilidad en el pezón del hombre.
- aparece un aumento en los latidos del corazón, la presión cardíaca y la tensión muscular.

Fase 2. La respuesta sexual del hombre (Plateau)

Si la estimulación sexual continua, esta fase representa el período desde el comienzo de la excitación inicial hasta el orgasmo. Para muchos hombres, la fase Plateau es muy corta; pero se puede alargar con algunas técnicas para controlar la eyaculación precoz.

Los cambios físicos que se observan en esta fase son:
- aparece un aumento de la cabeza del pene, cambia de color y se vuelve algo morada.
- la glándula de Cowper (glándulas de la uretra) segrega un líquido que es llamado pre-eyaculación que sale de la punta del pene (orificio de la uretra).
- los testículos se mueven más hacia el cuerpo y se agrandan en tamaño.
- puede haber un aumento del flujo sanguíneo en el área sexual, tensión muscular, aumento en el latido cardíaco y aumento de la presión sanguínea.

Fase 3. La respuesta sexual del hombre (Orgasmo)

Master y Johnson han dividido la fase del orgasmo en dos estadios:

Primer estadio: contracciones en los conductos deferentes, vesícula seminal y la próstata causan que el líquido seminal (semen) se almacene en la base del pene, en la uretra. Este almacenamiento de semen es usualmente sentido como una sensación de cosquilleo.

Segundo estadio: en este estadio numerosas contracciones musculares ocurren en y alrededor de la uretra, expulsando la eyaculación de semen a través de la uretra y fuera del cuerpo. Estas contracciones, las cuales ocurren a diferente velocidad y en cantidades diferentes son percibidas como un estado de placer y un sentimiento de relajación placentero.

Fase 4. La respuesta sexual del hombre (Resolución)

Esta fase se refiere al período de tiempo que ocurre inmediatamente seguido el orgasmo y la eyaculación, y lo que se siente cuando el cuerpo regresa a "su estado normal".

Esta fase incluye:

- la pérdida de erección a medida que la sangre sale del pene, lo que se efectúa en un período de pocos minutos.
- el escroto y los testículos retornan a su tamaño normal.
- se percibe un sentimiento de relajación.
- aparece un período refractario después de la eyaculación, en el cual el hombre es incapaz físicamente de obtener otra erección; sin embargo, existen variantes y diferencias entre uno y otro individuo en el período refractario, variando de pocos minutos a largos períodos. Se ha notado que este período es más largo en hombres mayores que en hombres jóvenes.

CAPÍTULO VIII

La masturbación

La masturbación

La masturbación es uno de los capítulos más importantes en el tema de la sexualidad; pero a la vez uno de los más controversiales, ya que a través de la historia la masturbación ha sido salpicada por numerosas falacias, mitos y tabúes, que por siglos han sido mal interpretados, añadiendo más confusión que claridad en el tema.

La masturbación, tanto la femenina como la masculina, es definida como la estimulación de los órganos genitales para obtener placer sexual y alcanzar el orgasmo. El término masturbar, generalmente, se refiere a la práctica de la masturbación, que se entiende como la práctica de la autocomplacencia con uno mismo o por la estimulación sexual de los genitales de otra persona, con los mismos fines de obtener placer y complacencia.

Masturbación Mutua

La masturbación generalmente se práctica con las manos o mediante el frotamiento contra algún objeto, como los llamados juguetes sexuales.

La práctica de la masturbación ha sido llamada con diferentes términos, tales como: auto complacencia, autoerotismo mutuo y el término más usado, con un matiz diabólico "onanismo". En todos los casos, el origen de la palabra masturbación se podría derivar de una palabra compuesta, derivada del latín "manus" igual a manos y "turba" igual a perturbación o excitación; por lo que masturbación se podría interpretar como excitarse con las manos (excitar el pene o el clítoris y vagina).

El tema de la masturbación ha experimentado cambios y avances a través de las últimas décadas, gracias al desarrollo científico en el campo de la sexología y el avance socio-cultural, gracias a la información y al fácil acceso a las redes de comunicación.

La auto complacencia o masturbación ha sido interpretada y abordada desde el punto de vista, médico, social, religioso y hasta legislativo, dándole a través del tiempo matices controversiales. Por lo tanto, me parece de interés para el lector el hacer un recorrido conciso, pero ilustrativo de la historia de la masturbación, en cuanto a su interpretación social, tabúes y prejuicios.

La masturbación en el hombre, en la antigua civilización egipcia, fue percibida como un acto de dioses y considerada como un acto creativo o mágico. Se creía, según la mitología egipcia, que el dios de los egipcios, el dios Atum había creado el universo con las eyaculaciones resultantes de su masturbación, y que la grandiosidad del flujo del río Nilo se debía a las frecuentes eyaculaciones y masturbaciones del dios Atum. Debido a estas creencias, los faraones egipcios se masturbaban frecuentemente en actos y ceremonias religiosas, eyaculando en el río Nilo.

La anciana civilización y religión hindú plasmó sus creencias y enseñanzas sexuales en "El Kamasutra", que explica explícitamente las mejores técnicas y posiciones para efectuar la masturbación, y cómo alcanzar un orgasmo satisfactorio.

Los antiguos griegos tuvieron una actitud liberal, pues consideraban la masturbación como un acto normal y saludable, en sustitución de otras formas de contacto sexual. Los griegos también reconocieron la masturbación femenina, la cual fue aceptada y representada en sus expresiones literarias y artísticas.

Mitos y preocupaciones acerca de la masturbación y la salud

La medicina moderna reconoce que la masturbación no produce daños ni a corto ni a largo plazo, y es considerada como una práctica sexual normal y antiestresante. Sin embargo, a través de la historia ésta ha sido distorsionada, malentendida, y siempre hubo voces que afirmaban que esta práctica era inmoral, pecaminosa, diabólica y dañina al cuerpo humano. Durante los siglos XVII y XVIII, se aseguraba que además del daño moral que producía la masturbación, tenía un supuesto daño físico y los religiosos de esa época afirmaban que esta práctica además de condenar las almas, ocasionaba un sin número de malestares y enfermedades, lo que creó una falsa información, seguida por un pánico general y rechazo hacia la masturbación. Durante ese período numerosas técnicas y métodos fueron creados para evitar la masturbación en los niños y niñas, recurriendo a métodos tan agresivos como la circuncisión sin anestesia, aparatos especiales que impedían que los niños se tocaran sus genitales e incluso el uso de descarga eléctrica al tocarse los genitales, lo que creó aversión a esta práctica.

Uno de los nombres más conocido a través de la historia, para referirse a la práctica de la masturbación ha sido el término onanismo, y se denominaba como "onanista" a la persona que recurría a la práctica de la masturbación. Este término se remonta al pasaje bíblico, del primer libro de la Torá, denominado "Génesis" y dice en la Biblia (Viejo Testamento), en el capítulo 38, titulado como Judá y Tamar, que el patriarca Judá tuvo tres hijos: Er, Onán y Séla. Er, el primogénito, llamado el malvado, casó con una cananea llamada Tamar; pero Dios consciente de la maldad de Er, hizo que muriera. Entonces Judá le pidió a su segundo hijo Onán que se casara con su cuñada y creara la descendencia de su hermano muerto. No obstante, sabiendo que esa descendencia nunca sería suya, decidió casarse con su cuñada y tener relación sexual con ella. Onán practicaba el coito interrumpido; es decir, antes de eyacular, éste eyaculaba fuera de la vagina de Tamar, evitando así que ella procreara hijos, y tener que mantener hijos que no llevarían su propio nombre, previniendo que la herencia de su padre (Judá) se repartiera. Dios, molesto por este pecado de desobedecer su orden, hizo que la tierra se tragara a Onán. Por siglos se conoció el término onanismo como sinónimo de masturbación y se llamó onanista, a aquéllos que practicaban la masturbación, igual que Onán y eyaculaban fuera de la vagina.

En el 1716, en Londres, el teólogo holandés, doctor Balthasar Bekker utilizó por primera vez el término onanismo, y públicamente aseguraba que la persona que se masturbaba era un pecador y enajenado mental.

En 1760, el médico suizo, Samuel Auguste Tissot publicó el libro "El Onanista", en el cual se definía la masturbación como una costumbre dañina al cuerpo humano y que la pérdida de semen durante el orgasmo resultante de la masturbación causaba daños irreversibles en la memoria y en el sistema nervioso, produciendo reumatismo, gota y debilitamiento de todos los órganos del cuerpo. Estas opiniones, carentes de base científica, fueron ampliamente diseminadas en Europa, y figuras de alto relieve social e intelectual, como Kahn y Voltaire también se hicieron eco de algunas de estas aseveraciones. Esta actitud, acompañada de información errónea, se considera como la causante de la falsa idea sobre el onanismo o masturbación, en la cultura Occidental. Todas estas falsas creencias y mitos se extendieron rápidamente durante la Era Victoriana (siglo XIX), en Inglaterra, donde se censuraba la masturbación, al punto que se recomendó diseñar los pantalones de los niños en una forma que no pudieran tocarse los genitales a través de los bolsillos, y las niñas en edad escolar eran sentadas en pupitres especiales para evitar que estas pudieran cruzar las piernas durante las clases. Además estaba prohibido a las niñas el montar a caballo o en bicicleta, pues estas actividades eran consideradas como una forma de masturbación. Los niños y jóvenes que practicaban la masturbación eran considerados como bobos, retardados y débiles mentales.

En 1897, el médico y psicólogo inglés, Havelock Ellis publicó su trabajo titulado "Estudios en la psicología del sexo", y es cuando la ciencia médica y grupos de orientación médica y psicología comienzan a cambiar su actitud hacia el tema de la masturbación. Ellis, contradecía los enunciados populares y de otros autores quienes condenaban la masturbación. Ellis afirmaba "llegamos a la conclusión de que en los casos en que la masturbación era practicada de una forma moderada en individuos sanos, no era dañina ni tenía efectos secundarios dañinos."

En 1905, Sigmund Freud escribió el ensayo "Tres ensayos en la teoría de la sexualidad", donde se refirió a la masturbación, y por primera vez describió la presencia de la masturbación en los infantes de período lactante, en la edad de 4 años y en la pubertad.

En 1940 y 1950, los trabajos del sexólogo norteamericano Alfred Kinsey, arrojaron indicios y nuevos aportes sobre la masturbación, la cual se consideraba como parte instintiva de los humanos, indicando que ésta era practicada comúnmente en los Estados Unidos, por hombres y mujeres.

En 1994 el Cirujano General de los Estados Unidos (algo similar al Ministro de Salud), la doctora Jocelyn Enders, sugirió que la masturbación debería ser incluida en el pensum escolar y mencionó que la masturbación era saludable y una práctica segura para la prevención en contra de las enfermedades sexualmente transmitidas, Irónicamente conservadores políticos, opuestos a ella, la acusaron de incitar a los niños a masturbarse, por lo que fue forzada a renunciar de su cargo.

La masturbación en los niños

Se atribuye a Sigmund Freud el descubrimiento de la presencia de la masturbación, como algo común en la infancia; pues durante mucho tiempo la niñez fue vista como una etapa "inocente", en la que no había espacio para impulsos sexuales, eróticos, y mucho menos para la práctica de masturbación, y los niños en los que se observaba esa práctica eran considerados con trastornos de conducta y con un futuro psicológico no muy prometedor. Sin embargo, debido al avance de las investigaciones científicas referentes a la sexualidad en los niños se notó lo contrario, que aquéllos que utilizaban la práctica de la masturbación eran niños con una mejor relación afectiva con la madre y con otras figuras emocionalmente significativas.

El psicoterapeuta Ricardo Carmen Manrique, en su trabajo titulado "Mitos y realidades acerca de la masturbación o autoerotismo", reproduce en una forma certera y explícita la recolección de datos estadísticos-científicos, con relación al tema de la masturbación, los cuales citaré a continuación, los cuales fueron reproducidos y publicados por Actualidad Psicológica.

"Alfred Kinsey manifestó encontrar y notó orgasmos mediante la masturbación en la infancia, y en estos estudios encontró que el 32% de los niños menores de 1 año eran capaces de tener orgasmos, y que igualmente ocurría en las niñas. Notándose que esta práctica de masturbación y orgasmo era a nivel de instinto e inconsciente. (Kinsey y colaboradores, 1948, 1953).

Ribble observó que la manipulación de los genitales y la presencia de juegos sexuales, claramente definidos en los infantes, estaban presentes; pero se dudaba que estas prácticas de masturbación fueran a nivel de conciencia (Ribble, 1955, en Brecher, M. E. ''Los Investigadores del sexo, 1973).

Todos estos estudios arrojaron las conclusiones de que la actividad sexual se hallaba presente en la infancia, pasando por las diferentes fases del desarrollo psicosexual, y señalando que desde la edad de 3 a 7 años (que Freud denominó como fase fálica, con un período edipal) se nota un marcado interés sexual, y que un 5% de los niños de 6 años o menores, se había masturbado y el 10% de los niños sobre 7 años también lo habían hecho. (Ramsey, 1943, en Brecher, 1973).

En tiempos atrás se pensó que la masturbación se presentaba durante la adolescencia, como respuesta a los impulsos sexuales y cambios hormonales de ese período; pero debido al avance de la sexología, se encontró que los niños empiezan a masturbarse desde muy temprana edad y que a la edad de 10 años, un 13% ya la habían practicado y alrededor de un 12% de las niñas también, a la edad de 12 años. (Kinsey, 1953, "Conducta sexual en la mujer").

Cifras estadísticas arrojaron datos en términos generales de que los varones adolescentes se masturbaban un promedio de 2.5 veces por semana y que un 17% lo hace de 4 a 7 veces por semana. También encontraron que los niños y las niñas (adolescentes) aprenden a masturbarse en formas diferentes, siendo los niños más propensos a aprender esta práctica, recibiendo información de otros compañeros a través de lecturas de contenido erótico, revistas, videos, etc. Mientras que la mayoría de las niñas llegan a la masturbación a través de la curiosidad y auto descubrimiento, generalmente de forma accidental."

La masturbación en los hombres

La masturbación en los hombres es efectuada de varias formas y las técnicas de cómo efectuarla varían de una persona a otra. Es conocido que la mayoría de los hombres se masturban sujetándose el pene con la mano moviéndola de arriba abajo, y de atrás hacia delante, según la posición del individuo. Otra forma común es no utilizando la mano completa, sino agarrando el pene en la zona del frenillo (donde el glande se une al cuerpo del pene) con los dedos índice y medio, por debajo y el dedo pulgar por encima, o a los lados. Otras técnicas consisten en utilizar las dos manos en el pene, frotar el pene con una mano, mientras que con la otra mano se estimulan los testículos, los pezones u otras partes del cuerpo. Algunos individuos prefieren la masturbación acompañada de algún tipo de lubricación, pues el roce de las manos sobre el tejido delicado del pene tiende a irritar esa área. El uso de lubricantes es para facilitar el deslizamiento sobre la superficie del pene.

Otros elementos empleados por los hombres son los artefactos mecánicos y eléctricos, los que generalmente complementan la excitación durante la masturbación, tales como: muñecas inflables, vaginas artificiales y muñecas y bombas al vacío. También se suelen utilizar vibradores que usualmente se aplican desde el área del frenillo del pene a la zona del perineo (región comprendida entre el escroto y el ano).

Los hombres generalmente consideran la masturbación como un hábito aceptable. El estudio efectuado y publicado por María Caballero, "Estudio comparativo del comportamiento sexual de jóvenes en Cajamarca", 1990, encontró que el 95% de los varones se había masturbado en el transcurso de su vida y que el 78.6% se masturbaban al momento de efectuarse la investigación.

Alfred Kinsey, en 1948, encontró que el hombre adulto promedio, menor de 35 años, se masturba aproximadamente 70 veces al año; mientras que los mayores de 35 años se masturban alrededor de 33 veces al año, y que la manipulación genital es la forma más común y frecuente de masturbarse en los hombres (95 %). El análisis de las estadísticas indica que la cifra probable de hombres que se masturban es de un 92 a 94%.

La masturbación en la mujer

La mayoría de las mujeres se masturban estimulando el área del clítoris. Un número menor, quizás una cuarta parte o menos, se masturban introduciendo sus dedos o artefactos mecánicos o eléctricos dentro del canal de la vagina, para incrementar la sensación de placer, siendo ésta una técnica minoritaria, a pesar de la propaganda que promueven las revistas, películas, y otros materiales pornográficos.

Los dedos de la mano son generalmente utilizados por las mujeres para estimular directamente el clítoris, a través del prepucio y con menor frecuencia estimulando el glande del clítoris. Esta actividad se acompaña, en muchos casos, con lubricación de los dedos, (principalmente si se estimula directamente el clítoris) ya sea humedeciendo los dedos dentro de la vagina o con la propia saliva. Según cifras estadísticas, la gran mayoría de las mujeres se masturban acostadas o en el baño con las piernas abiertas, y un 10%, lo hace boca abajo y con las piernas juntas. Se reporta que la mitad de las mujeres que se masturban boca abajo, con las piernas juntas, utilizan los dedos; mientras que la otra mitad utiliza almohadas, peluches o cualquier objeto suave que ocasione placer al presionarlo o frotarlo contra sus genitales. Cifras estadísticas también reportan que un 3% de las mujeres se masturban en cualquier posición o postura y que con solo contraer los muslos y apretarlos se produce una excitación que puede llegar al orgasmo. Otro 2% de esa población femenina se masturba utilizando el chorro de agua de la ducha o la bañera, y un 2% lo hace sin las manos, sin frotar los muslos o presionar los genitales, sólo estimulándose con fantasías eróticas, lo que nos llevaría a pensar que se podrían considerar las fantasías eróticas como un acto masturbatorio, capaz de producir orgasmo.

El uso de vibradores, consoladores y otros artefactos eróticos parecen haber cobrado mucha popularidad, y son hoy en día usados ampliamente por la población femenina. No se conoce a ciencia cierta qué número de mujeres utilizan estos juguetes de placer; pero numerosas encuestas recientes, muestran que una de cuatro, y dos de tres mujeres utilizan estos juguetes eróticos, variando el número y la frecuencia, según las sociedades y las diferentes culturas.

De acuerdo a estudios e investigaciones, se ha encontrado que de todos los tipos de actividad sexual, la masturbación en la mujer está considerada como una de las más satisfactorias, capaz de producir orgasmo, en el 95% de las veces, produciendo orgasmo (clímax) en menos tiempo que cualquier otra técnica o actividad sexual. De acuerdo a los reportes de Kinsey y sus colaboradores se han alcanzado orgasmos, a través de la masturbación, hasta en 4 minutos, en el 75% de los casos. (Shere Hite "El informe Hite, Estudio de la sexualidad femenina")

En España, 1976, este mismo informe (Hite, 1976) encontró que el 82% de la muestra de mujeres encuestadas se masturbaba con regularidad.

Kinsey encontró que la frecuencia de la masturbación es muy variable en las mujeres, y que un grupo de las mujeres estudiadas llegaron alcanzar hasta 100 orgasmos en una hora, a través de la masturbación (McCrary, 1983).

Información y datos tomados de Actualidad Psicológica, en el trabajo del terapeuta Ricardo Carmen Manrique, "Mitos y creencias sobre la masturbación" señalan que en las investigaciones de Master y Johnson (1966) se encontró que varias mujeres, que participaron en experiencias sexuales en laboratorio, describieron que los orgasmos resultantes de la masturbación eran fisiológicamente más satisfactorios que el orgasmo resultante del coito; aunque este último parecía más aceptable emocionalmente, ya que no llevaba la carga de culpa y rechazo social y religioso que se ha impuesto a la masturbación. Asimismo, señala el trabajo de Ricardo Manrique, que alrededor del 59% de las mujeres solteras, en edades entre 50 y 70 años, admiten masturbarse frecuentemente y el 30% de las casadas complementan su vida sexual con la masturbación (Kinsey y colaboradores, 1953, en McCrary, 1983).

Estos datos estadísticos pudieron tener diferencias en los porcentajes, entre las muestras de Kinsey (mujeres americanas) y los porcentajes arrojados por Elena Ochoa, revelados en su trabajo "200 preguntas sobre sexo", España 1991, obtenidos con muestras de mujeres europeas; pero lo que sólo demostró fue que éste es un fenómeno casi universal que se presenta con ciertas variaciones socioculturales.

Después de este largo e interesante viaje de nuevos hallazgos científicos, podríamos llegar a la conclusión de que la medicina moderna reconoce que la masturbación no produce daños ni a corto, ni a largo plazo, y la considera como una práctica "normal", practicada por una población sana, que se realiza desde edades tempranas hasta el final de la vida, si la salud y la disposición sexual lo permiten. Llegamos a la conclusión ampliamente demostrada, que la gran mayoría sana de los seres humanos se masturban y tienen relaciones sexuales con normalidad.

CAPÍTULO IX

Disfunción sexual

Disfunción sexual

Disfunción sexual se refiere al desorden encontrado en una persona o pareja, en su relación, durante una actividad sexual normal. Bien se podría decir que es el mal funcionamiento de una actividad sexual, que se debería de desempeñar sin dificultad. Las disfunciones sexuales se podrían definir como desórdenes sexuales, en los siguientes renglones:

1. Desórdenes del deseo sexual
2. Desórdenes de la excitación sexual
3. Disfunción eréctil
4. Desórdenes del orgasmo
5. Desórdenes sexuales asociados con dolor
6. Otros desórdenes sexuales no comunes

Desórdenes del deseo sexual

También llamado desorden del apetito sexual, en el cual aparece la libido o deseo disminuido en lo referente a la actividad o fantasías sexuales. Generalmente esta disfunción varía: desde una pérdida de deseo sexual completa hacia toda actividad sexual o una pérdida de deseo hacia la pareja actual. Esta pérdida de deseo puede aparecer luego de un funcionamiento sexual normal, satisfactorio o, en otros casos, la persona siempre tuvo poco o no tuvo nunca deseo sexual.

Las causas pueden variar, pero entre las más comunes están la disminución de la producción normal de estrógenos, en la mujer, o de testosterona, en el hombre y en la mujer. La preñez, la fatiga y el envejecimiento son también causas frecuentes de este trastorno. Otra causa también común son los efectos secundarios encontrados en algunos antidepresivos utilizados para tratar estados depresivos; los denominados antidepresivos inhibidores de la recaptación selectiva de la serotonina (IRSS) que producen pérdida del deseo sexual. Afortunadamente al descontinuar estos fármacos, el trastorno desaparece. La depresión, los estados de tensión también producen disminución del deseo sexual.

Desórdenes de la excitación

Son desórdenes de la excitación sexual, antiguamente llamada y conocida como frigidez, en las mujeres, y como impotencia, en el hombre. En la actualidad, el término frigidez ha sido denominado como desórdenes del deseo sexual o desórdenes de la excitación sexual. El término impotencia ha sido sustituido por disfunción eréctil. En ambos sexos esta disfunción se caracteriza por conductas de evasión y aversión al contacto sexual con la pareja.

En el hombre, específicamente la disfunción eréctil, se manifiesta como inhabilidad de mantener una erección o una pérdida parcial o completa del deseo o placer en cualquier actividad sexual efectuada.

Causas médicas que pueden influir en la creación de estos desórdenes obedecen generalmente a trastornos médicos de disminución del flujo sanguíneo y, en las mujeres, se deben generalmente a la falta de lubricación vaginal.

La disfunción eréctil

La disfunción sexual eréctil o impotencia se caracteriza por la falta de desarrollar o mantener una erección firme del pene. Entre las causas médicas más comunes en producir este desorden se encuentra la diabetes, la cual disminuye el flujo de sangre a los tejidos del pene. Otras causas son los trastornos de origen cardiovascular y de presión sanguínea; algunos tipos de cirugía también producen lesiones a los nervios que siguen el curso y el camino al lado de la próstata, y que pueden ser dañados en cirugías de la próstata, y en cirugías colon- rectal.

La impotencia ha sido abordada con numerosos tratamientos caseros exóticos, poco serios, que generalmente no llenan su cometido, creando más daños que beneficios.

En la década de los noventa apareció el primer fármaco que definitivamente cambió el curso del tratamiento de la impotencia y que ofrecía la esperanza de mejoría de este desorden. El nombre de este fármaco se conoce como Viagra, nombre comercial (sildenafil). Luego aparecieron otros fármacos como Levitra (vardenafil) y Cialis (tadalafil), los cuales han recibido la atención pública y de los sectores científicos, como algo prometedor y efectivo en el tratamiento de la disfunción eréctil.

Desordenes del orgasmo

Desórdenes del orgasmo conocido como ANORGASMIA son aquellos que producen un retraso o ausencia de orgasmo, después de una fase normal de excitación.

La anorgasmia es considerada como una disfunción en la cual una persona no puede alcanzar un orgasmo. En el hombre, esta condición se conoce como eyaculación retardada. Este trastorno puede causar frustración sexual y es mucho más común en la mujer que en el hombre. Es poco común o raro en hombres jóvenes, aun sea clasificada como una condición psiquiátrica, puede ser causada por problemas médicos, tales como: la neuropatía diabética, esclerosis múltiple, mutilación genital, complicaciones quirúrgicas y trauma pélvico, histerectomía total, trauma de la columna espinal, desbalance hormonal y enfermedades cardiovasculares.

Se ha descrito también una anorgasmia situacional en hombres y mujeres que usan antidepresivos, principalmente en aquellos antidepresivos, inhibidores selectivos de la serotonina (IRSS). Otra causa de anorgasmia se encuentra en personas con adicción a los opiáceos, en especial, la heroína.

Causas de la disfunción sexual

Existen numerosos factores que pueden contribuir a crear una disfunción sexual en una persona: causas emocionales o causas físicas, notándose que las causas emocionales generalmente giran alrededor de trastornos psicológicos o de problemas de relación interpersonal como disfunción marital o de relación de pareja y falta de comunicación.

Las causas psicológicas generalmente provienen de estados depresivos, estados severos de ansiedad, temor sexual y culpa. Los estados de ansiedad juegan un papel importantísimo en los trastornos de disfunción sexual, ya que la ansiedad puede crear disfunción eréctil en los hombres, sin ninguna razón psiquiátrica; así como, desórdenes de pánico generalmente afectan la actividad sexual, creando aversión al acto sexual, y a la eyaculación prematura en el hombre.

En la mujer, el dolor durante el acto sexual es generalmente asociado a desórdenes de ansiedad.

Entre de las condiciones físicas que generalmente causan disfunción sexual en las mujeres se incluyen: el síndrome premenstrual, el post partum, la menopausia y los traumas de la espalda.

La hipertrofia de la próstata, enfermedades como la diabetes, tumores y sífilis son enumeradas como causas de disfunción sexual. Desórdenes del sistema endocrino (desórdenes de la tiroides, de la glándula pituitaria o las glándulas suprarrenales); así como, deficiencias hormonales como bajo nivel de testosterona o deficiencia de estrógenos.

Otros factores importantes causantes de disfunción sexual se asocian con el uso y abuso de drogas y fármacos como alcohol, nicotina, estimulantes (cocaína, anfetaminas), antihipertensivos (medicina para bajar la presión arterial), antihistamínicos, y algunos psicofármacos (antidepresivos antipsicóticos y tranquilizantes).

CAPÍTULO X

Disfunción sexual femenina

Disfunción sexual femenina

Como ya mencionamos en el capítulo anterior, la disfunción sexual se refiere a la dificultad experimentada por una persona o pareja, durante cualquier etapa de una actividad sexual. En la mujer, la disfunción sexual aparece en fases o etapas sexuales que incluyen:

Fase de deseo
Excitación
Orgasmo
Desórdenes de dolor durante la actividad sexual

En el XII Congreso Mundial de la Menopausia, celebrado en Madrid, España, en el año 2008, el Presidente de la Sociedad para la Investigación de las Disfunciones Sexuales en Atención Médica Primaria, Lorenzo Guirao, presentó varios estudios internacionales en los cuales se encontró que la actividad sexual femenina después de la menopausia y con antecedentes de histerectomía (con eliminación del útero, con o sin conservación de los ovarios), aumentaba significativamente las disfunciones sexuales, y la pérdida del deseo sexual. Estos estudios mostraron que un 60% de las mujeres sufre de algún tipo de disfunción sexual, a lo largo de su vida, frente a un 40%, en los hombres.

La doctora Rosella Mappi, de la Fundación "Salvatore Maugeri", de la Universidad de Pavia, Italia, refiere que el 30% de las mujeres carecían de interés por el sexo, y que un 20% tiene relaciones no placenteras, y se sospecha que esto se debe a que una de cada tres mujeres experimenta sequedad vaginal, acompañada con dolor durante el acto sexual. Refiere la doctora Mappi, que un 25% no logra alcanzar orgasmo, y que estos factores aumentan en la edad menopáusica e influyen en la calidad de vida.

Los problemas más frecuentes en las disfunciones sexuales femeninas se encuentran por trastornos o desórdenes del deseo sexual, el cual es 3 veces más frecuente en las mujeres entre 40 a 69 años, en comparación con las más jóvenes, seguido por trastornos de orgasmo y excitación sexual. En las encuestas efectuadas por expertos en el área de disfunción sexual se asegura que el 18.9% de las mujeres, entre 45 y 54 años, reportaron sentirse insatisfechas en su relación de pareja y un 25% reportaron llevar una vida sexual insatisfecha, cifra que se elevó a medida que aumentó la edad de las encuestadas, llegando a un 40%, en mujeres mayores de 55 años.

Entre los trastornos de disfunción sexual femenina se encuentran:

1. Desorden del deseo sexual femenino
2. Desorden de la excitación sexual
3. Desórdenes orgásmicos
4. Desórdenes de dolor durante la actividad sexual

1. Desorden del deseo sexual femenino

La Asociación Americana de Psiquiatría (APA) define este desorden, el cual se caracteriza por una ausencia o deficiencia de fantasías sexuales y falta de deseo hacia la actividad sexual, como el más común y frecuente de los trastornos sexuales en la mujer.

La definición de este desorden es considerada por algunos expertos como vaga, pues el deseo sexual varía de una mujer a otra. Esta condición depende de la severidad, frecuencia y la disrupción de la relación de pareja. De acuerdo a numerosos estudios y encuestas, los resultados y los porcentajes varían. En general, se ha observado que mujeres que llevan una vida sexual de pareja feliz, piensan y hacen el amor más frecuente que aquellas no felices.

Causas del desorden

El bajo deseo o la ausencia de deseo por actividad sexual puede ser causado por diversos factores, los cuales varían de una persona a otra; pero las más frecuentes o comunes son el cansancio, y la fatiga a que algunas mujeres son expuestas, debido a su rol dentro de la estructura de la familia, donde la mujer lleva una vida laboral o profesional activa y su papel de madre, ama de casa y de esposa complaciente. Otros factores psicológicos como el estrés, los desórdenes del afecto, como la depresión y la ansiedad, definitivamente afectan el deseo sexual en la mujer. Otro factor importante a considerar en este desorden es el efecto de medicamentos o drogas. Algunas medicinas como los ansiolíticos, tranquilizantes, antidepresivos, estabilizadores del afecto, y las píldoras anticonceptivas también producen trastorno del apetito sexual femenino.

Nuevas evidencias y estudios han arrojado datos de algunos medicamentos como causantes de desórdenes del apetito sexual: los llamados antidepresivos inhibidores de la recaptación selectiva de la serotonina (IRSS). Los más propensos a crear disfunción son el Prozac (fluoxetina), Paxil (paroxetina), Zoloft (sertralina), Celexa (citalopram), Lexapro (escitalopram). Son menos frecuentes los efectos sobre la libido, otros antidepresivos como el Wellbutrin (bupropion), Remeron (mirtazapina), y el Luvox (fluvoxamina), que no tienen estos efectos secundarios tan marcados sobre el apetito sexual.

Factores psicológicos en la relación de parejas, también podrían afectar: la falta de atracción física o incompatibilidad de caracteres dentro de la relación de pareja; asimismo podría crear disfunción del apetito sexual, entendiéndose solo en lo referente a algunas parejas, en particular.

2. Desorden de la excitación sexual

Este desorden se ha referido en el pasado como "Frigidez". Se define como inhabilidad recurrente y persistente para lograr o mantener una excitación sexual hasta completar la actividad sexual. También se ha descrito esta disfunción en la mujer como una condición que podría ser duradera (desde el nacimiento) o adquirida (referente a una situación dada) y que puede ser generalizada en todas las situaciones, o ser solo específica a una situación dada, en la cual la disfunción puede estar presente con una sola persona; pero no con otra pareja diferente.

La Sociedad Americana de Psiquiatría (American Psychiatric Association) enumera en el DSM IV (Manual de Estadísticas de Diagnósticos Mentales) varios aspectos y síntomas presentes en el diagnóstico del desorden sexual de la excitación Femenina:

- Inhabilidad recurrente o persistente para lograr, mantener y completar una actividad sexual y de obtener una respuesta de lubricación e hinchazón (congestión o tumescencia) vaginal durante la excitación.
- La disfunción crea un estrés marcado en la relación interpersonal
- Esta disfunción sexual no es debida o secundaria a abuso de drogas, medicamentos o a una enfermedad.

Las causas que contribuyen o que producen este desorden pueden incluir elementos psicológicos y físicos.

Las causas psicológicas, que contribuyen a esta disfunción, incluyen experiencias y eventos traumáticos durante la niñez o eventos actuales que definitivamente tienen un fuerte impacto en la persona. La mayoría de los estudios empleados para evaluar el impacto de estos eventos en la niñez no han sido determinantes; pero sí se ha observado que estos trastornos en su mayoría están ligados a abuso sexual durante la niñez, y que luego desarrollan una disfunción sexual.

El factor físico individual también juega un papel importante en este trastorno. Situaciones como fatiga continuada, nivel elevado de estrés emocional, ansiedad crónica y problemas de identidad de género, pobre estima personal e imagen corporal distorsionada (dismorfia) generalmente resultan en inhabilidad de obtener placer sexual. Se estima que un 30 a un 40 % de las disfunciones sexuales son resultado de problemas circulatorios o trastornos neurológicos. Sin embargo, la literatura médica y estudios recientes en el campo de la sexología han revelado que algunas de las causas de disfunción sexual de la excitación se encuentra en mujeres diabéticas, debido a la fragilidad afectiva presente en ellas, lo que sugiere que factores psicológicos definitivamente juegan un papel importante en la etiología del desorden sexual de la excitación en la mujer.

3. Anorgasmia

Anorgasmia o desorden orgásmico es un tipo de disfunción sexual que se caracteriza por la dificultad que experimenta una persona al no poder llegar a un orgasmo. Este desorden es mucho más frecuente en la mujer que en el hombre.

Se define como anorgasmia primaria a la condición en la cual una persona nunca ha alcanzado un orgasmo, lo cual es más común en las mujeres. Este trastorno se caracteriza por un bajo nivel de excitación, resultando en irritabilidad, inquietud y frustración, que generalmente se acompaña de contracciones dolorosas de la pelvis con hinchazón y tumescencia, probablemente debida a la congestión vascular en el área pélvica. Las causas de este desorden no se conocen a ciencia cierta; es una interrogante la razón por la cual en muchos casos una mujer no puede alcanzar el orgasmo aun y en presencia de una pareja atractiva, cariñosa, considerada, con adecuada privacidad y en un buen estado de salud.

Algunas teorías sociales señalan que la inhabilidad de obtener un orgasmo se debe a la mala percepción psicosocial en la cultura occidental hebreo- cristiana, en la cual se considera el deseo y la libido sexual en la mujer como algo malo, pecaminoso y no correcto. Aseguran los teóricos que estas ideas represivas y distorsionadas provienen de una época rígida y mal informada, como la que se vivió durante la Era Victoriana, en Europa, durante el siglo XIX, donde se prohibía e impedía a la mujer sentir o experimentar placer sexual, que no fuera orientado hacia la procreación de la familia, inhibiendo a la mujer de disfrutar una vida sexual sana y productiva.

También se ha descrito una anorgasmia secundaria , que se refiere a la ausencia de orgasmo, que anteriormente se lograba. Entre las causas más comunes de la anorgasmia secundaria se encuentran la depresión, el alcoholismo, la pérdida y luto, cirugías pélvicas (como la histerectomía total), traumas, algunos medicamentos, caída del estrógeno, asociado con menopausia, experiencias sexuales traumáticas, etc.

4. Desorden de Dolor durante el acto sexual o Dispaurenia

Este desorden de dolor sexual es casi exclusivo de la mujer, y se conoce con el término de Dispaurenia (dolor durante el acto sexual). También una condición muy similar llamada vaginismo está asociada con contracciones y espasmos dolorosos de los músculos vaginales, los que aparecen durante la actividad sexual.

La dispaurenia puede ser causada por falta de lubricación vaginal (sequedad vaginal) en la mujer lo que puede ser resultado de la poca excitación o poca estimulación, o cambios hormonales producidos por la menopausia, preñez, alimentación de pecho, irritación de la vagina por uso de duchas, cremas y espumas contraceptivas, que pueden causar resequedad de la pared vaginal.

Otras causas envuelven factores psicológicos, tales como: ansiedad, miedo y temor al sexo.

En la actualidad, no se conoce con exactitud qué causa el vaginismo; pero se cree que es debido a experiencias sexuales traumáticas, como la violación sexual o el abuso sexual.

Otro desorden de dolor sexual es la vulvodinia o vestibulitis vulvar, en la que algunas mujeres se quejan de un dolor quemante en la vulva y vagina durante la actividad sexual, y que parece estar relacionado con hipersensibilidad e hiperalgia de la piel de la vulva y de la vagina. Su causa es desconocida.

Tratamiento de los desórdenes sexuales

El tratamiento para los desórdenes sexuales del deseo, de la excitación, y el orgasmo es básicamente el mismo método y estrategia; aunque las causas y orígenes pueden diferir, el tratamiento parece similar.

Los trastornos pueden evaluarse individualmente, y si la disfunción tiene una base psicológica individual inherente a la mujer, la estrategia a seguir es tratar a la persona en sus problemas. Sin embargo, la mayoría de los programas de terapia sexual han notado que la mayoría de las causas y persistencias de estos desórdenes tienen mucho que ver con la relación de la pareja, siendo el foco principal de la terapia, la pareja y su relación.

Desde el punto de vista farmacológico se ha tratado de utilizar un fármaco conocido con el nombre de Bremelanotide, que tiende a producir un aumento de la libido en el 90% de las personas envueltas en el estudio. Este producto fue promovido comercialmente para ser vendido como un producto para el tratamiento de los desórdenes de la libido sexual. El producto fue estudiado hasta el año 2007, cuando fue retirado de los estudios clínicos, debido a numerosos efectos secundarios dañinos al sistema cardiovascular.

CAPÍTULO XI

Disfunción sexual masculina

Disfunción eréctil

Disfunción sexual masculina
Disfunción eréctil

La disfunción eréctil masculina, antiguamente conocida como Impotencia es una disfunción sexual que se caracteriza por la inhabilidad de desarrollar o mantener la erección del pene durante la ejecución del acto sexual o de una actividad sexual.

La erección del pene es efectuada por efectos hidráulicos de la sangre, la cual entra y es retenida en unos cuerpos parecidos a una esponja (de ahí su nombre, cuerpos esponjosos y cavernosos). Este proceso es a menudo iniciado como respuesta a una excitación sexual, iniciada por una señal que es transmitida desde el cerebro a los nervios del pene.

Durante siglos se reconocía la erección como un proceso hemodinámico y así lo aseguraba Leonardo da Vinci, en el siglo XV, durante el período del Renacimiento. El notó que las personas que eran ahorcadas o ejecutadas, cuando los cuerpos se quedaban en una posición erecta o sentados, horas o días después se notaba en los cadáveres una erección del pene, debido a la acumulación de sangre en la zona genital.

En la actualidad, se sabe que la erección es debida a factores hemodinámicos, y se conoce que la erección se efectúa a través de dos mecanismos. El primero considerado como la erección refleja, la cual se produce por la estimulación y manipulación del cuerpo del pene; el segundo mecanismo es psicogénico, el cual es logrado por estímulo emocional o erótico.

La erección refleja envuelve los nervios periféricos del pene y la parte más baja de la médula espinal; mientras que la erección psicogénica envuelve el sistema límbico del cerebro. En ambos mecanismos, un sistema nervioso sano es requerido para obtener una erección completa y exitosa. Una vez el sistema nervioso responde a una excitación erótica, éste estimula el pene y lleva a la secreción del óxido nítrico, el cual causa relajación de los músculos lisos del cuerpo cavernoso, tejido que origina y produce la erección.

La testosterona que es producida por los testículos se necesita en gran cantidad; a la vez una glándula pituitaria en óptimo nivel de funcionamiento es requerida para obtener una erección vigorosa. De lo expuesto anteriormente se deduce que la disfunción eréctil o impotencia se puede desarrollar debido a deficiencias hormonales, desórdenes del sistema nervioso, una circulación defectuosa del pene o por problemas psicológicos.

Existen varias causas que producen el desorden de disfunción eréctil; entre ellas, las de origen circulatorio, incluyendo causas orgánicas como diabetes, enfermedades cardiovasculares, desórdenes neurológicos, insuficiencias hormonales y efectos secundarios de algunos medicamentos.

Causas más comunes de disfunción eréctil

- La Impotencia Psicológica - Es causada por trastornos psíquicos, debido a la inhabilidad o fallo de crear una erección suficientemente firme, por pensamientos o sentimientos traumáticos psicológicos y no debidos a causa física u orgánica. Entre las causas psicológicas figuran la ansiedad, el estrés, depresión, esquizofrenia, abuso de sustancias, desórdenes de pánico, algunos desórdenes de personalidad y pobre estima personal.

- Desórdenes Neurogénicos - Son los traumas resultantes de la médula espinal, cerebro, y enfermedades del sistema nervioso, tales como: la enfermedad de Parkinson, la enfermedad de Alzheimer, esclerosis múltiple y accidentes cerebro vasculares, las causas más comunes de la disfunción eréctil.

- **Envejecimiento** - Es otra de las causas de la disfunción eréctil. Se ha comprobado que es más frecuente en hombres en los sesenta, siendo cuatro veces mayor que en los hombres de cuarenta. El trastorno eréctil es más frecuente en personas de edad avanzada (envejecientes) que generalmente padecen de enfermedades vasculares, sufren de ateroesclerosis (placas de grasa que se depositan en los vasos sanguíneos), enfermedad vascular periférica, diabetes, hipertensión, y en aquellos individuos que fuman; es decir, en cualquier situación en que el flujo sanguíneo del pene esté disminuido o comprometido, se produce una disfunción sexual.

- **Fumar** - Es definitivamente una de las causas más comunes de la impotencia, debido a que la nicotina que contiene el tabaco produce constricción de las arterias.

- **Montar bicicleta** - Estudios recientes sugieren que la disfunción eréctil está ligada con el montar bicicleta por largos periodos, debido a que la persona es expuesta a la presión del sillón de la bicicleta, en las terminaciones nerviosas del área pélvica, lo cual podría resultar en esta disfunción.

- **Intervención quirúrgica** - Una intervención quirúrgica para remover la próstata y otras estructuras anatómicas envueltas en la erección puede crear daños a los nervios o puede comprometer el flujo y la irrigación sanguínea del pene. Cuando la próstata es removida quirúrgicamente o cuando se utiliza radioterapia, como parte del tratamiento de cáncer de la próstata, generalmente se acompaña de impotencia. Igualmente con la cirugía y radiación del colon, la próstata, vejiga y recto; pues estos procedimientos pueden dañar los nervios y los vasos sanguíneos que actúan en la erección.

- **Uso de Drogas y Fármacos** - Tienen una acción directa en las causas de la disfunción eréctil. Individuos que usan medicamentos para bajar la presión sanguínea (hipertensión), antipsicóticos, antidepresivos, sedantes, narcóticos y alcohol pueden experimentar problemas de erección y pérdida de la libido.

- **Deficiencias Hormonales** - Son raramente una causa de disfunción eréctil. Por ejemplo, individuos con fallo testicular (enfermedad de Klinelfelter) o aquellos que han sido expuestos a radio-terapia o quimioterapia, o algunos niños que han padecido de paperas, sus testículos podrían ser dañados y no serían capaz de producir testosterona. Otras causas hormonales causantes de disfunción eréctil son: hipertiroidismo, hipotiroidismo, desórdenes de las glándulas suprarrenales y tumores cerebrales.

Otro desorden de erección, poco común, aparece por trastornos como la enfermedad de Peyronie, la cual se caracteriza por bandas gruesas, fibrosas que deforman la apariencia del pene (generalmente una curva pronunciada), y que producen algunas veces dolor y dificultad para ejecutar el acto sexual. Por último, una condición denominada como priapismo, que consiste en una erección dolorosa, involuntaria que puede durar por horas, en ausencia de un estímulo erótico. Esta erección se debe a una disfunción hemodinámica que envuelve los cuerpos cavernosos, cuando la sangre se queda atrapada en el pene y no puede salir. Generalmente este desorden aparece en individuos con anemia falciforme; también, es encontrado en individuos que usan algunos fármacos como Viagra, Levitra y Cialis, usados para mejorar la disfunción eréctil y fármacos vaso activos, tales como: Alprostadil (prostaglandina). El priapismo es una emergencia médica y debe ser tratada como tal para evitar complicaciones de disfunción sexual crónica.

Tratamiento

El tratamiento de la disfunción eréctil depende de la causa, pero existen varios métodos y correcciones que en su gran mayoría son de ayuda.

Métodos no farmacéuticos para el tratamiento de la disfunción eréctil:
- Los ejercicios aeróbicos son un tratamiento efectivo para la disfunción eréctil.
- Ejercicios para dar fuerza a los músculos del suelo pélvico, lo que ayuda a las erecciones y en la penetración.
- Ejercicios de respiración que ayudan a la relajación.
- Anillo en el pene que actúa comprimiendo el cuerpo del pene, lo cual aumenta la presión de la sangre, lo que produce una erección buena y suficiente para una penetración.

Fármacos y medicaciones que ayudan a mejorar la disfunción eréctil
Tratamiento oral

Los inhibidores de la fosfodiesterasa tipo 5 (FDE5), Viagra (sildenafil), Levitra (Vardenafil), y Cialis (Tadalafil) son fármacos que se toman oralmente, y que actúan bloqueando una enzima llamada Fosfodiesterasa tipo 5, y al inhibir esta enzima, se libera el óxido nítrico (ON) y el monofosfato de guanosina, sustancia que su modo de acción es relajar el músculo liso de los cuerpos cavernosos del pene, dilatando estos cuerpos y succionando la sangre hasta llenar los espacios de ellos y produciendo una erección.

La acción de todos estos fármacos es de mejorar la disfunción eréctil. La diferencia existente es que Viagra y Levitra tienen una vida de duración más corta que Cialis, el cual generalmente dura "36 horas".

Alprostadil es una sustancia natural (prostaglandina) que sirve para ensanchar o dilatar los vasos sanguíneos. Se usa el Alprostadil en inyección (terapia intracavernosa), la cual se inyecta directamente en los cuerpos cavernosos del pene, relajando los músculos lisos de los vasos del pene y aumentando el flujo de sangre en esa área. El uso de Alprostadil en inyección ha sido reportado como efectivo hasta en un 95% de hombres, quienes han usado este método; la limitación está en la inyección, la cual no es de mucho agrado o aceptación por los pacientes.

Cremas tópicas del fármaco Alprostadil son ahora usadas en algunos países, y ha sido reportado un 83% de efectividad terapéutica.

Los aparatos de vacío son bombas que crean vacío, por lo cual halan sangre hacia el pene al crear presión negativa (vacío). Estos aparatos se usan justamente antes del acto sexual. Este método es reportado a dar un resultado, cercano a 100%. Este tipo de procedimiento era el más usado por personas con disfunción eréctil, hasta la llegada al mercado de Sildenafil (Viagra). Los adelantos tecnológicos para provocar el vacío han mejorado y son más cómodos y efectivos que los de antes, y pueden usarse en combinación con terapia oral o inyectable.

Las prótesis intracavernosas o prótesis penil se utilizan a menudo como la última carta, si otras terapias han fallado. Estas han sido usadas desde hace años y varían de tipo: rígidas o inflables. Representan la última opción, ya que una vez instaladas se vuelven irreversibles. Cuando el implante es exitoso, la persona puede mantenerlo por años La prótesis rígida consiste del implante de un par de varillas artificiales dentro del pene. Las hay muy rígidas y las hay también maleables. Siempre está erecta, pero se acomoda manualmente en diferentes posiciones. Las prótesis inflables imitan la forma y la fisiología normal, pero aumenta el riesgo de falla mecánica por la fatiga del material o falla de las válvulas, son generalmente costosas y siempre envuelven el riesgo de infecciones. Este tipo de prótesis es muy usada en pacientes diabéticos.

Las prótesis inflables consisten de dos cilindros huecos pegados a un reservorio de líquido y a una bomba eléctrica, los cuales son colocados quirúrgicamente dentro del cuerpo. Los dos cilindros son insertados en el pene y conectados a un reservorio de líquido. El reservorio se implanta debajo de los músculos de la ingle, y una bombita hidráulica conectada al sistema es insertada dentro del saco del escroto entre los testículos. La prótesis no afecta la sensación de la piel del pene y la eyaculación tampoco es afectada. Sin embargo, una vez implantada la prótesis, esta destruye el reflejo natural de la erección. Además, el hombre no puede tener una erección sin inflar el implante; y si el implante por cualquier motivo es removido, el individuo no podrá nunca recobrar o tener erecciones naturales.

Generalmente este tipo de prótesis ha sido criticada por que al tacto del escroto es algo desagradable, pues se siente la forma de la bomba como un artefacto mecánico. Además, se ha notado que produce una erección fría.

CAPÍTULO XII

Las parafilias

Las parafilias

Las parafilias antiguamente llamadas perversiones sexuales. Luego fueron denominadas como desviaciones sexuales. En la actualidad, han tomado el nombre de parafilias, abandonando así la falsa interpretación donde eran vistas antiguamente como perversiones maníacas, diabólicas, pecaminosas, vergonzosas y de carácter peyorativo.

La palabra Parafilia proviene del griego (para = al margen de; y Filia = amor, deseo). Esta condición se caracteriza por un patrón de comportamiento sexual en el que el placer mayor no se encuentra en realizar el acto sexual convencional, sino en alguna actitud que precede al acto sexual. Las parafilias aparecen en todos los individuos generalmente durante el desarrollo psicosexual, y en las etapas que se desarrollan en él.

El ser humano va evolucionando y progresando de una etapa a otra sin mayores complicaciones, llegando al final de su desarrollo sexual, logrando la última etapa, la que lleva a la madurez sexual, que consiste en realizar el acto sexual convencional, cerrándose así el ciclo.

En las Parafilias, el individuo presenta un patrón de comportamiento sexual variante en el que la fuente principal de placer erótico no se encuentra en la realización de la copulación (acto sexual), sino en alguna actividad que lo acompaña. Las personas que sufren de este trastorno nunca avanzan hacia la madurez sexual, y se quedan estancados en cualquiera etapa.

Analicemos en una forma explícita e ilustrativa el proceso del desarrollo psicosexual de los humanos, y encontraremos que la fase inicial, durante la niñez, la única actividad sexual es la masturbación y el mirar a otros niños sexualmente; pues durante los 3 a 7 años, el niño atraviesa la etapa o fase fálica donde comienza a notar las características y diferencias sexuales entre él y otros niños. Es durante este periodo que los niños y las niñas se interesan en sus diferencias sexuales y se despierta la curiosidad de mirar y observar el cuerpo y las formas sexuales de otros, es un período que se acompaña de mutua inspección y curioseo de los genitales, (los niños juegan al doctor y la enfermera). Luego el niño avanza y evoluciona hacia el período de latencia y pubertad, en el cual el adolescente entra en un período de desarrollo biológico, psicológico, sexual y social, (generalmente comprende de los 11 a los 19 años de edad), en el cual el individuo comienza a interesarse en la apariencia física, las formas y caracteres secundarios sexuales de otros, y el mirar y observar se vuelve una pieza importantísima en todas las actividades sexuales. El mirar el cuerpo desnudo de otra persona se convierte en el placer máximo durante la ejecución del acto sexual.

En la persona que padece del trastorno de parafilia estas etapas no se suceden en forma saludable; al contrario, el comportamiento sexual se detiene y se queda estancado en un patrón en el que la causa y la fuente principal de la excitación no es el ejecutar el acto sexual, y se detiene en una fase o etapa del desarrollo psicosexual que no evoluciona hacia una relación sexual madura. Esta variación sexual se hace crónica, compulsiva y permanente, la cual generalmente no evoluciona hacia una conducta sexual "normal", aceptable socialmente.

La mayoría de las actividades parafílicas o de las actividades consideradas como intereses sexuales poco común, desde el punto de vista transcultural, varían de una cultura a otra. Una actividad sexual considerada aceptable en los Estados Unidos se ve pecaminosa, inmoral en otras culturas. Tomemos, por ejemplo, la actividad extramarital, en los Estados Unidos conlleva una doble moral, consensuada aceptable en esa sociedad; pero es duramente rechazada e inaceptable en la mayoría de los países musulmanes. Esto crea una gran confusión en el pueblo en general y hasta en muchos profesionales de la conducta al no poder comprender la diferencia entre variaciones sexuales poco comunes y los trastornos mentales.

La mayoría de las parafilias e intereses sexuales pocos comunes dependen de la orientación y el carácter social imperante en un momento y lugar determinados. Por ejemplo, ciertas prácticas o inclinaciones sexuales tales como: la masturbación, el sexo oral (cunnilingus) fueron consideradas como perversiones sexuales hasta mediados del siglo XX. Quizás sea sorpresa que en países como los Estados Unidos el sodomismo (sexo anal) es hoy en día considerado como una perversión sexual que es perseguida y castigada por el sistema penal, en más de 19 estados. El homosexualismo fue también considerado como una perversión hasta fines de los años de la década de los 80, y 90, y no aceptado social ni jurídicamente. Sin embargo, en la actualidad después de largas jornadas de trabajo político y social, la percepción social del homosexualismo ha cambiado en el ámbito científico, a tal punto que el homosexualismo no es considerado como una perversión o parafilia y no está incluido en el DSM IV (Manual de Diagnóstico y Estadísticas de Enfermedades Mentales), siendo hoy considerado como "una orientación sexual diferente", jurídicamente aceptable en numerosos países europeos y en varios estados de la unión americana. Por lo tanto, sería beneficioso el hacer una aclaración entre las actividades eróticas poco comunes e inofensivas y las verdaderas Parafilias.

Las prácticas sexuales, inofensivas y poco comunes, no son la única forma de obtener excitación sexual y de alcanzar un orgasmo, sino que estas prácticas son casuales, de un carácter voluntario, y de consentimiento adulto mutuo, que no sean exclusivas e indispensables para la práctica sexual normal; es decir, que estas actividades sean parte de un condimento dentro del menú sexual, que no interfiera o sustituya las relaciones sexuales normales.

Si estas prácticas sexuales no hacen daño físico, personal, económico o emocional a la persona o a las personas que las practican o participan en ellas; pero si se
vuelven disfuncionales o patológicas, y hacen daño al que las practica y aquellos que las comparten, o entran en conflicto con la sociedad, sí podría decirse que se convierten en un trastorno psicosexual. Por ejemplo, si una pareja practica el sadomasoquismo en una forma inofensiva y controlada y con mutuo consentimiento entre adultos y voluntariamente, no se podría catalogar como una parafilia o desviación; pero si esta práctica se vuelve descontrolada, peligrosa, abusiva, resultando en torturas y daños a otra persona, sin su consentimiento (víctima), se volvería patológica y se podría considerar como una Parafilia.

Resumiendo, no toda práctica erótica, de intereses sexuales pocos comunes, no tradicionales, debe de ser considerada necesariamente como una parafilia. Esta se convierte en anormal cuando el individuo no tiene control sobre ella y la práctica se vuelve enfermiza, destructiva o ilegal. Cierro este tema con una acotación ilustrativa: "Aquel que guste de esposar a su pareja de vez en cuando, no es necesariamente un parafílico; pero sí lo sería aquel incapaz de tener relaciones sexuales normales, si la persona no está esposada a la cama".

En la actualidad, existe un argumento dialéctico científico que sugiere el retiro de las parafilias del DSM-IV, pues estas se presentan como una variante de intereses sexuales poco comunes y poco convencionales, y no como un trastorno mental.

El argumento es basado en que estas variantes son simplemente preferencias sexuales poco comunes y no una anormalidad mental. Este argumento fue publicado (agosto 19, 2004) en la revista de terapia sexual y de pareja, por Charles Moser

PhD, M.D. (Instituto en Estudios Avanzados de Sexualidad Humana) y Peggy J. Kleinplatz (de la Universidad de Ottawa, Canadá).

A continuación delinearé las parafilias más comunes: el sadomasoquismo, el exhibicionismo, el voyeurismo, el froteurismo y el fetichismo.

Sadomasoquismo: El término sadomasoquismo se refiere a la combinación de dos términos, sadismo y masoquismo; pues una generalmente acompaña la otra y a menudo alternan su rol en el juego sexual.

El término sadismo toma su nombre de un escritor, y filósofo francés del siglo XVIII, el Marqués de Sade, quien escribió numerosas obras de tono y matices de perversión, y de sadismo sexual, como parte principal de sus obras.

El sadismo se define como una parafilia en la cual el mayor placer se deriva de realizar actos que infrinjan dolor a otros, y de actos de crueldad o dominio. El placer resultante de estas actividades puede ser de un carácter sexual y de una opinión consensuada, lo que en este caso podría considerarse como una de las Parafilias. El Sadismo es prevalente en los hombres y usualmente aparece durante la pubertad, generalmente hay manifestaciones sádicas desde temprana edad.

El sadismo sexual en la mujer es menos frecuente y su aparición es tarde en la vida y a menudo resultante de relaciones sadomasoquista con hombres que quieren ser dominados o maltratados.

Masoquismo: Es una condición en la cual el individuo recibe placer al ser víctima de actos de crueldad o dominio; placer que puede ser sexual o asexual. La característica principal del masoquismo, que lo diferencia de otros tipos de sumisión, es la obtención de placer como resultante del dolor físico (Algoladnia).

El masoquismo es la condición complementaria y opuesta al sadismo, ya que se necesitan dos para bailar un tango.

El masoquismo y el sadismo durante siglos fueron calificados como enfermedades mentales, dañinas y peligrosas, y no fue hasta mediados de los años 90, cuando se llegó a la conclusión y a la distinción entre los asesinos sádicos y los que practican el sadomasoquismo consensuado.

Las teorías acerca del origen del sadomasoquismo varían. Freud interpretó estas como una combinación de los impulsos agresivos y los impulsos sexuales; pero luego postuló la teoría de que el sadomasoquismo, en vez de originarse del instinto del placer, provenía del instinto de destrucción y muerte. La mayoría de los seguidores conductistas se oponen a la búsqueda de un origen o causalidad del sadismo y el masoquismo, y a la vez no creen en una diferencia en estas condiciones y no hacen ninguna diferencia clínica, más bien interpretan estas como una sola condición el sadomasoquismo y se concentran más en el tratamiento que en encontrar una causa. Otras teorías consideran una posibilidad de ser trastornos endocrinos, sugiriendo una posibilidad de trastornos hormonales.

La práctica del sadomasoquismo ha sido reconsiderada, después de siglos de considerarse como una perversión sexual, y con la llegada de nuevas ideas y progreso científico han borrado el sadomasoquismo de la futura edición (que será publicada en el año 2013) del Manual de Diagnóstico y Estadísticas de los Trastornos Mentales-V (DSM-V).

Exhibicionismo: Nombre procedente del latín "exhibiere", que significa mostrar. Se describe esta como el placer que un individuo siente al mostrar sus órganos sexuales, y desnudarse en forma impulsiva; patrón de conducta sexual que se presenta como un deseo de mostrar a otras personas partes desnudas del cuerpo o exhibirse en actos sexuales eróticos en público. Este tiene como objetivo el captar la atención de otros al mostrar sus partes íntimas, que generalmente se encuentran cubiertas y ocultas por prendas de vestir, como es exigido por circunstancias sociales, en la mayoría de las culturas.

Desde el punto de vista psicológico, el exhibicionismo se puede clasificar por dos fenómenos separados. El primero casi exclusivo en las mujeres, se refiere a la exposición de las partes íntimas a otra personas en sitios públicos. Esta acción generalmente consiste en levantarse los vestidos y mostrar sus senos al aire; en otras ocasiones se muestran los traseros desnudos, con el objetivo de atraer la atención de otros a través de la exposición de las partes íntimas en una forma rápida, erótica y provocativa.

El segundo fenómeno es casi exclusivo de los hombres y es denominado como "exposición genital indecente", el cual consiste en mostrar el órgano genital masculino a miembros del sexo opuesto, en una forma rápida y sorpresiva, que generalmente se acompaña de masturbación compulsiva, situación que es percibida como amenazante, de mal gusto y que no es captada como erótica, sino insultante y hasta abusiva. La gran mayoría de mujeres la considera como una violación a sus derechos de elección y privacidad. Estos actos de exposición sexual sin el consentimiento de otros son considerados ilegales y son perseguidos y castigados por la ley en la mayoría de las sociedades.

Generalmente, la mayoría de los exhibicionistas son inofensivos, pasivos e inmaduros, que actúan bajo los efectos del alcohol o bajo la influencia de otras sustancias, Una vez confrontados por sus víctimas tienden a correr y a escabullirse llenos de temor y angustia.

Existe, sin embargo, una doble moral o estándar en referencia a estos dos fenómenos, pues la exposición genital indecente (exclusiva del hombre) es percibida en la mayoría de los países del hemisferio occidental como una acción agresiva, amenazante, y hasta humillante; pues la sociedad la percibe como una violación a los derechos de exclusividad y privacidad.

Sin embargo, en el caso de una mujer que muestra sus senos, sus glúteos o sus genitales a hombres o mujeres, en público, sin consentimiento mutuo, se considera no amenazante; sino más bien como agradable, excitante y erótica, lo que generalmente resulta en aplausos y algarabía del público presente. Estas situaciones son vistas comúnmente en actividades públicas: festivales, juegos de deportes, y otras actividades del mundo del entretenimiento.

Existen otras expresiones de exhibicionismo que son más aceptables por la sociedad e incluyen el exhibicionismo femenino. Describe el psiquiatra David Reuben M.D., en su libro "Everything You Always Wanted To Know About Sex", que las mujeres que se desnudan en lugares de bailes eróticos, o las que bailan exhibiendo sus senos al aire, definitivamente son mujeres que disfrutan y sienten placer al exhibir sus partes íntimas frente a grupos de hombres que frecuentan estos lugares, que en su mayoría son un público con orientación voyerista; aunque son socialmente más aceptadas." Refiere el Dr. Reuben "que lo mismo aplica para las reinas de bellezas, aunque sus actividades tienen más aceptación social, el juego es el mismo; éstas también muestran sus senos, sus caderas y sus glúteos, y una insinuación discreta de la vulva en la competencia de traje de baño, las cuales son admiradas por los hombres".

Otras formas de exhibicionismo las encontramos en personas quienes disfrutan y obtienen placer al ejecutar actividades y relaciones sexuales al aire libre y en público, expuestos a la mirada y atención de otras personas. Este fenómeno bastante común y muy practicado en el Reino Unido, y denominado "dogging", eufemismo inglés para referirse a la práctica de tener sexo en público o mirar a otros mientras lo hacen.

En España es llamado "cancaneo". Rápidamente se está extendiendo a los Estados Unidos, Canadá, España, Irlanda,

Barbados, Brasil, Noruega, Suecia, Polonia, Holanda y otros de los llamados Países Bajos.

Otras actividades exhibicionistas muy comunes son las encontradas en el Internet, con el uso de webcams, con fotos explícitas de mujeres desnudas, hombres y personas teniendo sexo y expuestas en sitios web pornográficos, lo cual es generalmente hecho con un propósito erótico.

El exhibicionismo se puede llegar a considerar como una parafilia cuando interfiere en la vida sexual o social y en las actividades de la persona.

Voyeurismo: Es una parafilia incluida dentro del grupo de intereses sexuales poco común. Voyeurismo es un término derivado del francés "voyeur", que significa "al que le gusta mirar"; también llamado popularmente con términos mal sonantes, como: "mirón, fisgón, brechero u observador". Bien conocido en el idioma inglés como "Peeping Tom" que en español significa (Tom el fisgón o Tom el mirón). Cuenta la legendaria y anecdótica literatura inglesa cómo nació el término "Peeping Tom". Se dice que en el siglo XI existía una lucha entre los sajones ingleses y los normandos (de origen normando francés). Debido a las constantes y exhaustivas luchas decidieron entre los dos bandos elegir un rey de origen sajón y de origen normando, eligiendo al Rey Eduardo (King Edward). Durante este período existía un regente noble de origen inglés de nombre Leofric Godiva, quien gobernada el Ducado de Coventry. Lord Godiva se casó con una dama inglesa, quien tomó su apellido y título de nobleza, Lady Godiva, quien se distinguió por sus atributos de belleza, por sus ideas nacionalistas revolucionarias y por su lucha incansable contra la injerencia extranjera de los Normandos, llegando a ser muy popular en el Ducado de Coventry, afirmándose que ella tenía mucha influencia en todas las decisiones que tomaba su esposo Lord Godiva. Debido al celo de los normandos, llegaron al extremo de acusar a Lady Godiva de alta traición en contra del Rey Eduardo. Sugirió el líder de los normandos que Lady Godiva caminara desnuda por la comarca, como castigo, por la traición, en orden de probar al Rey su lealtad y la de su esposo. Ella aceptó cabalgar en un caballo blanco, desnuda con su pelo al aire, a través del Ducado de Coventry y garantizó al Rey Eduardo, "que nadie se atrevería a agredirla en palabras, acción o hechos", lo cual demostraría la lealtad de ella, su esposo y de la comarca, al Rey de Inglaterra.

Así lo hizo Lady Godiva, y caminó desnuda la Comarca de Coventry; pero existía un traidor llamado Tom, quien pasaba información a los normandos y quien se atrevió a mirar por un hueco de la ventana, mientras ella cabalgaba desnuda. Este fue descubierto por uno de los jefes militares fieles a Lady Godiva y en acto seguido le quemó los ojos como castigo, no por el hecho de mirar a Lady Godiva desnuda, quien gozaba de ser bella y bien repartida en sus atributos físicos, sino como castigo a su traición, y así nació el término de "Peeping Tom", que es bien conocido en el idioma inglés.

El término voyeurismo es denominado en Psicología Clínica como el interés o la práctica de espiar personas desnudándose o en prácticas sexuales, considerada como una práctica de naturaleza privada, y que se ejecuta sin el conocimiento y sin el consentimiento de la persona observada. De vez en cuando puede pasar que un hombre puede observar a una mujer desnuda sin ella saber que la están observando: pero si su vida sexual es primordialmente orientada a la vida sexual convencional, no se podría catalogar a esta persona como un voyeur. Se podría decir que todos los hombres tienen un instinto natural, generalmente heterosexual, de sentir excitación al observar una mujer desnuda.

Sin embargo, el trastorno conocido como Voyeurismo es una urgencia y marcada preferencia de tener gratificación sexual al observar a otros desnudándose o haciendo el amor. Generalmente el voyeur es un individuo que tiene una vida social pobre, temeroso de formar relaciones sexuales normales, y que prefiere observar en vez de hacer contactos sexuales en una forma convencional o social con mujeres (McCrary 1973), y prefiere el mirar sin el conocimiento de la persona observada, pues el placer resulta de observar sin que la otra persona sepa que la están mirando, lo que hace que el voyeur se sienta cómodo mientras la otra persona no sabe que la están observando; pues él teme que si la mujer se da cuenta, quizá pueda interesarle y querer formar una relación amorosa o un contacto sexual convencional a un nivel saludable y maduro. El voyeur sólo observa y el no ser descubierto parece ser la mayor gratificación, pues esto lo protege de una posible relación.

Según las estadísticas, investigaciones científicas y razones conocidas, el voyeurismo no es frecuente en las mujeres, ya que en general las mujeres no poseen un impulso y deseo ferviente de ver a hombres desnudos. La necesidad de mirar casi parece exclusiva del género masculino, pues el Voyeurismo se da en mayor medida en los hombres heterosexuales, ya que el hombre depende más del sentido de la vista para excitarse y es harto conocido que los hombres mueren por los ojos y son seducidos y abatidos por el sentido de la vista. Existen también otras clases de voyeurs socialmente aceptables. Por ejemplo, hombres que generalmente son asiduos visitantes y que les gusta ir a shows o presentación de mujeres desnudas, bares donde aparecen meseras con los senos al aire y los que frecuentemente asisten a concursos de bellezas, todos son hombres con una inclinación hacia las actividades del voyeurismo. El doctor David Reuben, en su libro "Every Thing You Wanted To Know About Sex", asegura: "Que el grupo de hombres que generalmente visita lugares de mujeres desnudas, bares de mujeres con los senos al aire y que asisten frecuentemente a concursos de bellezas u otro tipo de actividades donde mujeres exhiben partes de su cuerpo, como son los concursos de trajes de baño, no son generalmente catalogados como voyeurs; pero en realidad sí lo son". Otros ejemplos de actividades de voyeurismo muy comunes son los espejos en algunos moteles, donde parejas se unen en actividades de copulación, el uso de televisores mostrando películas pornográficas con imágenes explícitas de desnudos y de escenas de actividad sexual, que generalmente no estimulan a las mujeres, quienes prefieren cerrar los ojos y escuchar frases con mensajes eróticos y románticos, en vez de mirar estas imágenes y escenas sexuales explícitas, las cuales son ampliamente disfrutadas por los hombres.

Con la llegada de la revolución sexual o la llamada liberación sexual, fenómeno social que retó y cambió los valores tradicionales de la conducta sexual practicada en el mundo occidental, fenómeno que apareció entre las décadas de los años 1960 a los 1970, se produjeron cambios significativos en las normas y reglas sexuales. Durante este período hubo una liberación del pensamiento social, creando así una aceptación de prácticas y preferencias sexuales, fuera de la relación normal heterosexual y monógama (principalmente el matrimonio como institución) y nuevas ideas revolucionaron el carácter social existente, creando una liberación y una actitud de aceptación en temas como los métodos contraceptivos, la legalización del aborto, la normalización de la homosexualidad y cambios referente al nudismo en público, y nuevas alternativas a la sexualidad fueron puestas en el tapete. Estos cambios trajeron como consecuencia un levantamiento a las restricciones, a la pornografía en periódicos, revistas, televisión y cines, resultando en un comercio sin límites en temas y materiales explícitos en revistas como Playboy, Hustler y otras de amplia circulación que salieron a la luz pública y un nuevo mundo de material y lugares pornográficos al alcance de todos, sin restricciones sociales y muy pocas restricciones legales, lo que creó así un verdadero mercado de la pornografía.

Debido a esta liberación sexual, nuevas formas de relación de parejas aparecieron en el panorama social del Occidente, que retaban las relaciones convencionales y tradicionales del matrimonio, principalmente dentro del marco hebreo cristiano. Aparecieron así grupos de personas que hacían intercambios de parejas en grupos y disfrutaban de la contemplación de personas desnudas o realizando algún tipo de relación sexual. Por lo tanto, nuevas formas de actividades de voyeurismo, complementadas con exhibicionismo y con una definida aceptación social aparecieron en el escenario, incluyendo el nuevo fenómeno sexual denominado como "Dogging" o "Dogging Craze", (la palabra "Dogging" es parte del vocablo sexual inglés, que se refiere al hecho de tener relaciones sexuales o actos sexuales en sitios públicos); de otra forma, se podría explicar que es el acto de observar a otros durante la ejecución sexual en público. Voyeurs y exhibicionistas están estrechamente relacionados en estas actividades en Europa, en Estados Unidos y otros países. Este fenómeno se conoce en el idioma español y principalmente en España y en otros sitios de habla hispana con el nombre de "cancaneo". Estos grupos generalmente dan información de los encuentros, sitios y horas anunciadas en el internet o con mensajes de textos, lo cual es otra forma de convocar estos encuentros. Este tipo de actividad voyerista ha tenido una amplia aceptación y numerosos grupos con una aceptación sexual voyerista – exhibicionista - consensuada, se dan citas en lugares diferentes al aire libre, en parques, parqueos, bosques o en áreas retiradas y en lugares apartados del área urbana, donde los asistentes pueden mirar o participar de estas actividades según sus preferencias. Se cree que el éxito de esta práctica se debe a que los participantes no se conocen, sino que han sido contactados por Internet o por otros medios de red celular u otra forma alternativa. Otras actividades usuales comunes en muchos países son los llamados "swingers" o intercambios de pareja, práctica que continúa creciendo en popularidad y en personas que la practican. Una nueva modalidad de Voyeurismo moderno muy frecuente en los Estados Unidos y en otros países, es el Voyeurismo de video y cámaras ocultas usadas en gimnasios, escuelas y vestidores de tiendas. Estas actividades son perseguidas legalmente y penalizadas como una invasión a la privacidad. Debido al avance tecnológico de la informática, del uso de computadoras, cámaras (webcams) y celulares con alta tecnología de acceso a páginas de información, nuevas modalidades para obtener datos sobre el sexo y las actividades relacionadas son comunes y de fácil acceso, en la actualidad. Con el advenimiento del Internet repleto de páginas denominadas pornográficas con material explícito sexual, fotografías, videos, DVDS, etcétera, se ha creado un universo cibernético de sexualidad virtual, que ha sido puesto a disposición de aquellos que disfrutan del mirar y de que los miren. Generalmente de forma gratuita, estos avances definitivamente han desplazado la práctica del Voyeurismo de antaño, recurriendo al gusto de mirar en un ambiente de comodidad, tranquilidad y privacidad, en la oficina, hogar o cualquier sitio privado, dejando a un lado la actividad de fisgón que hoy en día parece como algo del pasado. Existen tantas prácticas y variaciones sexuales como razas, nacionalidades, olores, gustos y sabores, y no necesariamente constituyen una anormalidad sexual o trastorno mental. El placer y el acto de "mirar" se convierte o podría convertirse en una parafilia cuando el comportamiento de mirar se detiene y se queda estancado en un patrón sexual, en que la excitación de mirar a otros sin consentimiento se convierte en la fuente principal del placer, desplazando la relación sexual "normal". Esta variación se hace generalmente compulsiva, crónica y permanente. En sí, esta conducta parafílica no debe ser tratada como una enfermedad mental; pero sí como una conducta sexual que transgrede y viola el derecho de privacidad y el derecho de exclusividad de otros.

Froteurismo: Otras de las parafilias o intereses sexuales poco común, procedente del idioma francés; en español conocido como froteurismo, de frotar. Es una condición que se denomina como la condición de sentir placer del frotamiento de los genitales contra el cuerpo de una persona desconocida y sin su consentimiento, generalmente efectuado en sitios públicos concurridos, donde la aglomeración de personas es numerosa y el acercamiento de los cuerpos da la oportunidad al froteurista de rozar y pegar su cuerpo y sus genitales a cualquier parte del cuerpo de otras personas; generalmente el toqueteo de los senos, el roce y frote de los genitales con los glúteos, muslos o rodillas de la otra persona sin su consentimiento y sin su conocimiento. Este deseo ferviente también llamado popularmente como "quemar" o "jamonear" es frecuente en sitios donde hay grupos nutridos de personas, como en los festivales de música, las procesiones, en los autobuses, mítines políticos o de otra índole, donde la muchedumbre está de pie en un lugar confinado, donde la cercanía de los cuerpos es inevitable y necesaria por la confinación del espacio. El froteurista o quemador es generalmente y casi exclusivamente hombre y el mayor placer es "quemar" sin el conocimiento y sin consentimiento de la otra persona. El froteurista vive una verdadera fantasía, y cree tener una relación sexual amorosa, que generalmente termina con el enfado o enojo de la mujer, provocando una huida rápida y vergonzosa del froteurista. Se han descrito varios tipos de esta parafilia. Hay froteuristas exclusivos que solo se excitan con esta práctica. Hay otros que no son exclusivos que generalmente tienen relaciones de pareja. También varían en intensidad y frecuencia en la práctica, pues hay quienes se satisfacen con un sencillo rozamiento y otros que necesitan un rozamiento mayor hasta lograr el orgasmo. El rozamiento o frotación puede ser compulsivo, brusco o disimulado. Este tipo de actividad suele presentarse con otros compañeros de trabajo que generalmente termina en querella de acoso sexual. Existen casos de frotamiento parcialmente aceptados socialmente, pues el tocar o rozar despierta placer a cualquier persona al tocar a otra. Por ejemplo, los bailes de "Lap dancer" (baile sentado en las piernas) al igual que el moderno baile del "perreo", el cual no es una anormalidad, porque generalmente la pareja adulta que lo ejecuta lo hace con conocimiento y consentimiento. La patología del froteurismo es obtener placer en una forma única y exclusiva sin el consentimiento y sin el conocimiento de la otra persona y no por la satisfacción de la actividad genital; el placer se encuentra en la transgresión de la exclusividad y del derecho de otros.

Fetichismo: El fetichismo es una condición dentro del grupo de las parafilias o intereses sexuales poco común, que consiste en la excitación sexual o erótica, la cual ayuda y facilita el logro del orgasmo a través del uso de una prenda u objeto, sustancia o una parte específica del cuerpo. El fetichismo sexual se considera como inofensivo, siempre y cuando no cree problemas psicológicos o provoque malestar clínicamente significativo, o pueda llevar a problemas a la persona que lo padece o terceras, lo cual puede considerarse a este nivel como un trastorno sexual o parafilia.

El DSM (el Manual de Diagnóstico y Estadísticas de Enfermedades Mentales IV) clasifica el fetichismo como una enfermedad, siempre y cuando sea recurrente, al menos por seis meses. Se considera como trastorno sexual cuando esta práctica se hace compulsiva y es necesaria para la excitación sexual y que a la vez interrumpa la vida social del sujeto. En caso de que esta práctica no afecte su vida social o laboral, entonces se considera simplemente como una manifestación diferente de la sexualidad. Creo que es necesario aclarar entre el fetichismo y la conducta común, pues para los hombres es siempre agradable ver a una mujer que lleva un escote que muestra parte de los senos o una minifalda corta que muestre ciertos encantos femeninos; esto no podría clasificarse como fetichismo, puesto que el erotismo que causan estas prendas de vestir al ocultar parcialmente las partes sexuales femeninas, las hacen más incitantes, y son verdaderos objetos de atracción. Sin embargo, en los fetichistas lo que sería el estímulo excitante es el objeto "per se", que generalmente acompaña las zonas eróticas de la mujer. Por ejemplo, el sostén o los ajustadores, la falda, los zapatos o botas, pañuelos, pantis y cualquier parte de estas prendas o parte del cuerpo femenino, sin las cuales el fetichista no lograría alcanzar la satisfacción sexual.

El individuo fetichista generalmente lleva puesto, huele, toca, o frota sus genitales con estos objetos, siendo los más comunes: prendas íntimas femeninas, incluyendo ajustadores, pantalones cortos, fajas, medias, refajos, bragas, medias, zapatos. Estos objetos femeninos son más excitantes para el fetichista si la persona los ha usado o llevado puestos. Para muchos hombres estas prendas íntimas de vestir pueden resultar eróticas y estimulantes, formando una imagen mental erótica y más atractiva hacia el cuerpo de la persona. En cambio, en el fetichista, la prenda y el objeto es más importante y excitante que la persona en sí.

Existen varias teorías sobre el origen del fetichismo. El Psicoanálisis considera al fetichismo como el núcleo central de todas las parafilias. Otras teorías psicológicas lo consideran como un acondicionamiento o aprendizaje, el cual proviene de alguna experiencia durante la infancia, que podría asociar la relación entre el placer sexual y un determinado objeto, el cual se uniría al estancamiento en fase temprana y que mantendría esa relación (placer sexual y objeto) que se mantendría durante la adultez y el transcurso de la vida del individuo.

En el fetichismo, el objeto se puede usar durante la masturbación o puede ser llevado puesto por la pareja, por ejemplo, prendas como: zapatos, botas, pantaloncitos, sujetadores, bragas, suelen ser llevados en la actividad sexual lo que sería de un placer excitante para el fetichista, durante la consumación del acto sexual. Existen numerosos ejemplos de fetichismo sexuales. Por ejemplo, excitación por parte del cuerpo, cuello, las manos y los pies. También existen excitaciones por los tacones altos, por zapatos o botas de mujer, por ropa de cuero, por la ropa interior y excitación por las pantimedias y otros objetos íntimos femeninos.

Antes de concluir el capítulo de las parafilias, me dispongo a mencionar y a delinear algunas otras parafilias menos comunes, como son por ejemplo:

La agorafilia: condición que consiste en la excitación y atracción al efectuar actividad sexual en lugares públicos.

La alorgasmia: excitación al fantasear con otro persona en el acto sexual, que no sea la pareja en ese momento.

La asfixiofilia: atracción por estrangular, asfixiar o ahogar a la pareja durante el acto sexual; práctica que se ha hecho común y popular en los grupos de hombres y mujeres jóvenes en los últimos años.

El retifismo: consiste en la atracción por los zapatos femeninos.

La tricofilia: excitación por el cabello humano.

El vampirismo: excitación sexual proveniente de la extracción de sangre.

La zoofilia: atracción sexual hacia los animales.

La purofilia: excitación con el uso y el manejo de la orina durante el acto sexual.

La Coprofilia: atracción y excitación sexual por las heces fecales.

La Somnofilia: consiste en el fetichismo de tener relaciones sexuales con una persona desconocida mientras aquella duerme.

La Necrofilia: atracción sexual hacia los cadáveres (hacia los muertos).

CAPÍTULO XIII

Homosexualidad

Homosexualidad

Se llama homosexualidad a una condición en la cual hay una orientación sexual, afectiva, emocional y sentimental hacia individuos del mismo sexo. El término homosexual es una combinación de la palabra homo del griego (y no como se pensó que provenía del latín que significa hombre), que quiere decir igual y sexus, del latín, que quiere decir sexo. Antiguamente se denominó, esta condición como sexualismo; pero luego el término fue cambiado a homosexualidad. El término homosexualismo llevaba el calificativo mal sonante y ofensivo, también es utilizado el término gay, procedente del inglés, traducido en español sería "alegre", ampliamente usado para referirse a hombres homosexuales y el término lesbianas a mujeres homosexuales. En general el término gay es un sustantivo o adjetivo que identifica a las personas homosexuales sin relación al género.

En la actualidad el término homosexualidad "gay" sigue siendo objeto de debate desde varios puntos de vistas ideológicos, al existir corrientes ideológicas llamadas integristas. La mayoría de las iglesias cristianas niegan la existencia de personas homosexuales, a la vez que aumenta la percepción de la existencia de la práctica homosexual como una desviación de la conducta y una conducta pecaminosa. Otros niegan que esta conducta de orientación sexual de una persona defina a una persona como tal.

La homosexualidad en la historia

La homosexualidad ha existido en todas las sociedades desde tiempos incalculables y ha sido bien documentada a través de los cinco mil años de historia de la humanidad. El tema de la sexualidad ha cambiado a través de los tiempos y en las diferentes sociedades; por ejemplo, en la antigua civilización griega se consideraba normal que un adolescente o un joven adulto fuese amante de un hombre mayor y este se hacía responsable de proveerle educación, política, social y moral al joven amante; y aunque era frecuente la relación de pareja homosexuales entre hombres adultos, era menos frecuente y socialmente menos aceptada. También era frecuente en esa época ver relaciones amorosas en diferentes sectores de la sociedad, como eran figuras de la alta política, ambientes filosóficos y hasta en parejas de soldados. Entre estas relaciones bien conocidas está la relación homosexual entre Alejandro el Grande (Magno), Rey de Macedonia y su amante Hefestión. Existen numerosos ejemplos en la literatura griega dedicada a la homosexualidad y las relaciones homoeróticas, y poetas escritores bien conocidos de esta época escribían y hablaban de sus relaciones y sentimientos; entre ellos, la conocida poetisa Safo de la isla griega llamada Lesbos, nombre como el cual se conoce a las homosexuales femeninas. La palabra derivada de Lesbos es el nombre de lesbiana, referente a la isla de Lesbos y otro nombre dado a las lesbiana es sofista, también derivado del nombre de la poetisa Safo. Durante este período, las mujeres también eran homosexuales; aunque los hombres consideraban a las mujeres buenas para la reproducción. El hombre supuestamente era el único que daba y recibía placer; de ahí la idea de que la relación entre hombres era la relación perfecta e ideal.

En la antigua Roma, aun algunos autores y literatos, personas influyentes en la sociedad romana, consideraban la homosexualidad como una indicación de degeneración moral e incluso de decadencia social. Era relativamente frecuente ver ese tipo de relación con un hombre joven o un esclavo y no practicar esta era considerado como signo de debilidad o desgracia. Personajes de tanta importancia histórica como Julio César, el genio militar y político y el fundador del Imperio Romano fue conocido como el marido de todas las mujeres y la mujer de todos los maridos. Otros líderes políticos y algunos militares romanos, tales como: Marco Antonio y Octavio Augusto (luego conocido como César Augusto), se describieron como activos amantes de jóvenes del mismo sexo. César como Nerón también son conocidos por las actividades homosexuales y su papel de rol femenino imitando los gritos y gemidos de mujer durante su contacto sexuales con hombres. A través de la historia del Imperio Romano se distinguió al emperador Adriano como uno de los genios militares y políticos del imperio; también conocido como verdadero mecenas de las artes y de la cultura romana, creando bibliotecas y protegiendo las artes en cada nación conquistada. Fue conocido como amante de la práctica de la homosexualidad y fue famoso su amor y dedicación por su amante el joven griego Antinoo, por quien erigió templos en Vitina en su honor y hasta fundó una ciudad con su nombre Antinoópolis. Otros emperadores como Diogábalo, que durante su reinado escandalizó a la sociedad romana al casarse varias veces vestido de mujer y sus romances con soldados de su escolta.

Durante la Edad Media, el año 1000, nuevas actitudes aparecieron en el escenario mundial frente a la homosexualidad, pues durante el período de la Edad Media la Iglesia Católica dominaba la mayoría de Europa, en hegemonía política y social, y con la instalación del Imperio Bizantino (o Imperio Romano del Este). Durante este período se persiguió el homosexualismo y la sodomía (actividad sexual ano-genital) y muchas veces se consideró como herejía; pero sólo en personas de poca importancia, no así con nobles y personas de alta alcurnia, pues eran raras veces acusados de estos delitos. Únicamente fueron acusados y perseguidos en el año 1200 d.C., los Templarios, los cuales fueron acusados de práctica homosexual y herejías durante sus funciones de proteger el Santo Sepulcro, ataques que fueron hechos en contra de éstos con un interés personal y por razones políticas.

Durante los siglos XV y el XVIII, ya establecida la Santa Inquisición, el homosexualismo fue perseguido y las torturas y pena capital se ejecutaron quemando a pecadores y herejes, práctica que se llevaba a cabo en toda Europa durante este período conocido como la Santa Inquisición de la Iglesia Católica.

Otro período doloroso para la homosexualidad fue la instalación del nazismo con su líder Adolfo Hitler. Durante su gobierno fascista se inició la persecución nazi en contra de los homosexuales, pues durante esa época la homosexualidad se calificaba como una debilidad mental, una inferioridad y un defecto genético y se aplicó una Ley del Código Penal Alemán de 1871, donde se consideraba la homosexualidad como "un acto sexual antinatural cometido entre personas de sexo masculino o de humanos con animales, el cual era castigado con prisión. Y también se podía disponer la pérdida de derechos civiles". Durante el nazismo, los alemanes considerados homosexuales fueron apresados e internados en campos de concentración, junto con los judíos, y muchos de estos homosexuales fueron asesinados. Se considera que alrededor de diez mil a quince mil homosexuales fueron enviados a los campos de concentración y que al final de la Segunda Guerra Mundial, sólo cuatro mil sobrevivieron. Después de la Segunda Guerra haber terminado, el código penal antes citado siguió vigente hasta finales de la década de 1960 y algunos de los sobrevivientes en el campo de concentración fueron nuevamente arrestados y no fue hasta el año 2002, que esta ley se modificó, donde se anulaban sentencias injustas impuestas a los homosexuales durante la era Nazi.

Causas de la homosexualidad, estudios e investigaciones científico-académicas

Las causas de esta orientación en los humanos no son conocidas en la actualidad; pero gozan de popularidad varias teorías que apuntan hacia la herencia. Otros teóricos apuntan hacia la relación; otros, hacia las experiencias de relaciones traumáticas durante la infancia y a la influencia y la relación con los padres. Otros aseguran que son patrones de conducta y de dominación femenina materna, etc. Existen numerosas teorías con más preferencia y validez en la actualidad.

Teorías neurobiológicas

El científico estadounidense Simons LeVay, publicó en 1991, un trabajo en el cual sostiene que en estudios efectuados, encontró una diferencia significativa en el cerebro de los hombres homosexuales y los heterosexuales, diferencias en tamaño; pero principalmente en el tamaño del núcleo anterior del hipotálamo y añadió que el tamaño del núcleo anterior del hipotálamo en hombres homosexuales era del mismo tamaño que el de las mujeres, sugiriendo que esta morfología tenía un estrato biológico que aparecía en personas con la misma orientación sexual de género. Sin embargo, numerosos autores no simpatizantes con la idea de la homosexualidad como un sustrato biológico, arguyen que estas muestras de cerebros tomada por el Dr. LeVay no eran creíbles, pues la mayoría de los cerebros estudiados eran de homosexuales y personas que habían muerto de VIH, o SIDA y que por eso mostraban la atrofia (menor tamaño) del núcleo anterior del hipotálamo. Otros aseguran que quizás fueron fallas en técnicas o mala elección de sujetos en estos grupos.

El neurólogo y científico Dick Swaab, profesor de la Universidad de Ámsterdam y fundador del banco de cerebros de esa Universidad, ha publicado trabajos en los que menciona que en la orientación sexual intervienen una cantidad de circuitos neuronales, factores hormonales y genéticos y asegura que durante los primeros seis meses de gestación se establece una base biológica de carácter sexual, en el encéfalo, durante los primeros dos años de vida y luego durante la adolescencia hay gran actividad hormonal que puede determinar la forma en que cada individuo crea su orientación y ejerce su sexualidad.

También han sido causa algunos controvertidos hallazgos, como el consumo de medicamentos en las mujeres embarazadas dentro de los dos trimestres de vida gestacional y el uso de analgésicos antiinflamatorios, no esteroides, que han sido sugeridos para impedir o modificar la síntesis de la prostaglandinas, esenciales en el desarrollo del hipotálamo y que se ha señalado ser crucial en definir la orientación sexual. Otros factores mencionados como importantes son el estrés y el uso del tabaco durante el embarazo, los cuales se han relacionado con posibles cambios del embrión.

Desde tiempos remotos, siempre se pensó que la homosexualidad era el producto de un desorden hormonal o quizás un desbalance hormonal y se fijó gran atención en las hormonas sexuales, como: la testosterona (hormona masculina) y los estrógenos (hormona femenina), relacionando un desbalance de éstas como la causa de la homosexualidad. Según esta teoría hormonal, si la hormona femenina (estrógeno) era más abundante en la cantidad normal circulando en la sangre de un individuo, producía efectos feminizantes en el hombre, y la homosexualidad aparecía y lo mismo pasaba con una mujer con exceso de hormonas masculinas (testosterona), el desbalance producía homosexualidad en la mujer. Desafortunadamente cuando se trató en el plano de prácticas científicas esto no resultó como se había planteado. Numerosos estudios e investigaciones científicas demostraron que la hormona masculina, la testosterona, es responsable de crear el deseo y el instinto sexual en ambos sexos. Sin embargo, cuando la testosterona fue dada a una mujer en cantidades considerables, lo único que produjo fue aumentar el deseo heterosexual; y a la vez, el crecimiento de barba, bigotes, cambios de voz y otros cambios morfológicos.

Investigadores científicos trataron largas dosis de estrógeno en hombres heterosexuales; el resultado fue más bien negativo, porque los hombres experimentaron una caída en el deseo sexual significativa o perdieron por completo el interés en la actividad sexual, y no había erección ni eyaculación y el sólo cambio que se notó fue aumento de los pechos del hombre (ginecomastia) y la caída del vello en el cuerpo. Este mismo procedimiento fue efectuado en hombres homosexuales; los resultados fueron los mismos que se obtuvieron en los hombres heterosexuales e inclusive se notó una pérdida completa del deseo sexual, a algunos les crecieron los senos, los pechos (ginecomastia) y la pérdida de vello corporal y se notó una pérdida de deseo para encontrar parejas masculinas.

Punto de vista Psicológico

La homosexualidad psicológicamente fue incluida siempre dentro de los trastornos que debían y podrían ser tratados. Freud y los seguidores del psicoanálisis compartían estas teorías y llegaron a considerarla como una enfermedad degenerativa. Freud la consideró como una patología que abarcaba no sólo la práctica, sino el simple hecho de sentir atracción del mismo sexo y así lo expuso en su libro "Tres ensayos sobre la teoría de la sexualidad". Freud con el pasar del tiempo la modificó, negando su antigua postura frente a la homosexualidad como un vicio, como una degeneración perversa y varias veces expresó que el perseguir la homosexualidad era "una gran injusticia y una crueldad". Otros psicoanalistas colaboradores de Freud, como Carl Gustav Jung y Alfred Adler difirieron y manifestaron su discordancia con Freud, pronunciándose en una forma más radical, lo que condujo a que otros psicoanalistas se pronunciaran y fueran más estrictos, dándole un tono de perversión y favorecían la idea reparativa; es decir, cambiar la homosexualidad y tratar de cambiar la orientación homosexual a heterosexual. Numerosas teorías salieron a relucir en las décadas de los cuarenta, del siglo XX, declarando la homosexualidad como un trastorno psicológico resultante de relaciones disfuncionales familiares, durante del período edipal. Teorías que aseguraban y afirmaban que este trastorno era una relación defectuosa con los padres, que originalmente envolvía una madre dominante castigadora y un padre pasivo y distante. Sin embargo, la mayoría de estos juicios médicos fueron desestimados por la sociedad médica imperante, con la aparición del "Informe", de Alfred C. Kinsey, trabajos científicos de Kinsey sobre la homosexualidad, donde se analizó la identidad y el comportamiento homosexual, y que concluyó diciendo: "que la mayor parte de la población parece tener alguna tendencia bisexual" (atracción sexual al mismo sexo y al sexo opuesto), "aunque ordinariamente se prefiere un sexo u otro".

Kinsey y sus asociados consideraron que sólo una minoría del 5 al 10 % de la población es completamente heterosexual o completamente homosexual. De la misma forma, dijeron que una minoría aún más pequeña se puede considerar como completamente bisexual. El informe de Kinsey ha sido duramente criticado por exagerar la prevalencia de la bisexualidad en la población. Sin embargo, en la actualidad la idea continúa con una gran aceptación, inclusive los psicoanalistas seguidores de la llamada Homosexualidad Latente tienen teorías similares en descripción a las ideas de bisexualidad expuestas por Kinsey.

Existen otras teorías como la Teoría Queer, que asegura que los términos sexuales, tales como: la homosexualidad, la heterosexualidad y la bisexualidad tengan validez objetiva y que al contrario son entidades descritas como construcciones sociales; es decir, son entidades creadas por la sociedad que carecen de una base científica. Esta idea ha sido altamente criticada y rechazada por científicos, quienes aseguran que la homosexualidad ha existido y a través del tiempo ha tenido rasgos distintos; pero el fenómeno básico ha existido siempre y no es la invención de ninguna sociedad actual o pasada.

Entre otras teorías figura también la llamada Selección Social de Roughgarden, una de las últimas propuestas por la profesora de Biología de la Universidad de Stanford, en los Estados Unidos, Joan Roughgarden, teoría que se contrapone a la Teoría de la Evolución descrita por Charles Darwin, en sus libros "El origen del hombre" y el "Descenso del hombre". La profesora asegura que existe una selección sexual. Básicamente niega la idea de Darwin de que sólo dos sexo, uno masculino y uno femenino, juegan un papel importante en la selección natural y social. Asegura que en el caso de la biología del reino animal y en las culturas distintas de la cultura occidental existen numerosos ejemplos de peces con varios tipos diferentes de machos, cuyos componentes cambian de sexo en caso de necesidad. También menciona que existen numerosos mamíferos que tienen a la vez órganos reproductores femeninos y masculinos. En el caso de la biología humana, la Dra. Roughgarden, afirma que la existencia de homosexuales, transexuales y hermafroditas son sólo una variación natural que concuerda directamente con la diversidad mostrada por los demás animales.

En la actualidad, se ha hecho bastante popular la idea de que el homosexualismo sea un desorden genético. Recientemente la revista Time publicó un artículo sobre un estudio científico publicado en la "Revista Ciencia", donde se sugiere una posible causa y origen de la homosexualidad como un trastorno genético que se encuentra en el cromosoma X (en el cromosoma que se hereda de la madre) y los investigadores hicieron estudios en hermanos homosexuales y encontraron un alto número de ellos con diferentes trozos de material genético, agrupados alrededor de un área particular del cromosoma X. Sin embargo, los investigadores envueltos en este estudio admiten que más estudios genéticos deben ser efectuados en el futuro, para dar una conclusión definitiva en este aspecto.

No se podría terminar este capítulo sin antes mencionar los conocidos terapeutas Master y Johnson, quienes afirman en su libro "Human Sexuality", "que la teoría genética de la homosexualidad ha sido en general descartada hoy en día" y que "a pesar del interés en posibles mecanismos hormonales en el origen de la homosexualidad, ningún científico hoy sugiere que puede existir una simple relación de causa y efecto".

En conclusión, existen numerosas teorías, pero no hay evidencias para llegar a una conclusión definitiva sobre la homosexualidad. Sin embargo, sí parece altamente sugestiva la idea que asegura que sí existen evidencias que sugieren la existencia de una posibilidad de que la homosexualidad pudiera tener una base genética, hormonal, neurológica o de diferencias topográficas del cerebro. Más investigaciones y estudios parecerían tener las respuestas en un futuro no muy lejano.

La homosexualidad y los grupos científicos

La homosexualidad fue a través de los años considerada como un trastorno mental; es decir, una desviación sexual o trastorno sexual. Sin embargo, en los últimos cincuenta años, ésta ha sufrido numerosas variaciones para la comunidad científica, siendo las más notoria la decisión de los dirigentes de la American Psychiatry Association de unánimemente excluir o retirar la homosexualidad como trastorno o desviación sexual de la segunda edición del Manual de Diagnóstico Estadísticos de los Trastornos Mentales (DSM-II en 1973). Esta acción sin antecedentes se originó en el 1973, por grupos de homosexuales, en los Estados Unidos, quienes se agruparon y reclamaron ser aceptados como seres humanos con una variación sexual diferente. En aquel período numerosas actividades fueron ejecutadas. Recuerdo que en el año 1970 comenzaba mi entrenamiento en Psiquiatría en la Fundación

Menninger, en Topeka, Kansas y asistí al Congreso de la Asociación Americana de Psiquiatría (American Psychiatry Association) en San Francisco, California, en el cual reconocidos psiquiatras como el doctor Karl Menninger, exponían trabajos sobre homosexualismo. Recuerdo que durante su ponencia se presentaron representantes del Frente de Liberación Gay, y con gritos y frases mal sonantes, hicieron amenazas y burlas sobre la disertación del Dr. Menninger, quien tuvo que terminarla en forma brusca y abandonar el área. Numerosos incidentes (como éste) fueron reportados en varias de las presentaciones, lo que empañó y casi paralizó el congreso. Luego se hicieron reuniones y actividades gay, protestando en contra de los psiquiatras que veían la homosexualidad como una enfermedad. Numerosas actividades dirigidas en contra de la sociedad que apoyaba estas posiciones teóricas fueron realizadas, y fue así como el grupo del Frente Gay tomó fuerza en el campo político, y a través del voto, en una sociedad democrática representativa como es la sociedad americana. Rápidamente este grupo cogió fuerza política y social a través de sus representantes, creando un colectivo homogéneo dirigido a tener aceptación social y legal y obtener logros individuales dentro de la sociedad. En 1974, el 58% de los psiquiatras miembros de la Asociación de Psiquiatría Americana (APA) decidieron sustituir el diagnóstico de homosexualismo por un diagnóstico menos agresivo: perturbaciones en la orientación sexual, el que luego fue sustituido en la tercera edición del DSM-III, por el término homosexualidad egodistónica, la cual fue sustituida en 1986, en el DSM-III-Revisado. En el presente, la Sociedad Americana de Psiquiatría (APA) clasifica la homosexualidad como "trastornos sexuales no especificados" y no está catalogado como un trastorno mental o como un trastorno sexual, sino como una orientación sexual diferente.

En 1990, la Organización Mundial de la Salud excluyó la homosexualidad de la Clasificación de Estadísticas de Enfermedades y otros Problemas de Salud. En 1994, el Reino Unido también lo hizo; ejemplo que también siguió el Ministerio de Salud Rusa, en 1999. A seguidas, el gobierno y la Sociedad de Psiquiatría China, en el año 2001. Esta nueva orientación y definición de la homosexualidad, ha traído numerosas críticas y polémicas alrededor del mundo y aquellos que criticaban estos cambios, aseguran que esto se debió a las presiones políticas y sociales ejercidas por los grupos de activistas pertenecientes al Frente de Liberación Gay, y no producto de la investigación científica honesta. Sin embargo, la mayoría de instituciones científicas y organizaciones norteamericanas e internacionales, no catalogan a la homosexualidad como una enfermedad, ya que para catalogar esta como una enfermedad o un trastorno psiquiátrico se debería producir angustia subjetiva o asociarse con un trastorno afectivo o con un deterioro del funcionamiento personal y social del individuo. La homosexualidad en sí no posee estos requerimientos para ser considerada como un trastorno psiquiátrico, pues es bien sabido que muchas personas homosexuales viven satisfechas con su orientación sexual y no desean cambiarla, pues es satisfactoria para ellos y no demuestran tener un deterioro en su adaptación y funcionamiento social.

Homosexualidad en la población

El Reporte Kinsey fue el primero en dar cifras de la población, y consideró que existe de un 5 a 10 % de homosexualidad, y de acuerdo a la Organización QWIEN, con base administrativa en Viena, según las estadísticas un 5 a un 10 % es homosexual. Las personas que tienen una orientación heterosexual pueden sentir deseos y atracción ocasional hacia personas del mismo sexo, sin que se les pueda catalogar como homosexuales, dándose los casos de individuos que tienen una relación sexual con personas del mismo sexo; pero que no se consideran homosexuales. Cabe hacer la aclaración y la diferencia entre una persona con un comportamiento, deseo e identidad homosexual, y otras personas quienes incurren en ciertas actividades homosexuales transitorias, como sucede en sitios de confinamiento y por fuerzas mayores o por inhabilidad de tener relaciones heterosexuales, por lo que estos individuos no deben de ser catalogados como tal pues estas relaciones "situacionales" o de "imposición"; no hacen a la persona crear una orientación e identidad homosexual, ya que fuera de ese ambiente, el individuo puede tener un comportamiento heterosexual.

Existen también personas con condición homosexual, que debido a condiciones de intolerancia, actitudes psicológicas de homofobia y actitudes de violencia, obligan a individuos con preferencias homosexuales a mantener sus preferencias ocultas, lo que se conoce en el lenguaje popular como "estar dentro del clóset" (o armario). Estas represiones inhiben a homosexuales a expresar libremente o a exhibir libremente su comportamiento sexual e inclinaciones.

Entre las condiciones más opresivas y que reprimen esta conducta, se encuentra: personas con actitudes de odio en contra de los homosexuales, que tienen acciones violentas en su contra; homofóbicos; y la postura de la mayor parte de las religiones, que obligan a ocultar y a negar la orientación sexual. En la actualidad, a las personas que deciden no ocultar su preferencia homosexual o que deciden no fingir y expresar sus preferencias públicamente se les llama "salirse del clóset". En las últimas décadas, esta actitud se ha hecho más frecuente debido a la aceptación social y logros civiles y políticos obtenidos por el movimiento gay, lo que ha dado una tímida aceptación y tolerancia social, no vista en tiempos pasados.

Situación legal de la homosexualidad en el mundo

La homosexualidad continúa siendo un tema controversial, la cual es interpretada de diferentes maneras; pues existen países donde es legalmente aceptada y otros donde no lo está. En aquellos países en los que el comportamiento homosexual es ilegal, generalmente se castiga con penas legales, que pueden llegar hasta la pena de muerte (en países como Irán y Arabia Saudita). La mayoría de los países occidentales, en su lucha contra la discriminación, han legalizado y despenalizado la homosexualidad, siguiendo las recomendaciones del Parlamento europeo y del Consejo de Europa. En la mayoría de los países occidentales se ha aceptado la unión civil, concepto que se aplica a parejas de hombre-hombre; mujer-mujer o cualquier tipo de unión de pareja relacionado con su preferencia sexual e incluso no relacionado con su preferencia; pero que conviven juntos, en un estado civil, muy parecido o igual al matrimonio (institución social legal aceptada por las sociedades). Esta unión permite a parejas de homosexuales obtener los beneficios del matrimonio heterosexual, recibiendo el nombre de unión libre o uniones que generalmente llegan a ser en algunos países idénticas al matrimonio. Estas uniones civiles están reguladas en Francia, Alemania, Portugal, Dinamarca, Israel, Islandia, Hungría, Finlandia, Uruguay, Colombia y varios estados de la Unión Americana (Hawái, Californiana, Vermont, Distrito de Columbia, Maine, Nueva Jersey y Connecticut), en ciertas partes de Suiza, Italia, Australia y parte de México (Ciudad México y el Estado de Coahuila) y en partes de Brasil.

El matrimonio homosexual

El matrimonio homosexual se define como el reconocimiento social, cultural y jurídico que regula la convivencia de dos personas del mismo sexo, con iguales requisitos y beneficios de los existentes en matrimonios entre personas de sexo distinto. Este logro ha sido considerado como uno de los pasos más avanzados en la obtención de derechos y deberes entre ciudadanos homosexuales, el cual continúa siendo un tema controversial y motivo de discrepancias sociales y jurídicas, y sólo se ha aprobado en países como: los Países

Bajos, en el 2001; Bélgica, en el 2002; en España, en el 2005; Canadá, en el 2005; Sudáfrica, en el 2005, en Noruega, en el 2008; Suecia, en el 2009; Portugal, en el 2010 y Argentina, en el 2010. En los Estados Unidos, el matrimonio en parejas del mismo sexo no es reconocido por el Gobierno Federal de los Estados Unidos. Sin embargo, varios estados de la unión americana lo aceptan y lo reconocen. Massachusetts fue el primer estado en reconocer y dar certificado matrimonial, en el año 2004. Otros estados que aceptan y dan certificados de matrimonio son: Connecticut, Iowa, Vermont, Hampshire, Washington DC y Oregón. Otros estados que reconocen, pero que no dan licencia o certificados de matrimonio son el estado de New York, Rhode Island y Maryland. A partir de junio de 2011, el estado de New York no sólo aceptará el matrimonio del mismo sexo, sino que a partir de julio dará certificados de matrimonio a parejas del mismo sexo. También el pasado junio de 2011, cuarenta estados de la unión han prohibido el matrimonio del mismo sexo. Tanto en Europa como en los Estados Unidos, este tema continúa en polémica, y se debate si se debe aceptar o no el matrimonio en una forma universal.

Otro tema de grandes discusiones y controversias es el tema de la adopción de niños en parejas homosexuales. Esta es autorizada en un número de países europeos y territorios norteamericanos, pues se les da derecho a parejas de homosexuales legales a adoptar hijos, reconociéndolos como padres o madres legales. Sin embargo, esta idea no ha tenido una amplia aceptación en la mayoría de los países, y no es considerada como muy popular. En Suecia y los Países Bajos, más de un cincuenta por ciento de la población la acepta; pero la comunidad médico-científica se encuentra dividida al respecto.

CAPÍTULO XIV

Enfermedades sexualmente transmitidas o enfermedades venéreas

Enfermedades sexualmente transmitidas o enfermedades venéreas

Las enfermedades venéreas, llamadas así por referirse a la diosa Venus (divinidad de la mitología griega) quien representaba la diosa del Amor. Este nombre es dado a las infecciones transmitidas por contacto sexual al hacer el amor. Término distorsionado, pues nadie quiere pasar enfermedades a quien ama. En la actualidad, el término ha sido sustituido por Enfermedades de Transmisión Sexual (ETS). Entre las más comunes están: la gonorrea, la clamidia, la sífilis, el chancro, la candida, las tricomonas, los condilomas, las ladillas, la hepatitis, el herpes genital, y el VIH. SIDA.

Todas estas enfermedades infecciosas tienen un desarrollo lento, que generalmente causa daño a los genitales, si no son tratadas correctamente, pues la persona infectada no tiene conocimiento, o no está consciente de padecer la enfermedad. De ahí la importancia de educar a la población que está sexualmente activa, sobre las enfermedades transmitidas sexualmente.

La Gonorrea: También llamada Blenorragia. Es una infección producida por una bacteria, la Neisseria Gonorrhoeae o Gonococo. La transmisión ocurre durante la relación sexual, ya sea por vía vaginal, oral o anal. Es altamente contagiosa con un periodo de incubación que comprende de dos días después del contacto sexual hasta dos semanas después. El síntoma principal es una descarga o flujo procedente de la uretra (canal por donde sale la orina) en el hombre y una descarga o flujo procedente de la vagina, en la mujer.

Este flujo de color blanco opaco o de un color amarillento, purulento, generalmente puede manchar el calzoncillo o las bragas. Otros síntomas incluyen: dolor, ardor y sensación de quemazón al orinar. Aparece también un aumento de la frecuencia y urgencia de orinar. Un número pequeño de hombres no tienen síntomas de la infección y, desafortunadamente, un 50% de las mujeres infectadas no tienen síntomas o quejas, lo que favorece la transmisión de la enfermedad a otros.

Esta bacteria puede también infectar la garganta, produciendo una faringitis gonocócica, que se acompaña de dolor intenso de garganta e hinchazón de los ganglios cercanos. Si esta no es tratada a tiempo podría ocasionar absceso peritonsilar (absceso de pus detrás de las amígdalas). Los casos de infección ano rectal son más comunes en los hombres homosexuales, y generalmente no tienen síntomas lo que aumenta el riesgo de desarrollar una prostatitis; también aproximadamente un 50% de las mujeres infectadas la padecen. El germen que también ataca la vagina produciendo irritación, y flujo, lo que ocasiona una vaginitis, que puede extenderse a través de la cérvix, útero y las trompas de Falopio, causando una infección pélvica conocida como enfermedad pélvica inflamatoria (EPI) que ocurre en un10 a 15 % de mujeres no tratadas. Esto usualmente termina con la extirpación parcial o total de los órganos internos reproductivos de la mujer (histerectomía parcial o total). Las bacterias también pueden ingresar en el torrente circulatorio (sanguíneo) y ocasionar una menincoccemia que en mujeres jóvenes podría afectar las articulaciones desarrollando una artritis gonocócica.

En el hombre, las complicaciones de la gonorrea no tratada generalmente producen una estenosis de la uretra (estrechez del conducto urinario) y esterilidad. En las mujeres las complicaciones más frecuentes e importantes son: la obstrucción de las trompas, esterilidad, alteraciones del feto (en embarazadas) e inflamación de la pelvis, por lo que es de suma importancia el hacer un diagnóstico temprano.

La forma más efectiva de prevención para evitar infectarse con gonorrea es la abstinencia sexual vaginal, oral y anal. Otras alternativas es evitar tener contacto sexual con una persona infectada. Otra forma es tener relaciones sexuales con una sola pareja (monogamia mutua), El uso del condón o preservativo continúa siendo uno de los métodos más seguros y prácticos, pues si es utilizado correctamente es una de las formas más efectivas para evitar el contagio. Existen numerosos tipos de condones, pero el más efectivo en la prevención parece ser el de goma látex, que debido a su estructura impide el paso de gérmenes, bacterias y virus.

En las últimas décadas se ha reportado un aumento en la resistencia del gonococo a la penicilina y a la tetraciclina; pero nuevas formas de tratamiento altamente efectivas, con el uso de nuevos y potentes antibióticos de la última generación, como la cefixima, ciprofloxacino, espectomicina, eritromicina y la azitromicina, han dictado una nueva pauta en el tratamiento.

El chancro: Es una infección bacteriana producida por el bacilo de Ducrey, que generalmente ataca la piel de los genitales formando vesículas llenas de un líquido purulento. Estas vesículas se rompen y se convierten en úlceras muy dolorosas que generalmente se riegan sobre el área pélvica y los genitales. En el hombre afecta el pene a través de la uretra, creando dolor e incontinencia urinaria (no hay control de la orina), y frecuentemente estas úlceras dolorosas se propagan en la piel que cubre la barriga, ingle, y la parte interna de los muslos.

El chancro es quizás una de las infecciones transmitidas sexualmente menos agresivas, que responde bien a la sulfa y a otros antibióticos. La enfermedad debe de ser diagnosticada por un médico primario, quien después de evaluar clínicamente los síntomas y aislar la bacteria recomendará el tratamiento adecuado.

Como en todas las infecciones sexualmente transmitidas, completa abstención sexual, monogamia mutua de pareja debe ser observada. Además, la notificación a otras personas con quien se ha tenido contacto sexual es mandatario. El uso del condón masculino y la abstinencia siguen siendo los métodos de prevención más seguros.

El linfogranuloma venéreo (LGV)

Es una enfermedad crónica del sistema linfático causada por tres tipos de bacterias diferentes de la Clamidia Trachomatis, y que no es producida por la bacteria que produce la clamidia genital. El linfogranuloma se obtiene por contagio a través del contacto sexual, y es más frecuente en el hombre que en la mujer. Es más común en Suramérica, y menos frecuenten en Norteamérica.

Los síntomas suelen aparecer entre 2 o 3 días y hasta un mes después del contagio. Esta enfermedad se presenta con una pequeña llaga indolora en los órganos genitales y en los ganglios linfáticos inguinales. Se acompaña también de enrojecimiento e hinchazón de la piel en el área inguinal, con inflamación de los ganglios linfáticos inguinales, alrededor del recto, en aquellos que han tenido relación sexual anal, que a menudo se acompaña de supuración (emanan pus) de la piel de los ganglios afectados. Generalmente las materias fecales pueden contener sangre y pus con dolor abdominal y diarrea. En las mujeres, la infección puede causar fístulas entre la vagina y el recto.

El médico hace el diagnóstico que incluye la observación de los síntomas antes mencionados, pruebas de laboratorio, incluyendo biopsia de los ganglios, y pruebas de laboratorio para detectar la Clamidia.

El tratamiento de esta infección es efectivo y tiene un buen pronóstico y se puede curar con el uso de antibióticos. Los más comunes y efectivos son la tetraciclina, la doxiciclina y la eritromicina. Para la prevención, la abstinencia, la monogamia mutua y el uso del condón continúan siendo una buena práctica profiláctica.

Sífilis: Es una enfermedad trasmitida sexualmente, causada por una bacteria llamada Espiroqueta, también conocida en la literatura médico-científica con el nombre de Treponema Pallidum. Existen varias teorías de cómo se originó la enfermedad, y una de estas aseguraba que la enfermedad existía previo al descubrimiento de América y era conocida en Europa, ya que se han encontrado restos de esqueletos humanos que sugieren haber padecido la enfermedad, encontrados en las ruinas de Pompeya, en Italia. Esto afirma que la enfermedad fue traída a América por los colonizadores españoles, quienes padecían la enfermedad y la pasaron a los aborígenes y nativos de América propagándose por todo el continente conquistado. Sin embargo, investigaciones recientes contradicen esta teoría, pues afirman que la sífilis es oriunda de América y que Cristóbal Colón y su tripulación posiblemente la llevaron a Europa.

Investigaciones recientes publicadas por la revista americana de la Biblioteca Pública de Ciencias de Enfermedades Tropicales Olvidadas, aseguran que la Sífilis provenía originalmente de Suramérica y que fue llevada por Colón y su tripulación, del Nuevo Mundo a Europa. Los científicos envueltos en la investigación se basaron en estudios de evolución de organismos y especies (filogenética) y a través de estudios del ADN de las cepas del treponema de Suramérica, encontraron que éstas no eran las mismas cepas del treponema que desató la epidemia de sífilis, en Europa, a finales del siglo XV, y aseguran haber demostrado que la cepa del Nuevo Mundo era húmeda y cálida, la cual mutó para convertirse en la sífilis que encontró en Europa un clima más seco, más frío y apto para su desarrollo. Sin embargo en la actualidad estas dos vertientes continúan en polémica, adjudicándose cada una la razón histórica y científica.

Los síntomas de la sífilis se caracterizan por una infección que se puede manifestar por una llaga abierta, que se llama chancro y que aparece en el sitio primario de la infección. Luego se disemina por todo el cuerpo. La enfermedad se caracteriza porque ocurre en tres etapas, La primaria, la secundaria, y una tercera etapa (tardía).

La Sífilis primaria se caracteriza por la presencia de una llaga abierta sin dolor, lesión llamada chancro, que puede aparecer en tres semanas y algunos casos hasta 3 meses después del contacto sexual con la persona infectada. Este chancro puede aparecer en cualquier parte del cuerpo; pero los sitios más frecuentes son en el pene y en la vagina. También en el ano o recto o en los labios y la boca. La lesión se puede asociar con inflamación de los ganglios adyacentes al chancro (la llaga) y pueden durar de 3 a 6 semanas y luego desaparece; más la infección no, pasando entonces a la etapa 2 o sífilis secundaria.

En la sífilis secundaria, los síntomas pueden aparecer de dos a tres meses después de la infección primaria. El síntoma principal es una erupción o brote en la piel, que puede ocurrir en cualquier parte del cuerpo y generalmente envuelve la palma de las manos o planta de los pies, y que no produce picazón o dolor. Otros síntomas comunes son hinchazón de las glándulas linfáticas en sitios diferentes del cuerpo, fiebre, cansancio, malestar general, dolor de cabeza y pérdida de peso. Debido a los numerosos síntomas, que simulan e imitan a otras enfermedades, la sífilis ha recibido el nombre de hala, gran imitadora. Todos estos síntomas duran de uno a tres meses, desaparecen y aparecen por años. Luego desaparecen, pero aun y los síntomas desaparezcan, la infección continua haciéndose invisible o latente; es decir, no produce síntomas ni molestias, lo cual dificulta el diagnóstico. Solo se puede diagnosticar a través de un examen específico de sangre. El período latente generalmente progresa en el tercer período o etapa llamada sífilis terciaria o tardía. Aproximadamente, una tercera parte de las personas infectadas y no tratadas sufren daños en diversos órganos del cuerpo, como el cerebro, el corazón, hígado y huesos. La infección puede durar hasta 20 años o más después de haberse adquirido la enfermedad. La sífilis tardía generalmente ataca el sistema nervioso central produciendo ceguera, sordera, insuficiencia cardíaca, parálisis y desórdenes mentales (parálisis general), y numerosas complicaciones que siguen un curso de empeoramiento que termina con la muerte de la persona.

La forma más efectiva de prevención es la abstención de contacto anal, oral, y genital. Otras formas de prevención son el evitar relaciones sexuales promiscuas y solo practicar sexo de mutua monogamia, con una pareja no infectada.

El uso de condones en aquellos que mantienen una vida sexual activa es definitivamente recomendado para disminuir el riesgo de trasmisión. Toda persona que ha tenido un contacto sexual de procedencia dudosa o sospechosa, reciente o en el pasado debe de contactar su médico primario para ser examinado y obtener pruebas de sangre. Si presenta el chancro para detectar la sífilis primaria o secundaria, a veces se hace necesario una punción lumbar para examinar el líquido céfalo raquídeo y confirmar la presencia de la espiroqueta, lo que confirmaría el diagnóstico de sífilis terciaria o tardía. Este procedimiento es especialmente recomendado en personas que han padecido la enfermedad por más de un año, si no ha sido tratada, o si el tratamiento ha fallado en erradicar la sífilis. El tratamiento de la sífilis continúa siendo con el uso de antibióticos, preferiblemente la penicilina, sin embargo en la Sífilis terciaria el tratamiento indicado es con penicilina G sódica por vía intravenosa, también puede usarse la penicilina Benzatinica intramuscular en personas alérgicas a la penicilina la doxiciclina podría ser efectiva en el tratamiento, la enfermedad es curable si es bien tratada. Como en todas las enfermedades de transmisión sexual abstinencia total de cualquier actividad sexual es recomendada, y todas las personas que han tenido contacto sexual con un afectado deben de ser notificados, para ser examinados y tratados, si están infectados.

La clamidia genital: Es una infección transmitida por contacto sexual, producida por una bacteria: la clamidia trachomatis. Su transmisión es a través del contacto sexual genital o anal. Los síntomas aparecen de una a dos semanas después del contacto sexual, con una descarga o flujo por el pene o la vagina, ardor y una sensación quemante al orinar, cuando la infección se aloja en el recto suele asociarse con dolor y trastornos de la defecación. Desafortunadamente, algunas personas no muestran síntomas, lo que dilata el tratamiento y la persona se convierte en portador de la infección. Esta enfermedad es más frecuente en el hombre que en la mujer, y aproximadamente un 50% de mujeres infectadas no muestran síntomas; asimismo un 25% de hombres tampoco muestran síntomas.

La infección es generalmente tratada con antibióticos y la importancia de ser tratada rápida y efectivamente es para evitar complicaciones, en la mujer, como el desarrollo de la enfermedad pélvica inflamatoria, la cual puede causar infertilidad. En el hombre, puede producir dolor e hinchazón en el escroto, lo que podría terminar en esterilidad. La clamidia genital es la más común de las enfermedades sexualmente transmitidas. La prevención del contagio es abstinencia, monogamia y el uso apropiado del preservativo.

Candidiasis: Es una infección producida por un hongo o levadura nombrada Candida. Una de las infecciones más comunes, y pertenecientes a un grupo de hongos del género candida, siendo la más común la candida Albicans. La candida es un hongo que se encuentra en casi todas las personas sanas, que la tienen bajo control y no permite el desarrollo de la infección. Sin embargo, en personas con un sistema inmunológico (sistema de defensa) pobre o debilitado, como es el caso de personas con VIH, cáncer y otras condiciones debilitantes del sistema inmunológico, la candida tiende a desarrollarse rápidamente creando una infección que se ha llamado infección oportunista, pues aprovecha la oportunidad de un sistema inmunológico humano, debilitado para desarrollarse en una infección de consecuencias catastróficas. La infección generalmente se manifiesta en la boca, la garganta y vagina. La infección en la boca es popularmente conocida como sapo o sapillo, y aparecen en la boca y garganta con punteados blancos y rojizos, con más predominancia de punteados blancos, los cuales se acompañan de dolor al tragar, náusea y falta de apetito. Cuando afecta la vagina toma el nombre de vaginitis, que se acompaña de ardor o picazón y de un flujo blanquecino espeso. La candidiasis cuando se presenta en una persona con un sistema inmunológico sano es una infección que no es peligrosa y hay medicamentos y tratamientos eficaces para tratarla.

El tratamiento consiste en controlar la candida (el hongo) para que no se multiplique y no se reproduzca, por lo que un sistema inmunológico sano puede mantener el hongo bajo control y no manifestarse como una infección. Los tratamientos consisten en medicamentos tópicos o locales, pues se aplican donde se encuentra. Se utilizan cremas, supositorios, pastillas o líquidos. Si el tratamiento local no ayuda, medicamentos sistémicos pueden ser usados. El medicamento antihongos más usado es la Amfotericina B, muy efectiva; pero que usualmente tiene muchos efectos secundarios severos y su uso debe ser recomendado y supervisado por un médico.

También han sido reportadas algunas terapias naturales que parecen ayudar a controlar la infección. La sugerencia de disminuir la cantidad de azúcar en la dieta, el uso del ajo parecen ser también beneficiosos, El Lactobacillus (acidofilo), que se encuentra en el yogurt, es una bacteria que controla los hongos, el Ácido Gamma Linoleico y la Biotina (vitamina B) han tenido buena respuesta en la prevención de la propagación de la Candida.

Tricomoniasis: Es una infección de transmisión sexual y una de las más comunes. Es producida por un parásito (un protozoo) llamado Trichomona Vaginalis, que se transmite por contacto sexual, pero a veces el parásito puede ser transmitido por prendas íntimas u objetos contaminados, como toallas, ropa interior, por los dedos, etcétera. La trichomona es un parásito, protozoo que infecta el aparato urogenital de los humanos.

Los síntomas de la infección a veces no se manifiestan en muchas personas. Cuando se manifiestan los síntomas, si es en la mujer, se acompañan con un flujo vaginal abundante de un color verde claro o gris, con un olor maloliente, desagradable, picazón o ardor con enrojecimiento de la vulva y la vagina.

En el hombre, los síntomas incluyen ardor, picazón y un flujo verde o gris, que sale del meato del pene.

La prevención de la enfermedad es a través del uso del condón o la abstinencia sexual. El tratamiento de esta infección está dirigido a su cura. La mitad de los hombres infectados expulsan espontáneamente el parásito después de 14 días del contagio; pero aquellos que mantienen la infección deben de ser tratados con un antibiótico; el Metronidazol es el más usado. Nuevos fármacos como el Tidinazol están siendo usados para esta infección. En ambos casos, debe de ser recomendado por un médico o especialista y bajo su supervisión. La infección es completamente curable, y se debe tratar la pareja para evitar la reinfección. Durante el tratamiento se debe evitar el uso de alcohol y vinagre, pues podría resultar una reacción adversa acompañada de náusea, vómitos severos y dolor abdominal. La combinación de alcohol y estos medicamentos provoca una reacción muy similar a la que se presenta en el tratamiento de aversión, en el alcoholismo, al usar el Antabuse. El uso de alcohol debe de ser suspendido hasta 48 horas o más después de terminado el tratamiento.

Condiloma acuminado: Es una enfermedad viral de la piel que se caracteriza por el crecimiento de verrugas blandas, en el área de los genitales o en la región del ano. Clasificada dentro del grupo de enfermedades de transmisión sexual. Los condilomas (verrugas genitales) son producidos por el virus de Papiloma Humano (VPH). El virus crea crecimiento de verrugas sobre la piel y membranas y mucosas. La infección en el área genital, y anal pueden ocasionar verrugas (condilomas) sobre la piel del pene, la vulva, uretra, vagina, cuello del útero y en el área del ano.

Se han identificado más de 50 tipos diferentes de virus de Papiloma Humano (VPH) y algunos de ellos se relacionan con el cáncer del cuello del útero en la mujer.

Las lesiones (verrugas) que aparecen sobre los genitales externos son fácilmente reconocidas, pues tienen una apariencia de un ramillete de verrugas de color pardo claro, pálido, que le da una apariencia y un color específico, difícil de confundirse con cualquier otra afección de la piel en el área genital.

En el pene, las verrugas son más planas y más pequeñas que las que se desarrollan en los genitales femeninos. Estas tienden a crecer más en áreas genitales húmedas y si no son tratadas crecen rápidamente produciendo ramilletes de verrugas grandes en forma de coliflor. El papiloma o verruga se conocía antiguamente con el término popular de "creta de gallo". La infección por el Papiloma Humano continúa en aumento y ha llegado a alcanzar proporciones epidémicas. La mayoría de las lesiones clínicas (verrugas) son latentes o subclínicas; es decir, no se manifiestan, y una minoría son notadas clínicamente; o sea, las verrugas o condilomas son observadas a simple vista. Las verrugas del VPH se encuentran en otros sitios de la naturaleza e infectan también a los animales domésticos. Se han encontrado también en el líquido amniótico, en niños al nacer, en instrumentos de uso médico-quirúrgico (guantes, pinzas, espéculos). También se han encontrado en toallas, ropa interior, asientos del inodoro, bidet, en los vestidores de gimnasios, piscinas, etcétera. La infección por el VPH, generalmente, se inicia en la niñez produciendo condilomas o verrugas que generalmente desaparecen espontáneamente y en otros casos se quedan latentes (escondidas en la piel). El virus puede vivir en el medio ambiente por largos períodos. Quizás es una de las enfermedades sexualmente transmitidas más común y su transmisión no es necesariamente siempre por la vía sexual. El virus es muy lábil y generalmente estas lesiones o verrugas pueden aparecer y desaparecer espontáneamente o pueden permanecer de por vida ocultas en la piel, vagina, útero, cuello del útero, sin crear ningún trastorno. Se presume que para crear la infección tiene que haber una puerta de entrada, como: micro traumas o micro rasgaduras de la piel, lo que sucede durante el acto sexual, motivo por lo que se presume que para estas convertirse en lesiones malignas, como el cáncer del cuello uterino necesitan de otros factores agravantes que ocurren durante el acto sexual, como es el golpeteo e impacto entre el cuello del útero y el pene. En la mujer, estas verrugas pueden ocupar la vagina y alcanzar el cuello del útero, las cuales pueden degenerar en verrugas precancerosas. De ahí la importancia de que se diagnostique a tiempo y que se trate correctamente. Generalmente el método para detectar el virus del Papiloma Humano es a través de la consulta de un especialista médico, quien tomará una muestra de la lesión para obtener una muestra para examen de citología o la prueba del Papanicolaou, seguida de una biopsia de la lesión. En el hombre, el reconocimiento de las verrugas ayudan a hacer el diagnóstico. En casos de diagnóstico dudoso, la biopsia es recomendada. Los adolescentes y adultos jóvenes son altamente susceptibles a padecer la infección y en especial aquellos que empezaron y tuvieron experiencias sexuales desde muy temprana edad son susceptibles al contagio.

Los tratamientos para el condiloma (verrugas) son tópicos; es decir, tienen que ser aplicados a la verruga para ser eliminadas, e incluyen el ácido tricloroacético, tintura de podofilina y el nitrógeno líquido (muy efectivo). Estos medicamentos tópicos son aplicados directamente a las verrugas o condiloma evitando tocar la piel sana para evitar quemar o irritar el área sana.

Otro tipo de tratamiento es el tratamiento quirúrgico, que incluye la electro cauterización, terapia con láser (remover los condilomas con rayo láser) y escisión quirúrgica. Otros métodos más recientes son la crioterapia, que consiste en congelar las lesiones.

Con el diagnóstico y el tratamiento adecuado, las verrugas genitales (condilomas) se pueden controlar y desaparecer temporalmente, ya que tienden a aparecer después del tratamiento.

Debido al avance científico, en las últimas décadas, se han identificado más de 60 virus del Papiloma Humano, y numerosos de estos virus han sido asociados con el cáncer vulvar, y cáncer del cuello del útero. Recientes investigaciones sobre el Papiloma Humano ha arrojado nuevas incidencias de un aumento considerable de cáncer del recto y del ano en personas contagiadas con el virus quienes practican actividades ano genital.

Para la prevención se aconseja, como en todas las enfermedades de transmisión sexual, la abstinencia sexual total, como la forma más segura para evitar contagio, monogamia mutua y el uso del condón en una forma apropiada, suelen ser métodos seguros para protegerse del contagio con el virus del Papiloma Humano y otras enfermedades de transmisión sexual.

El herpes simple: También llamado Herpes simple 1, Herpes simple2, HVS1, HVS2; llamado Herpes genital.

Existen dos subtipos de herpes viral simple: el herpes viral simple tipo1 (HVS1) que ocurre generalmente cerca o en la boca, que aparece como varias úlceras o llagas. El segundo tipo es el herpes viral simple tipo2 (HVS2) que aparece más a menudo cerca de los órganos genitales, y ha sido llamado herpes genital. El virus del herpes se adquiere por contagio y se propaga a través del contacto personal directo, como el besarse, o por el contacto sexual, y es considerado como una infección sexualmente transmitida. El herpes simple es una infección producida por un virus, que se caracteriza por episodios recurrentes que comienzan con una erupción de pequeñas ampollas en áreas cerca o en la boca y en el área genital, o cerca de los órganos genitales y la parte interna de los muslos o en el ano. La infección inicial del herpes ocurre generalmente durante la niñez y no está considerada como una infección sexualmente transmitida. El 80% de la población adulta mundial es considerada portadora del HVS1, y es muy posible que fuera adquirida en un contacto no sexual.

Los síntomas del herpes simple se caracterizan por malestar general, fiebre, dolor muscular, cansancio, y pérdida de apetito. Cuando el virus es transmitido por secreción genital se manifiesta en una lesión localizada donde se originó el contacto. La lesión se manifiesta como una ampolla que produce hipersensibilidad del área, cosquilleo, ardor y una sensación de quemazón o dolor. En el área donde se desarrolla, la piel se enrojece y estas ampollas se llenan de un líquido amarillento claro. Al romperse dejan llagas o pequeñas ulceritas que luego se convierten en una o más úlceras grandes, muy dolorosas, las que cicatrizan en un período de 7 a 14 días. En las mujeres, si la lesión se encuentra cerca de la vulva, generalmente se acompaña de dolor al orinar (disuria); en el hombre, si se encuentra cerca de la uretra, también se acompaña de dolor al orinar.

En una persona infectada, los ataques o brotes pueden variar de una vez por año hasta 4 brotes o más al año. Los ataques del herpes en el hombre son más leves y cortos que en la mujer. Una vez la persona es infectada, el virus se aloja y se esconde en el interior de las células nerviosas (neuronas) donde permanece inactivo o dormido (latente) hasta que factores estresantes favorezcan la reactivación del virus latente, apareciendo la infección. Estos ataques o brotes pueden ser raros, a veces ocurren solo una vez al año; pero existen condiciones de factores estresantes que pueden aumentar y acelerar los ataques, que usualmente aparecen cuando la persona es expuesta a estrés mental, enfermedades, dietas, estrés quirúrgico, estados de debilitamiento, estados donde las defensas, están bajas, y en la mujer durante el período menstrual.

El virus del herpes es de importancia en las mujeres, pues está implicado en el cáncer del cuello del útero, en especial cuando está asociado al virus del Papiloma Humano. También es de sumo interés para las mujeres embarazadas, pues la presencia del virus del herpes simple, en las cercanías de los genitales o en el canal del parto, presenta un peligro para el bebé al nacer; pues podría contraer una meningitis herpética o una viremia, al igual que una infección crónica de la piel e incluso la muerte.

La infección del herpes simple es siempre de preocupación en las personas con un sistema inmunológico deprimido, como en el caso de los enfermos de SIDA (síndrome de inmunodeficiencia adquirida) o en personas que reciben quimioterapia, radioterapia o personas que toman dosis altas de cortisona.

El tratamiento del herpes simple es sintomático; es decir, mejoran los síntomas, mejora el dolor, el malestar general, y se acorta la duración; pero no se cura la enfermedad. Una vez infectada la persona, el virus permanece en su cuerpo el resto de su vida. La frecuencia e intensidad de los brotes depende del individuo y su estado general de salud. El promedio es de alrededor de cuatro por año. El primer ataque es el más doloroso, severo y el que más tiempo dura en sanar. A medida que los ataques se suceden tienden a ser menos frecuentes y menos severos.

En el herpes genital, los brotes tienden a aparecer generalmente después de contactos sexuales o de larga exposición al sol, y despúes de situaciones estresantes. En algunos casos, después del primer brote o ataque, desaparecen y nunca más se vuelve a tener otro episodio.

Existen medicamentos que pueden mejorar el dolor y las molestias que producen los brotes; también ayudan a reducir la intensidad y la duración de los ataques, entre los que se encuentran antivirales como el Aciclovir tópico (cremas, ungüentos, etc.). Para tener efecto debe de ser aplicado a la lesión durante las 24 horas antes de aparecer las úlceras del brote; los baños calientes (en el herpes genital) tienden a mejorar y aliviar el dolor. El aseo y la limpieza en el área también ayudan a mejorar y acortar los episodios.

Se recomienda para la prevención, la más segura abstención sexual, limitar el número de parejas sexuales, monogamia mutua y evitar contacto sexual con alguien que presente llagas o úlceras supurantes en la boca o en los genitales, El uso del condón o preservativo es bastante efectivo siempre y cuando el condón cubra las lesiones o úlceras, pues ayuda a evitar el contagio. Cuando las lesiones (úlceras) están activas, se recomienda abstinencia sexual para evitar el contagio y la contaminación.

El virus de inmunodeficiencia humano (VIH) y el síndrome de inmunodeficiencia adquirido (SIDA): De todas las enfermedades de transmisión sexual (ETS) el virus de inmunodeficiencia humano (VIH) y el síndrome de inmunodeficiencia adquirida (SIDA) siguen siendo el centro de todas las investigaciones científicas, desde que esta enfermedad fue reconocida en el 1981; pues la población mundial continúa con más preguntas que respuestas, no solo por lo complejo de esta enfermedad; sino por el peligro que esta representa para la humanidad. En la actualidad, no existe cura y ésta inevitablemente lleva a la muerte. Debido a la importancia y complejidad de esta enfermedad trataré de proveer al lector de información básica, relevante y actualizada sobre el virus de Inmunodeficiencia humano (VIH), su diagnóstico y el tratamiento, teniendo en cuenta lo complejo y lo extenso de los datos científicos acumulados sobre este tema, que escapan del marco de referencia informativo de este libro.

¿Qué es el virus de inmunodeficiencia humano (VIH) y qué es el síndrome de inmunodeficiencia adquirida (SIDA)?

El virus de inmunodeficiencia humano es una infección que es producida por un virus que generalmente lleva al estado denominado SIDA (síndrome de inmunodeficiencia adquirida).

El VIH es producido por un virus perteneciente al grupo de retrovirus, el cual infecta el sistema inmunológico humano, que inevitablemente lleva a una condición conocida como SIDA; la que eventualmente destruye los glóbulos blancos de la sangre. Estos son los que en una persona sana defienden al organismo de las infecciones y enfermedades.

Existen dos tipos de virus de inmunodeficiencia humano: el VIH1 y el VIH2; pero generalmente cuando se habla de la enfermedad VIH, se refiere al VIH1. Los dos tipos de VIH son dañinos y mortales para el organismo humano, destruyen las células de la sangre, de la llamada serie de glóbulos blancos, denominados como célula T, que juegan un papel importantísimo en el sistema inmunológico del cuerpo humano. Existen dos tipos de células T: la CD4 y la CD8.

Las CD4 son llamadas "ayudantes" y son las que inician las respuestas del organismo frente a las infecciones. Las CD8 son las células vitales en la lucha del organismo contra el cáncer y los virus. Las CD8 liberan sustancias que ayudan a destruir los virus (crean anticuerpos). El VIH es un virus que pertenece al grupo de retrovirus; es decir, estos virus necesitan un huésped para reproducirse, por lo que ellos atacan las células blancas de los humanos (el huésped) para reproducirse o poder replicarse, destruyendo las células T CD4 y CD8, resultando en un número menor de CD4, y mientras más bajo es el número de éstas en la sangre más débil y deficiente se vuelve el sistema inmunológico del individuo y más vulnerable a las infecciones y a las enfermedades. Por consiguiente, el saber cuántas células CD4 están circulando en la sangre refleja la fuerza de virulencia que tiene el VIH, y qué fuerza tiene el sistema inmunológico del individuo infectado. De ahí, la importancia de obtener pruebas de sangre llamada conteo de células CD4, la cual mide la salud del sistema inmunológico. Los resultados del conteo de células CD4 son muy variables; pero se consideran valores normales en una persona adulta sana entre 600 a 1,200 células por milímetro cúbico de sangre.

El virus del VIH infecta primariamente a células vitales del sistema inmunológico humano, lo que conlleva a una marcada disminución de células T - CD4, llegando a niveles muy bajos estas células, y cuando llegan por debajo de niveles críticos, el sistema inmunológico pierde su función de proteger el organismo, haciendo este susceptible a las llamadas infecciones oportunistas (infecciones que se aprovechan de la falta de defensa del organismo).

La mayoría de personas infectadas con VIH, que no han sido tratados eventualmente terminan en desarrollar el SIDA, que es el estadio o fase final de la infección del VIH. Las personas afectadas con el SIDA, generalmente mueren de infecciones oportunistas o de enfermedades malignas, que se acompañan de un descalabro masivo del sistema inmunológico. El VIH progresa a SIDA, en un período aproximado de 10 años, después de haber sido infectado; pero esto varía de persona a persona. Algunos progresan antes o después de los 10 años, luego del contagio de la enfermedad del VIH.

Con el advenimiento del tratamiento con antirretrovirales, el promedio de vida de personas infectadas con VI H, que progresan y desarrollan SIDA, ha mejorado significativamente con la terapia antirretroviral, lo que ha aumentado la sobrevivencia hasta 5 años. Sin embargo, aquellas personas con SIDA y que no han recibido tratamiento con antirretrovirales, mueren en un periodo de un año.

De dónde provino el VIH

Se reconoció por vez primera el VIH y el SIDA, en el año 1981; pero posiblemente existió desde tiempos remotos. Se cree que el VIH y el SIDA provienen de simios: el chimpancé (nuestro pariente más cercano en la escala filogenética) oriundo de la costa oeste de África, pues estudios científicos identificaron a los chimpancés de esta área como el origen y fuente de la infección del VIH de los humanos. Los científicos envueltos en estos estudios creen que estos chimpancés tienen una versión propia de un virus de inmunodeficiencia, llamado virus de inmunodeficiencia de simios o VIS; virus que fue posiblemente transmitido a los humanos, y que luego mutó (se transformó) en el virus de inmunodeficiencia humano. Se presume que este contagio posiblemente se debió a que los humanos de esa región perseguían y cazaban a los chimpancés para comérselos, lo que puso a esos humanos en contacto con la sangre infectada de estos simios, y que en una forma lenta y por largo tiempo, el virus fue extendiéndose a través del África propagándose por contacto sexual y otras formas de contacto como sangre infectada extendiéndose hacia otros continentes.

Cómo se contagian los humanos con el VIH

Una persona puede contagiarse con el virus del VIH al ponerse en contacto con cualquier líquido o secreción que contenga el virus y que penetre o ingrese al cuerpo de un individuo. Los líquidos del cuerpo infectado que contienen el virus son la sangre, el semen, secreciones de la vagina y la leche del pecho materno. Estos líquidos pueden entrar al organismo a través de la piel lacerada, desgarros o por pequeñas heridas de la piel. También estas secreciones pueden entrar por la boca, los ojos, la nariz, la vagina, el pene y el ano. La forma más común de ser infectado por el VIH es tener relación sexual con una persona infectada, y no usar un condón para protección.

Otra forma común de contagio es el uso de jeringuillas y agujas, que han sido utilizadas por una persona que está infectada con HIV, y que se emplean para el consumo de drogas. Cualquier uso de jeringuillas y agujas contaminadas pasarían la enfermedad a otros que las utilicen. Madres dando seno materno (lactando) definitivamente pueden pasar el virus al bebé que están amamantando. Se consideran las relaciones ano- genital las formas más altas de riesgo de contagio, pues generalmente la mucosa es traumatizada por el esfuerzo de la penetración, creando pequeños desgarros o diminutas heridas en la mucosa o piel quizás no perceptibles a simple vista; pero capaces de dejar penetrar el virus en el organismo y producir el contagio. De igual manera, sería posible el infectarse con actividades oro-genital o en penetración vaginal, con una persona infectada, sin el uso de un preservativo, ya que si la mucosa o la piel lacerada entran en contacto con el virus se produce la infección. Sin embargo, la probabilidad de infectarse a través de la actividad oro genital o por el contacto sexual pene-vaginal es menor.

Otras formas menos comunes de contagio son por transfusiones de sangre, productos de sangre, órganos- tejidos de trasplantes que puedan estar contaminados con VIH. Hoy las probabilidades de este tipo de contaminación son muy remotas debido a las regulaciones rigurosas de salud existentes. Solo en situaciones donde no se siguen estas regulaciones y no existe la rigurosidad de higiene, y de prevención, podría suceder.

Un número reducido de casos han sido reportados en personas que han sido infectadas por mordidas de individuos padecientes de HIV, y de los pocos casos reportados se ha encontrado un trauma severo a los tejidos y presencia de sangre procedente de la boca del infectado donde fue la mordida. Poco riesgo o casi ningún riesgo si la mordida no desgarra la piel. Tatuajes y perforaciones del cuerpo para insertar objetos son catalogados como de bajo riesgo de contaminación si son efectuados con equipos esterilizados y bajo estrictas medidas sanitarias y de prevención. Pocos casos de contaminación han sido reportados cuando son efectuados bajo estas regulaciones. Numerosos estudios e investigaciones han sido llevados a cabo para la transmisión del VIH, arrojando nuevos y precisos datos que aseguran que no existe transmisión del virus a través del aire o del agua, picada de mosquitos u otros insectos. No hay casos documentados o reportados de transmisión del virus a través de la saliva, lágrimas, sudor, por besos con la boca cerrada o por besos en las mejillas (el llamado beso social).

Existen numerosos mitos y desinformación de cómo las personas pueden contagiarse de VIH, que sería necesario aclarar. Una persona no se puede contagiar o contraer el virus al tener un contacto no sexual con una persona infectada; por ejemplo, al estrechar las manos, al abrazar o al tocar la saliva de un infectado, no se corre riesgo ni peligro de contagio con el virus. Igualmente no se produce contagio con el VIH, a través de la tos o del estornudo.

Signos y Síntomas: La infección del VIH tiene 4 estadios. El primero de incubación, que va desde el primer contacto sexual con la persona infectada hasta de 2 a 4 semanas y es asintomático. Luego sigue el segundo estadio: la infección aguda. Se caracteriza por síntomas similares a un resfriado o una gripe que se acompaña de síntomas como fiebre, inflamación de los ganglios linfáticos, dolor de garganta, dolor muscular, malestar general y úlceras en la boca y en el esófago. Este estadio dura alrededor de 28 a 30 días. En algunas personas infectadas no aparecen signos o síntomas de infección. Se piensa que personas que han sido infectadas no saben que lo están y siguen una vida normal, sintiéndose saludables por varios años después de infectarse. Sin embargo, el hecho de saber o sospechar que se ha efectuado un contacto sexual dudoso sin ninguna protección debe alertar y motivar a la persona a buscar ayuda con un médico y ser examinado, ya que mientras más temprano se hace el diagnóstico más chance de empezar un tratamiento, el cual podría influir de manera determinante entre la vida y la muerte. Luego sigue un estadio llamado "latente" (dormido) en el cual aparecen muy pocos síntomas y a veces no aparece ninguno. Este estadio podría durar desde pocas semanas hasta 20 años o más.

El cuarto estadio o estadio final del VIH, llamado SIDA (síndrome de inmunodeficiencia adquirida) es el que aparecen síntomas compatibles con aquellos síntomas similares a los de llamadas enfermedades oportunistas, como: la tuberculosis, candidiasis (sapillo), virus herpéticos latentes, que pueden causar recurrencia de herpes simple, herpes Zóster (culebrilla), linfomas y tumores inducidos por virus y la aparición de tumores virales, como el sarcoma de Kaposi, neumonías causadas por hongos, como la pneumocystis carinii, que son generalmente fatales.

En el estadio final del SIDA aparecen infecciones citomegalovirus o micobacterium aviun complejas, las cuales son más comunes, prominentes y generalmente fatales.

Tratamiento:

El tratamiento del virus de inmunodeficiencia humana permanece como un reto frente a la comunidad científica, porque es una realidad que aun y se han logrado numerosos progresos en el área de prevención, métodos de diagnósticos, reconocimientos del virus y la infección, también se han logrado grandes avances en el tratamiento, pero este ha fallado en proveer una cura definitiva o una vacuna efectiva en contra de la enfermedad. La comunidad mundial permanece en espera de nuevos hallazgos, y nuevos métodos de tratamiento que den una respuesta más prometedora y efectiva en el tratamiento del VIH y del SIDA.

En el presente no existe ninguna información disponible de que existe una vacuna o tratamiento que prevenga o cure el VIH o el SIDA. En la actualidad existen dos formas o modalidades de tratamiento para la enfermedad, que disminuyen o ayudan a mejorar la infección y sus complicaciones. Estas no curan del todo la enfermedad, siendo las dos modalidades: la vacuna contra el virus, que fue elaborada con la combinación de dos vacunas descubiertas y tratadas en pacientes con la enfermedad, en septiembre 2009, con resultados no satisfactorios, pues la vacuna solo resultó efectiva en un 30% de reducción de las infecciones de los pacientes tratados en estudios de control.

La segunda modalidad es el tratamiento con antirretrovirales, que deben de ser comenzados lo más pronto posible, después de ser expuesto o diagnosticado con el virus; modalidad que ha sido llamada profilaxis, que se presume ayuda a reducir el riesgo de infección.

Debido a la falta de protección completa que ofrece la vacuna y el tratamiento con antirretrovirales, como métodos de prevención después de la exposición al virus, se ha llegado a la conclusión que la única forma segura de prevenir la infección, es evitar cualquier tipo de contacto sexual con una persona infectada.

El tratamiento con antirretrovirales es considerado altamente beneficioso para aquellos pacientes infectados, y han sido muchos los infectados que se han beneficiado de este tratamiento, desde su introducción en el mercado en el 1996.

En la actualidad, el tratamiento se efectúa con una combinación de antiretrovirales de gran actividad que combinados son los llamados "cocktails"; los cuales consisten en el uso de por lo menos 3 drogas que pertenecen al grupo de antirretrovíricos; que aunque ayudan, no curan la infección y no producen alivio completo de los síntomas ni las molestias. A menudo los pacientes paran el uso de estos fármacos, por los efectos secundarios resultantes, lo que origina la reaparición de los síntomas, razón por lo que los pacientes deben de ser estimulados a continuar el tratamiento por vida. Aun muchas personas paren el uso de éstos por los efectos secundarios causados por el tratamiento y las molestias, son muchos los infectados beneficiados en la mejoría de su calidad de vida.

De lo que se conoce científicamente del VIH, estudios e investigaciones sugieren que el porcentaje de vida de los infectados es de 30 a 32 años después de contraer la infección y si el tratamiento es comenzado tempranamente. En casos donde el infectado no se trató con antirretrovirales, el avance de la enfermedad hacia el estadio final, SIDA, ha sido notorio, al tener un promedio de vida de 9 a 10 años. El promedio de vida, después de iniciado el SIDA, es de 9.2 meses

Desafortunadamente, el tratamiento del VIH y el SIDA es sumamente caro, y la mayoría de los infectados mundialmente no tienen recursos económicos para mantener un tratamiento de uso diario por vida, y generalmente carecen de apoyo económico o ayuda social y no tienen acceso a un plan de salud que cubra los gastos y los costos del tratamiento, lo que hace el uso de los antirretrovirales de difícil acceso, por lo que idealmente se considera que el futuro del tratamiento sea preventivo, con el uso de una vacuna, que sería de más fácil acceso, de bajo costo, que no requiera tratamiento diario, lo que sería beneficioso para los países y pacientes pobres de bajo recursos económicos.

Desafortunadamente, en la actualidad, y en lo últimos avances científicos después de 20 años de estudios, ensayos e investigaciones, no existe por lo menos, públicamente una vacuna efectiva para prevenir el VIH y el SIDA.

CAPÍTULO XV

Formas del control de la natalidad

Formas del control de la natalidad

El control de natalidad se refiere a los múltiples métodos y técnicas que se utilizan para prevenir la fertilización o para terminar el embarazo. Desde tiempos inmemoriales de la civilización el hombre se preocupó en diferenciar el acto sexual erótico y el acto sexual de la reproducción. Y siempre se trató de evitar que la esperma llegara más allá de la vagina y evitar así las consecuencias de la preñez no deseada, pues ésta empañaba o complicaba el disfrute sexual del acto. El origen de control de la natalidad y la anticoncepción se remonta a los tiempos más antiguos de nuestros antepasados, y está relacionado con actividades heterosexuales y la posibilidad de embarazo de mujeres fértiles. Se presume que en los estadios más primitivos no se conocía la relación entre el acto sexual y el embarazo y lo asociaban como un acto divino de los dioses. A medida que el tiempo pasó y el hombre evolucionó, incluso a nivel tribal, el hombre asoció el acto sexual con la fecundación y aprendió a través de experiencia propia de que existía una relación entre el acto sexual y el nacimiento de bebés en el mundo. Se cree que en épocas primitivas algunas tribus manejaban el control del orgasmo utilizando el coito interrumpido; es decir; retirar el pene de la vagina y evitar que el semen cayera dentro de la vagina y viajara hacia el útero, dejando caer el semen en el suelo o sobre cualquier parte del cuerpo de la compañera. Numerosos libros religiosos, como el libro de Génesis, de la Torá y la Biblia, hablaban y hacían referencias de evitar eyacular dentro de la vagina, refiriéndose a un método anticonceptivo conocido como coito interrumpido, y hablaba la Biblia sobre Onán, quien descargó el semen en el suelo para evitar tener un hijo con Tamar, la esposa de su fallecido hermano. Durante épocas tribales primitivas, en algunas tribus de la parte central y de la costa oriental de África, se practicaba la mutilación de los genitales femeninos, lo que se denomina como infibulación, la cual consistía en mutilar (extirpar) el clítoris y cerrar la vagina, cosiendo los labios de la vagina y vulva dejando solo una pequeña abertura para permitir el paso de la orina y el flujo menstrual, y para garantizar la permeabilidad y el flujo de líquidos, logrado esto a través de un trozo de bambú hueco introducido por la vagina. Por lo general, esta práctica de fidelidad y contracepción obligada y cruenta que, por lo general, es realizada por una comadrona, una curandera, se hace cuando las niñas tienen entre 2 a 7 años, la que se ha denominado como circuncisión femenina. Esta práctica que usa hoy y que garantiza la fidelidad y no quedar embarazada hasta el matrimonio, recomienda que una vez efectuado el casamiento se corten los hilos de la sutura que cerraban la vagina, permitiendo así la abertura de la vagina y la penetración ; así como el paso de futuros partos. Este procedimiento volvería a repetirse cada vez que el esposo se ausentara o saliera de viaje. La Embajadora de la Organización de las Naciones Unidas, la ex modelo somalí, Waris Dirie, quien fue víctima de infibulación a los 5 años, ha logrado a través del trabajo político y diplomático detener esta práctica, convirtiéndola en ilegal en algunos países africanos.

Desde el punto de vista histórico han existido otros métodos para asegurar la fidelidad, al igual que métodos anticonceptivos involuntarios, para evitar el embarazo, incluyendo, entre otros, los llamados cinturones de castidad que fueron mencionados por primera vez como un objeto metafórico de muestra de fidelidad, y su posible uso fue encontrado en la poesía medieval, ya que no existen pruebas certeras de que este cinturón de hierro, en forma de bikini con un candado o cerradura, que prevenía a la mujer de tener cualquier tipo de actividad sexual o masturbación, el cual solo sería abierto al regresar el esposo ausente. Cuenta la poesía medieval del siglo XI, que durante los años 1200 y 1300, después Cristo, muchos caballeros cristianos que defendían el santo sepulcro, y que luchaban por conquistar Jerusalén, la ciudad santa que se encontraba bajo el poder y dominio musulmán, antes de partir de sus dominios y predios, quienes partían por largas jornadas a veces por años, no se sentían seguros dejando sus esposas o amantes disponibles para actividades sexuales durante su ausencia, por lo que utilizaban el cinturón de castidad, el cual garantizaba la fidelidad y una forma de contracepción (abstinencia absoluta) forzada. Supuestamente este cinturón construido de hierro en forma de bikini, con una malla metálica en el frente, que cubría los genitales dejando solo pasar y fluir la orina y la menstruación, y un agujero separado de media a una pulgada de la malla para permitir la defecación. La literatura y la poesía medieval hablaban de casos de asombros y sorpresas de algunos caballeros y soldados, quienes al regresar después de largos períodos de ausencia encontraban a sus esposas o amantes con un embarazo de 2 o 3 meses, producto de la imaginación, ingenio y la necesidad erótica que de alguna forma burlaban el cerco metálico.

En la actualidad, la historia moderna no posee datos certeros de que estos cinturones de castidad existieran en el Medioevo; pero sí que muchas ideas de la época medieval fueron pasadas a otras épocas más recientes, principalmente épocas de una moral influenciada por el cristianismo, como en el período del Renacimiento, 1500 d.C.

Con el pasar del tiempo, la contracepción fue evolucionando y se fue acomodando de acuerdo a las necesidades y a los momentos más favorables, dependiendo de las circunstancias socio-económicas y se hizo hincapié entre el acto sexual erótico y la reproducción, orientación que comenzó en el siglo XVIII, con la introducción del matrimonio, por amor, con el que se enfatizó que la unión de pareja no era solo para crear descendencia, sino para efectuar relaciones amorosas sin la complicación de un embarazo no deseado, por lo cual los métodos anticonceptivos comenzaron a tener una validez histórica en los matrimonios y en las parejas. Durante este periodo, Sigmund Freud (psiquiatra austríaco) fue uno de los pioneros en definir y exaltar la diferencia entre la relación sexual y el embarazo, y en alguna ocasión dijo "el acto responsable de la procreación debía de ser visto como voluntario e intencional y debía de ser separada del deseo imperativo de satisfacer un impulso placentero natural".

Otras teorías como el neomalthusianismo llegaron a ser bien conocidas a principios del siglo XX. Esta teoría diseñada por Thomas Malthus, quien aseguraba por correcta la teoría de que la población crece a ritmo geométrico y los recursos en progresión aritmética, por lo que, si no se limitaba el crecimiento ilógico y desorganizado de la población mundial sería catastrófico y perjudicial para la humanidad. Los malthusianos consideraban a la reproducción ilimitada y desordenada como un problema social y económico, que afectaría en su gran mayoría a las clases pobres con familias numerosas, a los que condenaría a la pobreza, y proponían la creación de una conciencia individual; todo esto acompañado de un nuevo carácter social orientado hacia un control de natalidad y planificación familiar, con amplia difusión de métodos anticonceptivos: el preservativo, el diafragma, y el aborto, sugiriendo la práctica de la castidad retraso de los matrimonios, que serían acompañados por eventos de reducción de la población, tales como: desastres naturales, hambrunas y guerras, las que traen una disminución selectiva de la población. Estas ideas malthusianas fueron altamente criticadas y rechazadas por las autoridades religiosas, y por ciertos grupos con una orientación socialista.

La religión y el control de natalidad siempre se han visto en extremos opuestos, y en especial la moral católica, la cual ha sido opuesta, rígida e intolerantemente frente al control de natalidad y al uso de métodos anticonceptivos, ya que la iglesia católica defiende su posición de que la principal y primordial razón del matrimonio es la procreación; principio que se ha reafirmado en numerosas encíclicas, como la del Papa León XII, la del Papa Pío XI, diciembre 1931 y la encíclica del Papa Pablo VI, en 1968, en la que definitivamente se condena el aborto y el control de la natalidad.

La iglesia anglicana, por su parte, se ha manejado más liberalmente y ha declarado legítimo el utilizar métodos anticonceptivos, no solo mediante abstinencia sexual, sino por otros medios, en una forma racional y limitada. En 1961, The National Council of Churches of Christ. (El Concilio de Iglesias de Cristo, anglicana), en los Estados Unidos, definieron su posición eliminando todo tipo de restricción frente al uso de los últimos métodos anticonceptivos, incluyendo la píldora, y el dispositivo intrauterino [DIU]. Por otro lado, la religión musulmana, no se opone a la anticoncepción, y el coito interrumpido aparece como el método principal, más usado y el más mencionado en las más antiguas tradiciones y en la literatura musulmana.

Gracias a la difusión y generalización de los métodos anticonceptivos, a mediados del siglo XX, se consolidó la separación de las prácticas sexuales eróticas y la reproducción. En la segunda mitad del siglo XX, se produjeron grandes avances científicos y sociales que promovían la información y el acceso a los métodos anticonceptivos. Destacadas figuras como Margaret Sanger, en los Estados Unidos, y Marie Stopes, en el Reino Unido, tomaron la iniciativa de divulgar e informar la necesidad y las ventajas obtenidas por la mujer con los anticonceptivos, revindicando la lucha de la sexualidad femenina, que por una parte daba a la mujer el derecho de elección, el mejor interés por su salud y el derecho a la opción del disfrute de la sexualidad. Por otra parte, entregaba a la mujer el control de la reproducción, acompañada de salud reproductiva y con elección de procreación en los momentos más favorables, desde el punto de vista social y económico.

Otra razón del auge de los anticonceptivos en este período fue el éxito de la reproducción, y el notable avance médico-científico, en el siglo XX, en el que se logró un avance con una alta supervivencia de los hijos nacidos, seguido de un aumento extraordinario en la esperanza y promedio de vida, debido al acceso de los servicios médicos ligados a la reproducción (ginecólogos, pediatras, médicos y enfermeras especializadas en cuidado neonatal y comadronas), mejoría de la alimentación, mejoría de los hábitos sanitarios y el advenimiento de los antibióticos y otros fármacos curativos.

Otro factor a mencionar fue el desarrollo técnico y por ende la fabricación de nuevos anticonceptivos más seguros y eficaces. La aparición de la píldora anticonceptiva, los dispositivos intrauterinos, el uso del condón y demás métodos anticonceptivos crearon una amplia gama de opciones, eficaces y a un costo relativamente barato.

En la actualidad, los posibles progenitores tienen el control de la reproducción, practicando la procreación planificada; pues, por una parte, quieren disfrutar la vida sin someterse a una reproducción constante y, por otra parte, desean generalmente una relativa estabilidad económica, social y psicológica para sus descendientes, lo cual los inclina a tener un número reducido de hijos.

Existen numerosas políticas institucionales en relación al control de reproducción a nivel mundial, desde la China y su plan de control de natalidad de "hijo único", hasta la planificación familiar de la India. Numerosos grupos apoyan estas políticas de control de natalidad; mientras que otros apoyan y promueven la natalidad desde posiciones religiosas o nacionalistas.

Métodos anticonceptivos:

Son aquellos métodos o técnicas utilizadas para prevenir la fertilización y el embarazo, que varían desde duchas con sustancias que alegan destruir el espermatozoide, como la Coca-Cola caliente, después de la copulación, lo cual no ha resultado eficaz. Supositorios vaginales también fueron usados en el pasado sin ningún éxito hasta llegar a nuevos métodos más efectivos, que incluyen los más modernos con resultados de efectividad comprobada científicamente, entre ellos se encuentran los que delinearé a continuación :

Métodos anticonceptivos naturales

Son métodos que consisten en regular el tiempo o período en el cual es menos probable la fecundación, evitando que la esperma sea introducida en el tracto reproductivo femenino y ante la presencia de un huevo maduro.

Los principales métodos naturales son:

- Abstinencia periódica: Consiste en no hacer el amor durante el período de ovulación de la mujer, el cual se efectúa durante la parte intermedia del ciclo femenino.

- Temperatura basal: Asegurarse de detectar la ovulación a través de las variaciones de la temperatura corporal en el curso del ciclo, notándose una variación de 2 a 5 grados centígrados. Este aumento es debido a la secreción de la progesterona que se produce después de la ovulación.

- Lactancia materna prolongada: La lactancia promueve la producción de la prolactina, la cual inhibe la producción de estrógenos y progesterona, lo que crea amenorrea e impide la ovulación, produciéndose una infertilidad fisiológica.

- Método del moco cervical: A través de los cambios del moco del aparato reproductor femenino para determinar cuándo ocurre la ovulación.

- El coito interrumpido: Retirar el pene de la vagina antes de eyacular. Método no considerado seguro, pues es conocido que antes de la eyaculación existe lo que se conoce como pre-eyaculación, lo que significa que desde que el hombre comienza a excitarse con caricias, besos y otros estímulos sexuales comienza a liberar líquido seminal con espermatozoides. Generalmente estas pequeñas gotas de pre-eyaculación se estiman que pueden contener de 50,000 a 100,000 o más espermatozoides y recuérdese que solo se necesita un solo espermatozoide para fecundar un huevo (óvulo). Además, durante el deleite del orgasmo hay que tener mucha disciplina y control para retirar a tiempo el pene de la vagina. Numerosos embarazos no deseados han sido reportados de esta manera.

- Método del calendario del ritmo: Consiste en evitar el coito los días fértiles del ciclo femenino. Estos cálculos se hacen tomando como referencia la posibilidad de que la ovulación se efectúe en los días del 12 al 16. Como se notará este método no es exacto y mucho menos seguro, pues hay mujeres que no son puntuales y pueden atrasarse o adelantarse en el día que van a ovular. La mayoría de las parejas presumen que la ovulación ocurre en la mitad del ciclo menstrual (día 14) evitando tener contacto sexual (coito) durante dos días antes y dos días después de la ovulación que supuestamente ocurriría en la mitad del ciclo (día 14). Ocasionalmente esto funciona en algunas parejas. El problema es que la ovulación ocurre aproximadamente el día 14, antes del primer día del próximo período menstrual, lo que dificulta predecir con exactitud cuándo será la próxima menstruación. Además, hay que tener en cuenta que este método no es exacto, pues la ovulación puede ocurrir cualquier día durante el ciclo menstrual incluyendo el mismo día de la menstruación. Por lo tanto, este método del ritmo expone a la mujer a dar un paso en falso, perdiendo el ritmo y terminando en un embarazo no deseado, no planificado y sin ritmo.

Espermicidas: Han sido usados por largos años y sustancias como el carbonato de sodio, vinagre, soluciones de jabón, etc. han sido utilizadas a través de los años, junto al uso de duchas vaginales. En 1885, aparecen los supositorios de quinina. En 1937, estos fueron sustituidos por acetato de fenilmercurio. En 1950, aparecen los surfactantes que son los químicos que se usan hoy en los espermaticidas.

Diafragma Vaginal:

Otro método anticonceptivo que fue por muchos años muy popular, pero algo costoso y poco fiable. El diafragma es un anillo de metal cubierto por una goma plástica de forma cilíndrica, a la que se aplica una sustancia contraceptiva (espermicida) de consistencia viscosa, y pegajosa. El diafragma es introducido por la mujer dentro del canal vaginal hasta colocarlo, pegándolo al cuello del útero bloqueándolo como una tapa hermética, lo que impide el avance de la esperma hacia el útero. El diafragma es 100% a prueba de agua y de esperma, lo que se podría interpretar como que es efectivo en un 90%, siempre y cuando fuera colocado correctamente y si mantiene su posición durante los embistes y embates que acompañan el forcejeo del acto sexual. Otra consideración importante es chequear y asegurar que el diafragma no esté perforado, pues cualquiera de estos inconvenientes podrían resultar en un embarazo.

Dispositivo Intrauterino (DIU):

Se considera a Hipócrates (siglo IV, antes de Cristo) como el precursor del dispositivo intrauterino, al descubrir el efecto anticonceptivo derivado de la colocación de un cuerpo extraño en el interior del útero de animales. Pero no fue hasta el 1928, cuando el alemán Richard Richter inició la anticoncepción intrauterina moderna. Años antes del inicio de la anticoncepción moderna se utilizó un alambre en forma de espiral de plata que se introducía a través de la vagina hacia el interior del útero. Se modificó el espiral por un dispositivo en forma de y griega fabricada de plata, oro o platino, muy efectivas para evitar embarazos. Sin embargo, se notó un aumento en la incidencia de cáncer del útero, asociado con el uso de los DIU que contenían estos metales y su uso fue descontinuado. A principios de los años 50, un médico israelí de nombre Dr. Margolis, modificó el dispositivo (DIU) y creó un nuevo modelo hecho de plástico polietileno, que no era reactivo al tejido del útero, y que era mejor tolerado. El dispositivo intrauterino moderno tiene formas diferentes, yendo desde una forma espiral, forma de lazo y una forma en T, las cuales no hacen ninguna diferencia en su efectividad y tolerancia, pues su constitución plástica no es dañina al cuerpo humano y se considera efectiva, con una protección anticonceptiva aproximada de un 99%.

Una pregunta muy común es ¿cómo funcionan los DIU? Al introducir este dispositivo dentro del útero se produce un aumento de leucocitos (glóbulos blancos) y prostaglandinas liberadas por el endometrio (la membrana que reviste el interior del útero) como parte de la reacción del organismo frente la presencia de un cuerpo extraño. Estos defensores del organismo actúan como sustancias hostiles y destructoras frente a cuerpos extraños, y a la vez atacan y destruyen los espermatozoides y el óvulo maduro o fecundado, como parte de su acción defensora. La presencia del cobre en algunos dispositivos aumenta el efecto espermicida y tienen acción abortiva.

En la actualidad el dispositivo más usado es el DIU en forma de T, llamado T de cobre, que está hecho de un material plástico sintético y un hilo de cobre que lo recubre, lo que limita el movimiento de los espermatozoides, y el paso de estos hacia la vagina y el útero evitando la fecundación del óvulo.

Existen dos tipos de DIU: los inertes, que se componen solo de cobre y plástico, sin hormonas, y un segundo tipo que se componen de cobre y plástico, pero que contienen hormonas, los cuales liberan pequeñas cantidades de progesterona, lo que influye y regula el ciclo menstrual. Los efectos secundarios son mínimos, aunque ligeramente aumentan en relación a aquellos que contienen hormonas. Generalmente los dispositivos se pueden usar por 5 años o más. Algunos se pueden usar hasta 12 años y son en general bien tolerados, bajos en efectos secundarios y la fertilidad regresa inmediatamente después de descontinuar su uso. Algunos efectos secundarios comunes, pero bajos en ocurrencia son: contracciones abdominales dolorosas, molestias pélvicas y sangramiento vaginal. Algunas mujeres rechazan el dispositivo (cuerpo extraño) y lo expulsan espontáneamente.

El DIU debe de ser colocado por un profesional médico, y puede ser usado como un método anticonceptivo de emergencia para prevenir embarazo, si es colocado en la cavidad uterina dentro de los primeros 5 días después de una relación sexual sin protección.

Los dispositivos intrauterinos fueron en el pasado asociados con riesgos de salud; sin embargo, los nuevos dispositivos y los nuevos modelos incluyendo el Paragard y el Mirena son seguros, efectivos y requieren poco nivel de mantenimiento.

Anticonceptivos hormonales:

Los anticonceptivos hormonales o mejor conocidos como pastillas o píldoras anticonceptivas es el método anticonceptivo más usado por las mujeres hoy. Estos trabajan modificando la química (hormonas) del cuerpo. Todos tienen como función prevenir la ovulación,; es decir, previenen que el óvulo sea liberado de los folículos del ovario y ya maduros puedan ser fecundados por un espermatozoide; pues si no hay óvulo maduro no hay fecundación. También actúan los anticonceptivos hormonales modificando la consistencia del endometrio (la parte interna del útero) haciéndolo más difícil para el huevo implantarse en la pared del útero, y también haciendo el moco de la cérvix más espeso, viscoso, formando una barrera en el cuello uterino para impedir el paso de los espermatozoides.

La acción de los anticonceptivos de modificar la química y el control de la fecundación se conoce desde hace tiempo y su acción y su eficacia ha sido experimentada y comprobada en animales por mucho tiempo. Se considera que el primer contraceptivo oral se sintetizó en 1951, "La Noretisterona" por la compañía Mexicana Sintex, S. A.

Años después, la píldora "Enavid" fue aprobada para su uso como anticonceptivo, en 1954. En 1960, la Administración Federal de Drogas (FDA) aprobó la venta de "Enavid" en el mercado. La píldora original consistió en una combinación de dos hormonas femeninas el Estrógeno y la Progesterona. Luego todas las pastillas o píldoras fueron manufacturadas de igual manera; pero con la diferencia en la cantidad y proporción de estrógeno y progesterona. Estas tabletas o píldoras evitaban la fecundación al prevenir la ovulación y al alterar el balance hormonal del cuerpo, lo cual modificaba la función del ovario.

La píldora anticonceptiva actual contiene generalmente estrógeno, que es producido por el ovario. El Estradiol (un derivado del estrógeno) es el más usado en las píldoras. El Estradiol tiene poca potencia, pero mantiene las reglas normales. La otra hormona es la progesterona, que se usa en forma sintética con el nombre de progestona, la cual estimula la acción de la progesterona en el ovario; hormona normal que aparece después de la ovulación, y la que produce la fuerte acción anticonceptiva, por lo que podría usarse sola como anticonceptiva; pero dada sola tiende a hacer las reglas irregulares. Las píldoras son altamente efectivas si se toman correctamente: comenzar a tiempo y terminar a tiempo, debiéndose tomar todas las pastillas del mes, las que son generalmente 20 pastillas. Algunas compañías para hacer más fácil y exacto su uso fabrican un juego de pastillas idénticas; pero 20 de ellas contienen hormonas y las 10 restantes no contienen hormonas contienen otras sustancias inactivas [placebo].

Esto es más fácil para la mujer recordar el tomarse una pastilla diaria por el mes para así mantenerse el uso correcto y exacto.

Desde su introducción en el 1960, el uso de hormonas orales ha evolucionado, lo que ha mejorado y facilitado su uso. Por ejemplo, nuevas formas de dosis más bajas de hormonas con más capacidad anticonceptivas, menos efectos secundarios; a tal punto que los beneficios positivos han sobrepasado los efectos negativos del pasado. Además, en la actualidad existen nuevas vías de administración que dan a la mujer nuevas opciones de uso.

Otras formas de administración son ahora disponibles: formas inyectables de combinación de estrógenos y progesterona, que impiden la ovulación, las que se administran una vez al mes. Existen también los implantes subdérmicos, debajo de la piel, los cuales liberan pequeñas dosis de hormonas en una forma continua. También disponibles se encuentran otras formas de anticoncepción hormonal como los parches y el anillo vaginal, con usos que varían de una vez por semana a mensual. Las llamadas píldoras de emergencia o la conocida "píldora del día después", que generalmente son las mismas píldoras anticonceptivas; pero con una dosis mayor de hormonas, utilizadas dentro de los primeros 5 días después de efectuarse un contacto sexual sin protección. Los anticonceptivos hormonales son controlados por la mujer y no requieren su uso al momento de efectuar el acto sexual; sin embargo, existen riesgos a considerar con el uso de los anticonceptivos hormonales en mujeres fumadoras, pues el uso y hábito del tabaco aumentan definitivamente el riesgo de padecimiento de enfermedades cardiovasculares.

El preservativo o condón:

El preservativo, también llamado popularmente condón o capote, es el método anticonceptivo más usado en el mundo. Originado en el siglo XV, en Europa, como método de prevención y protección en contra de la sífilis. Se atribuye su invención al médico italiano Gabriel Falopio, quien mencionó por primera vez la idea en su libro "Morbo Gallito". Hecho de tripa de animal con una cinta de lino que se amarraba al pene. Los primeros condones se rompían fácilmente debido a la fragilidad de la tripa animal que se utilizaba para su confección. Una vez roto eran pegados con pega y una vez reparados se volvían a usar. En 1872, se manufacturó el primer condón de caucho indio, en Gran Bretaña, y comenzó su venta en farmacias, seguido por nuevos diseños más avanzados y más resistentes. Los últimos modelos son hechos de material muy fino, fabricados de goma látex, la cual se ajusta firmemente al pene. Estos son casi 99% a prueba de agua, de esperma y de organismos causantes de enfermedades transmitidas sexualmente. Existen variedades de condones y van desde los transparentes hasta lo más variados colores, y últimamente hasta los más variados sabores. Algunos condones tienen lubricante para facilitar la penetración y disminuir la resistencia al roce durante el acto sexual. El preservativo moderno sigue siendo fabricado de goma látex, la cual es muy resistente y de alta efectividad en protección y prevención. Existe un número menor de condones fabricados de intestinos de ovejas, los cuales son más sensibles (que el látex) y no son alergénicos, lo que es una ventaja para aquellos alérgicos al látex; mas desafortunadamente no protegen en caso de contacto con el VIH. Generalmente, los condones en su gran mayoría son diseñados para hombres, aunque existe también un preservativo o condón femenino, el cual se introduce en la vagina y al iniciarse la penetración, el pene es colocado dentro del condón. Este método, aunque produce cierta protección, no es seguro, pues el condón no se ajusta al pene y queda flojo, lo que no garantiza que el semen no caiga en la vagina después de la eyaculación. Otras veces, el pene es introducido por error en el espacio comprendido entre la pared de la vagina y el condón.

En el presente, el preservativo o condón masculino continúa siendo uno de los métodos más seguros y populares, por su bajo costo, ausencia de efectos secundarios y la doble protección que ofrece; es decir, evita el contagio de enfermedades de transmisión sexual y su acción segura y efectiva como método anticonceptivo han hecho de este él método anticonceptivo más utilizado en el mundo.

Métodos permanentes:

Los métodos anticonceptivos permanentes quirúrgicos y difícilmente reversibles se clasifican en dos tipos:

1. Ligadura de las trompas de Falopio, en la mujer.
2. La vasectomía, en el hombre

La ligadura de las trompas es un método específico para esterilizar la mujer para que no pueda quedar embarazada. El procedimiento consiste en cortar y amarrar las trompas de Falopio, lo que garantiza que después de la ovulación, el esperma no pueda alcanzar el óvulo maduro, y el óvulo no pueda alcanzar el espermatozoide, pues el camino para ellos encontrarse ha sido cortado. Este procedimiento es relativamente fácil de hacer, puede ser hecho en poco tiempo y sin complicaciones. En los últimos años, los tubos cortados y ligados pueden ser reparados. Esto es un procedimiento algo complicado, pero factible en la cirugía moderna. Hay casos reportados que después de varios años de haber cortado y amarrado las trompas, se han regenerado y se han vuelto a pegar haciendo el procedimiento reversible y apareciendo de nuevo la fertilidad.

La vasectomía es un procedimiento quirúrgico (cirugía menor) que se realiza para la esterilización en el hombre, como un método de control de natalidad. El procedimiento consiste en cortar los conductos deferentes. Estos son dos: uno izquierdo y uno derecho, y su función es transportar los espermatozoides producidos por los testículos hasta hacerlos llegar a la vesícula seminal y la próstata donde se convierten en parte del semen y son liberados por el pene en la eyaculación. El corte de estos conductos es en su parte más inferior y más cercana a los testículos. Los tubos son cortados, y los extremos amarrados y sellados, por lo que el individuo continúa teniendo orgasmo y eyaculación de semen; pero sin espermatozoide, y si no hay espermatozoide no hay fecundación. En la actualidad existe poca certeza de si este procedimiento se puede hacer reversible como en la ligadura de las trompas en la mujer; es decir, reconectar los extremos cortados de los conductos deferentes. Las probabilidades de éxito dependerán del tipo de esterilización que se hizo, el daño hecho en los conductos y la edad del paciente.

Métodos de emergencia:

Los métodos anticonceptivos de emergencia son procedimientos para prevenir el embarazo en mujeres que han tenido relación sexual sin ninguna protección. Existen dos tipos: Las píldoras anticonceptivas de emergencia son las conocida "píldora del día después". Estas píldoras son las mismas pastillas anticonceptivas hormonales; pero éstas contienen una dosis más alta de estrógenos y de progesterona. Estas son generalmente efectivas como anticonceptivas si son administradas dentro de cierto período de tiempo después del contacto sexual. Existen otros anticonceptivos no hormonales, pero en general, todos tienen una acción anticonceptiva la cual impiden que los ovarios de la mujer liberen el óvulo, y evitan la fertilización al impedir que el espermatozoide lo fertilice. Sin embargo, en los anticonceptivos de emergencia (o de urgencia) su acción está dirigida a impedir que un huevo posiblemente fecundado se pueda implantar en el endometrio y pueda proseguir hacia un embarazo. Existen contradicciones de ética, pues hay grupos que consideran que al impedir que el huevo ya fecundado, el cual contiene vida, al interceptar su implantación en el útero se considera como una práctica abortiva. Otros teóricos rechazan estas ideas conservadoras y sostienen que solo se puede hablar de aborto cuando el óvulo fecundado ya ha sido implantado y se prosigue a obstaculizar o destruir el huevo ya implantado. Frente a estas discrepancias en que se use una u otra terminología, la verdad es que este método de emergencia no es dirigido hacia una acción anticonceptiva, pues el huevo o embrión ya ha sido fecundado y la intención del acto de emergencia es bloquear o impedir que este se implante.

La eficacia de estos anticonceptivos de emergencia en reducir el riesgo de embarazo, según la Organización Mundial de la Salud (OMS) es de un 60 al 90%. Las píldoras de emergencia o del día después deben de darse lo más pronto posible después del contacto sexual para obtener máxima eficacia; sin embargo, estas varían en los plazos máximos, los que delinearé como sigue:

1. La píldora del día después, Levonorgestrel (compuesto solo de progestinas) puede darse a los 3 días (72 horas) – 5 días (120 horas) siguientes al contacto y tiene una eficacia de un 75 a un 90%.

2. La píldora de los 5 días después, -el Acetato de ulipristal, se puede dar hasta 5 días (120 horas) después del coito; es considerado como el anticonceptivo de urgencia no hormonal más efectivo y eficaz.

Meloxican: un antiinflatorio, no esteroide, muy conocido como un analgésico, antiinflamatorio y antipirético, que inhibe la ovulación en la mujer, no permitiendo la rotura del folículo del ovario e inhibiendo la liberación del óvulo. Dada en tabletas de 30mg durante 5 días después del contacto. Meloxican es recomendado como una buena alternativa a los anticonceptivos hormonales y, además, no produce alteraciones menstruales.

El dispositivo intrauterino DIU, T de cobre, insertado después del coito o si insertado hasta 7 días después del contacto puede reducir el riesgo de embarazo en un 99% y tiene la ventaja de poder quedarse insertado por un período hasta de 10 años, evitando el riesgo de embarazo por ese tiempo.

Métodos anticonceptivos en desarrollo

En la actualidad nuevos métodos anticonceptivos se encuentran en desarrollo; métodos que prometen mejorar la efectividad, seguridad, y menos efectos secundarios.

Para la mujer:

- Praneen, una tableta vaginal que está siendo estudiada e investigada en la India. Un producto compuesto de varias raíces y esencias que actúan como espermaticida (elimina el espermatozoide) y que además tiene acción microbicida que podría destruir el virus del VIH.

- Buffer Gel una gelatina espermicida [que destruye los espermatozoides] y microbicida (que destruye el VIH) es en la actualidad investigada.

- Duet, un diafragma desechable que se encuentra bajo estudio e investigación, el diafragma se llena con Buffer Gel y está diseñado para actuar como espermaticida y microbicida en el cérvix y la vagina, y no requeriría prescripción médica.

- Siles, un diafragma de silicón que forma una barrera y no permite el paso de los espermatozoides a través del cuello uterino, Este está diseñado para ser colocado por la mujer y está siendo elaborado en una talla única. Se encuentra en investigación y prueba clínica.

- Anillo vaginal con acción retardada, de larga duración que libera estrógeno y progesterona y es efectivo por 12 meses. En la actualidad está en proceso de fabricación.

- Un contraceptivo solo de progesterona, en forma de spray, el cual se rocía sobre la piel una vez al día. Se encuentra en desarrollo.

Para los hombres:

En la actualidad el condón y el método de coito interrumpido son los únicos métodos anticonceptivos en el hombre, con una opción de método permanente de esterilización (la vasectomía). En la actualidad, varios proyectos se encuentran en investigación y desarrollo.

- Adjudin, un químico de acción contraceptiva oral en hombres. Se encuentra en desarrollo y en pruebas clínicas con humanos.
- RISUG, o inhibición de la esperma bajo asesoría, que consiste en una inyección con una sustancia de actividad espermaticida, inyectada en los conductos deferentes. La sustancia cubre las paredes de estos, eliminando los espermatozoides. Este proceso puede ser reversible, pero continúa en fase experimental.
- Experimentos con contraceptivos implantados en los conductos deferentes continúan en investigación y en fase experimental.

CAPÍTULO XVI

El aborto

El aborto

Uno de los temas más controversiales existentes en el escenario mundial, en los últimos 100 años, es el tema del aborto; pues este ha mantenido largos debates de grupos a favor y otros en contra, en especial el aborto inducido. El aborto ha sido practicado por miles de años y así ha sido documentado a lo largo de la historia de la civilización. Durante la civilización griega, y desde períodos tan remotos como cientos de años antes de Jesucristo, fue motivo de preocupación de estudio y de largos análisis de grandes filósofos griegos como Platón, Sócrates. Luego Aristóteles, y Pitágoras se envolvieron en temas de origen metafísico sobre el alma de los humanos y en cuál nivel del desarrollo del hombre, desde la procreación, el embrión, feto y el bebé, entraba el alma en el cuerpo de los humanos para que se considerara a éste como un ser vivo. Siempre desde esa época fue motivo de debate filosófico cuándo el alma entraba y daba vida o se consideraba como una entidad con alma o un ser vivo. Polémicas que fueron tornándose más confusas y complejas al entrar en ámbito polémico de los diálogos filosóficos. La filosofía antigua hebrea (la Torá) y la incipiente filosofía del cristianismo, desde los tiempos más tempranos de la era cristiana, fueron avanzando en el tiempo haciéndose presentes otras filosofías y religiones derivadas de estas corrientes filosóficas, que aun y después de miles de años de evolución continúan en la palestra de nuestra era actual, alegando cada una su verdad sin llegar a una conclusión lógica consensuada.

El aborto se define como la terminación del embarazo en cualquier estadio en el que el embrión o feto no alcance su nacimiento. Técnicamente se conoce como la expulsión o extracción de un embrión o feto del útero antes de su término viable.

Generalmente la interrupción del embarazo puede ocurrir de dos maneras: una que puede ocurrir accidentalmente, llamado aborto espontáneo, para diferenciarlo del intencional. Prácticamente hasta finales del siglo XX, los conceptos de métodos anticonceptivos y el aborto no eran bien definidos, en parte debido a la falta de conocimiento que se tenía en el proceso de fecundación y de concepción del óvulo por el espermatozoide, y la implantación posterior en el útero 7 días después de la fecundación. Esto exigió de parte de la comunidad médico-científica a definir hasta dónde se llama anticoncepción y hasta dónde se considera interceptación o eliminación. Lo que ayudó a definir como método anticonceptivos a aquellos que prevenían la fecundación del óvulo por el espermatozoide, y definiendo como interceptores a esos métodos que prevenían o interceptaban la implantación del huevo ya fecundado. Finalmente se definió el término de aborto dependiendo del tiempo de desarrollo del embrión o feto al momento de terminar su viabilidad. Después de implantado el huevo, muchos religiosos y conservadores consideran que el expulsar o remover el embrión o el feto antes de su nacimiento es considerado como aborto.

Se conocen tres tipos de aborto: El aborto espontáneo, o accidental, llamado también como pérdida, que consiste en la expulsión accidental no intencional de un embrión o feto antes de las 20 a 22 semanas (antes de 5 a 5 y 1/2 meses) de gestación, que generalmente se debe a defectos del espermatozoide o del óvulo, lo que resulta en un embrión o feto imperfecto o defectuoso; en otros casos se debe a defectos de implantación del embrión en el útero. Las causas más frecuentes que ocasionan el aborto espontáneo durante el primer trimestre de embarazo (12 semanas) se deben generalmente a defectos de cromosomas en el feto, a enfermedades en la madre, como la diabetes, lupus eritematoso, infecciones, problemas hormonales y anormalidades en el útero. Embarazos de mujeres en edad avanzada también están asociados a una alta incidencia de aborto espontáneo; así como, aquellas mujeres que tienen una historia previa de abortos corren un alto riesgo de abortos espontáneos. Un segundo tipo que se conoce como aborto terapéutico, el cual se ejecuta para terminar la vida de un embarazo viable, que se termina por buenas y reconocidas razones y se efectúa cuando la vida y la seguridad de la madre y el niño están en peligro inminente. En la sociedad moderna, este tipo de aborto se efectúa por un médico, y otros profesionales entrenados y con vasta experiencia en estas técnicas, lo que lo hace un procedimiento seguro, con muy poco riesgo de complicaciones.

Un tercer tipo es el aborto intencional o aborto inducido, que se define como la terminación voluntaria e intencional de interrumpir un embarazo, por medicamentos o por una acción mecánica. Los métodos se dividen en aborto químico, que consiste en la combinación de dos químicos abortivos. Generalmente consiste en el uso de metrotexate o mifeprestone, seguido por una prostaglandina; una combinación química que no necesita intervención mecánica o cirugía; ésta es solo efectiva en las primeras semanas del embarazo

El aborto quirúrgico, método más usado antes de las 12 semanas, es el llamado aborto por aspiración. Este procedimiento consiste en la succión del embrión o feto usando una jeringuilla manual o una bomba eléctrica de succión. Cuando el embarazo es de 15 a 26 semanas, se utiliza el método de dilatación (dilatación del cuello uterino) y vaciamiento del producto con succión, En casos donde no se podía usar succión se utilizaba el método de dilatación y raspado, en desuso, pues no es recomendado por la

Organización Mundial de Salud (OMS) por ser peligroso y por las complicaciones resultantes en la madre.

En casos en que el embarazo es muy avanzado y necesita ser terminado por razones terapéuticas, ya sea porque la vida de la madre peligra o por evitar el nacimiento de un niño con deformaciones genéticas o enfermedades graves con poca esperanza de sobrevivencia, se puede utilizar el método de cesárea, con una incisión menor. En la actualidad, su uso es considerado controversial.

Otros métodos no científicos han sido usados a través de la historia para terminar un embarazo no deseado. Numerosas yerbas, raíces y preparaciones caseras han sido usadas como abortivos; pero su uso es muy peligroso y de un final fatal. Otras formas de aborto han sido intentadas causando traumas en el abdomen, que en algunos casos son lo suficiente severos para producir malogros internos, sin lograr el objetivo deseado. Este tipo de método abortivo en algunos países es considerado criminal y tratado como tal. Numerosas formas y maneras no seguras y generalmente aplicadas por la propia mujer que quiere terminar el embarazo; por ejemplo, con la inserción de implementos punzantes con el fin de extraer el producto desde el interior del útero con objetos como: agujas, ganchos de ropa, astillas punzantes de madera, y agujetas han sido introducidas en el útero generalmente terminando con posible trágicas complicaciones o con perforación del útero y graves consecuencias o muerte.

El impacto psicológico del aborto en la mujer también es un aspecto de desacuerdos y posturas contradictorias. De acuerdo al Royal College of Psychiatrist, en el Reino Unido, la relación entre el aborto intencional y los efectos negativos en la salud mental de la mujer no está del todo muy claro, pues hay estudios que no encuentran consecuencias negativas; mientras que otros estudios indican que sí hay consecuencias negativas, y aconsejan cómo puede haber un riesgo para la salud mental. Estos aconsejan que aquellas mujeres con historia previa de trastornos mentales deben buscar asesoría psicológica. Mujeres con cierta ambivalencia sobre el proceso o con una actitud negativa con componentes de rechazo y culpa exagerada en relación a la decisión voluntaria de terminar un embarazo, les sería beneficioso obtener algún tipo de consejería profesional. Por otro lado, The National Abortion Federation of North America (La Federación Nacional del Aborto de Norte América) afirma que no existe ninguna evidencia científica de la aparición o aumento después de un aborto voluntario de trastornos depresivos, ni ansiedad, ni de otros trastornos psicológicos o psiquiátricos post aborto, concluyendo que el mayor estrés sufrido y reportado por mujeres es previo al proceso, debido a la preocupación del procedimiento. Estos estudios médicos aseguran que la mayoría de las mujeres sienten un gran alivio después de efectuado el aborto. Algunos grupos llamados pro-vida proponen que los supuestos efectos psicológicos negativos resultantes del aborto deberían llamárseles síndrome post aborto. Estos han sido considerados estrategias o tácticas políticas, de rechazo a la práctica del aborto, puesto que asegura la American Psychological Association (APA) (la Asociación de Psicología Americana) que no existe ninguna evidencia científica que sustente esta condición, y que ninguna asociación médica, psicológica o psiquiátrica reconoce esta condición.

En general el tema del aborto inducido en cualquier estadio siempre ha sido motivo de debates y controversias, debido a las numerosas opiniones y posiciones envueltos, tales como factores: éticos, morales, religiosos, sociales y científicos.

Desde el punto de vista científico, la comunidad científica se encuentra dividida. Por un lado un grupo cree y defiende la idea de que el embrión es una vida humana desde el mismo momento de la fecundación, y sostiene que el embrión o feto y la madre son entidades independientes, con un ADN diferente, aun y la información genética (huellas genéticas) provenga de la madre; éste permanece como un ser diferente a la madre, y, por lo tanto, debe de reconocerse como un ser independiente desde el momento de la fecundación, independientemente de cual fuere el estadio o desarrollo del embrión o feto, este debe de ser protegido.

Por otro lado, existe un grupo de científicos que se oponen a esta postura y directamente rechazan esta teoría de que el embrión sea una vida humana desde la fecundación.

Existe dentro de este grupo una división en cuanto al momento en que se considera cuándo comienza a existir una vida humana, y sería de ayuda definir qué se entiende como embrión, lo que se considera a la primera etapa de desarrollo de un futuro bebé desde que se inició la fecundación del huevo por el espermatozoide hasta la octava semana; llamase, feto a partir de las ocho semanas; es decir, el embrión comienza a desarrollarse en feto a partir de la octava semana. Algunos científicos son partidarios de la idea de que el feto de 12 semanas (3 meses) no es un individuo biológico, ni una persona humana, pues no tiene la capacidad de ser viable y existir fuera del útero, y aseguran que existen datos científicos que confirman que en este estadio, el cerebro no está formado y apenas comienza en su desarrollo embriológico, por lo que carece de un sistema nervioso capaz de formar una identidad personal, con memoria, cognición y habilidad de discernir , por lo que el embrión en este período no experimenta dolor ni otro tipo de estímulo sensorial, notados en personas humanas desarrollados.

Existen otras posturas dentro de los grupos científicos que niegan a la ciencia su capacidad de afirmar o negar la condición de ser humano del embrión, y creen que esta definición debe de pertenecer al ámbito de creencias personales, ideológicas, y religiosas pertenecientes a cada individuo.

Recientemente se ha desatado otra polémica científica en el área de bioética, debate que se ha originado a partir de nuevos conceptos de los que llaman el preembrión, lo que sugiere dos entidades diferentes, el preembrión y el embrión, alegando que el primero se desarrolla en los primeros 14 días después de la concepción y que a partir de ahí se desarrolla el embrión, el cual es considerado como una entidad diferente y sugieren dos entidades diferentes desde el punto de vista genético. Esta teoría ha sido rebatida por grupos científicos, quienes basándose en análisis y estudios de ADN aseguran que el ADN del supuesto preembrión de los primeros 14 días, y el ADN del embrión y del individuo adulto es el mismo.

Desde el punto de vista social, el aborto inducido es considerado por algunos como un método más para la limitación de procrear. Para otros es considerado como un atentado en contra de la vida de un ser humano no nacido, alegando que rechazan el aborto inducido, pues consideran que el embrión o feto es un ser humano con derechos, derecho de nacer, desarrollarse y procrear familia.

Por otro lado, existen corrientes de pensamiento diferentes que defienden el derecho de elección y propia determinación de la mujer a elegir si desea tener o no un aborto para finalizar un embarazo no deseado, y más en situaciones no deseados como violación sexual y malformaciones del futuro bebé, o cuando la vida de la mujer peligra.

Otro aspecto a mencionar es la posición religiosa frente al aborto inducido, el cristianismo en el Viejo Testamento de la Biblia no menciona el aborto inducido. Las leyes asirias penalizaban el aborto, pues su ejército necesitaba guerreros para defender la nación. Durante la civilización griega siempre se hizo la distinción entre un feto no formado y uno formado, siendo este último tratado y considerado como una persona independiente. El filósofo griego Aristóteles [384 a. j. c] hizo referencias entre las diferencias entre almas y subalmas humanas. Afirmaba Aristóteles que el alma entraba a los humanos a los 40-90 días después de la concepción, aludiendo que en el varón el alma entraba a los 40 días y en las hembras a los 90 días. Esta teoría aristotélica del alma fue en parte tomada por la iglesia católica siglos después.

Platón, [427 a.j.c] por su parte, sustentó la teoría de que el alma entra al cuerpo en el momento del nacimiento; idea que fue incorporada a la legislación romana, por lo que rara vez fue el aborto tratado o considerado como un homicidio por esa sociedad. El filósofo y matemático Pitágoras [528 a.j.c] y sus seguidores pusieron énfasis en el culto de una medicina orientada y ligada a la religión, la que prohibía y perseguía el aborto. Y que es creído que Hipócrates [460 a.j.c.] quien también seguía estas ideas de la medicina ligada a la religión, desaprobaba el aborto. Y junto al cristianismo incipiente y los seguidores de Pitágoras, se pusieron en contra de la práctica del aborto.

La iglesia católica desde su comienzo siempre se ha opuesto al aborto. Desde los primeros siglos del cristianismo hasta el presente, la iglesia católica considera como un ser vivo y humano desde el mismo momento de la concepción (unión del espermatozoide con el óvulo maduro) y así lo afirma la "Encíclica Vida Humana", de Pablo VI.

En el islamismo (musulmanes) los derechos

son similares a los derechos canónicos cristianos, El Corán no trata el tema del aborto, pero conocidos juristas de la antigüedad versados en medicina, como Averroes y el médico Avicena, afirmaban que el feto adquiere el alma en los 120 días (4 meses) después de la concepción.

Sin embargo, los islámicos creen que desde el momento de la fecundación el embrión está orientado a crear vida, por lo que la sociedad islámica prohíbe y persigue el aborto inducido; solo es permitido en condiciones extremas en que la vida de la mujer corre riesgo y peligro, sin importar en qué estadio se encuentre el embarazo, el derecho de la madre prevalece sobre los derechos del no nacido.

La tradición y la civilización hebrea es partidaria de la veneración y la protección del feto, y no permite ni el aborto inducido ni el voluntario, y solo en condiciones donde la vida de la madre corre riesgo de peligro es el aborto permitido, pues prevalece el derecho de la vida de la madre sobre el feto, que en este nivel no es considerado como una persona autónoma. El judaísmo ortodoxo no admite el aborto si no es ante el peligro inminente de la madre. El judaísmo conservador considera el aborto como un medio de terminar el embarazo, bajo peligro de la vida de la madre.

El aborto como la interrupción intencional del embarazo es desde el punto de vista jurídico una conducta punible y a veces no punible, dependiendo de las circunstancias específicas. Por lo tanto, la actitud jurídica frente al aborto tiene mucho que ver con la sociedad, el país y su sistema jurídico. Existen países donde el aborto es un delito penalizado bajo cualquier circunstancia o excusa sobre la cual se efectúe el aborto. En otros países, aun y este es considerado un delito no existe penalización, si es efectuado con el consentimiento materno. En la actualidad, la actitud de los legisladores y juristas en la mayoría de los países del mundo tienden a considerar y apoyar la despenalización del aborto, siguiendo la recomendación de las Naciones Unidas.

Vivimos en una era donde existen los trasplantes de órganos, clonación de células más allá de teoría y ciencia ficción, manejo y avances en los estudios y la práctica de células madres. Vivimos en el siglo XXI, en una era mágica en la que la bioingeniería genética es una realidad científica; en que la manipulación y corrección genética podría curar y prevenir enfermedades que el hombre jamás imaginó, y frente a este escenario de grandezas y verdades científicas parecería más que paradójico y hasta contraproducente el no permitir a una persona elegir, decidir y controlar su propia reproducción.

CAPÍTULO XVII

Sexualidad en los envejecientes

Sexualidad en los envejecientes

Desde tiempos inmemoriales, la sexualidad en los envejecientes ha sido motivo de argumentos y análisis, pues la valorización de este tema se ha visto influenciado por un número de factores que han creado una actitud negativa hacia esta. Numerosos prejuicios actúan en la percepción colectiva asociando a los envejecientes, como si la vejez fuese equivalente a estar enfermo, decadente, deprimido, pobre, sin futuro y sin derecho al placer del sexo y al disfrute de la sexualidad.

Generalmente, en sociedades desarrolladas económicamente y de consumo existe la orientación al desprecio por lo viejo. Nadie quiere un carro viejo, una casa vieja y mucho menos una pareja vieja. Orientación culpable de la actitud reinante en las sociedades de consumo occidentales. Son pocas las veces que se considera el envejecimiento como algo positivo, verlo sabio, maduro, afable y exitoso; desafortunadamente estos prejuicios se forman en los años tempranos de la niñez, la adolescencia y la adultez temprana, creando un carácter social-colectivo, creando clichés y actitudes de estereotipo, donde la vejez es sinónimo de no sexualidad y de no derecho al disfrute y placer del sexo; pues, aunque distorsionados, los conceptos de ancianidad y sexualidad, en la mayoría de las poblaciones se ven como vergonzosos, pecaminosos y hasta ridículos. Son muchas las veces que oímos términos mal sonantes y con entonación peyorativa: "Ese viejo o vieja verde", "Ese perverso", términos que niegan a la ancianidad el derecho de dar y recibir besos, caricias eróticas y muestras de cariño, las que generalmente llenan el espacio de la soledad dejada en los ancianos por el paso de la vida, que acompaña la pérdida de parejas o de seres importantes. Otra falsa creencia común en nuestras sociedades es el prejuicio y la desinformación sobre la idea de que los ancianos y envejecientes no tienen sexualidad ni necesidades sexuales; idea errónea, pues los órganos sexuales del hombre y la mujer no se gastan ni caducan con el correr el tiempo. Están hechos y creados para llevar una función de vida que no tiene límite de edad ni fecha de caducidad. Estas creencias erróneas que han sido quizás responsables de las ideas que tienen las mujeres al finalizar su período activo de procreación, con la disminución de encuentros sexuales y eróticos. En la mayoría de las sociedades y culturas de consumo el ser humano se valora y se aprecia por su capacidad de producir, su belleza física, la habilidad de procrear y el estado transitorio de juventud, negándole la oportunidad al anciano de competir en el mercado de la sexualidad.

Siempre fue una pregunta frecuente durante mis años de práctica en psiquiatría: "¿Cuándo se es muy viejo para tener una vida sexual?" Siempre mi respuesta fue un simple "Nunca, pues no existe edad para la vida sexual terminar." Uno de los corolarios más importantes en la medicina es el bien conocido lema: "La función hace al órgano, órgano que no se utiliza, órgano que se atrofia". Sin embargo, muchos ancianos son llevados a sentirse culpables por sentir deseos de mantener una vida sexual. Pero existen hombres y mujeres en la ancianidad que nunca percibieron la sexualidad como correcta; al contrario, percibían la sexualidad como incorrecta y pecaminosa y quienes generalmente son hoy partidarios del No a la sexualidad en los envejecientes.

Es socialmente aceptable que al llegar a la tercera edad no se practique la sexualidad y muchos ancianos terminan esta voluntariamente, renunciando a esa práctica regularmente cuando la pareja muere o no está disponible debido a enfermedades crónicas degenerativas. En otros casos, la vida sexual desaparece lentamente, con pérdida de interés o pérdida del deseo. En otras parejas, la vida sexual termina cuando aparecen los trastornos de disfunción eréctil. Generalmente, la mujer de acuerdo a estudios estadísticos mantiene el interés sexual hasta avanzada edad, y sólo renuncia a esta cuando su pareja muere o está físicamente incapacitada para llevar una vida sexual activa. Aproximadamente, la mitad mantiene voluntariamente abstinencia, dedicándose a ser activa en actividades filiales, con hijos y nietos. Algunos hombres detienen su vida sexual cuando ocurre la pérdida de la pareja por muerte o incapacidad física. Ha sido demostrado que hombres sobre la edad de 65 a 70 años, cuando detienen su vida erótica por las razones expuestas, encuentran mucha dificultad en regresar a la vida sexual activa y muchos reportan dificultad en obtener una erección, si la abstinencia dura sobre los 6 meses a un año.

Muchos envejecientes recurren a la masturbación como medio de satisfacer y sustituir la falta del coito, aunque esta práctica no es la "ideal" forma de actividad sexual, sigue siendo una pieza importante en obtener satisfacción sexual. Debemos recordar que al igual que en la niñez, la masturbación tiene una función biológica importante, como lo tiene también durante la vejez.

Cambios en la función sexual notados con el envejecimiento

A menudo, con el correr de la edad, se presentan cambios en la vejez, siendo los más comunes la disminución de las facultades intelectuales, cognitivas y cambios de personalidad. Cambios que aparecen debido a la atrofia del lóbulo frontal del cerebro; las personas se vuelven irritables, impulsivas, a veces débiles, en efecto, con pobre control de los impulsos; también se producen cambios en la productividad y capacidad física. Entre las condiciones que tienden a agravar estos cambios de la senectud se encuentran factores médicos, tales como: algunos fármacos que pueden causar disminución de la libido y trastornos de disfunción eréctil, como los medicamentos para tratar la hipertensión, los diuréticos, antidepresivos, sedantes y tranquilizantes.

Existen condiciones y enfermedades que también inciden en la función sexual de los envejecientes; enfermedades como: la diabetes, hipertensión, dolor crónico, artritis y enfermedades cardiovasculares, accidentes cerebro-vasculares (derrame cerebral, apoplejía), depresión, cambios físicos y cambios en la imagen corporal; así como, nuevas situaciones de intervenciones quirúrgicas (prostectomía, mastectomía e histerectomía).

No se podría dejar de mencionar la menopausia (del griego "mens", que significa mensualmente y "pausi" que se define como cese), la cual se define como el cese permanente de la menstruación y el decline de la hormona sexual: el estrógeno, que conlleva a un proceso largo, lento y tedioso de envejecimiento del aparato reproductivo, el cual se manifiesta con un período en el que la mujer deja de menstruar, manifestación que solo refleja superficialmente los grandes cambios que se avecinan y que se efectúan a medida que los años pasan; pues otros cambios más significativos se harán presentes afectando la sexualidad del envejeciente. Cambios que comienzan con la pérdida de función de los ovarios, seguida por la disminución de la hormona femenina: estrógeno que produce el ovario, pues esta es responsable de la capacidad de procrear, de menstruar y del deseo sexual. Cuando el nivel de estrógeno cae, la mujer tiende a deprimirse, se vuelve irritable y tiende a ver la menopausia o el cese de la menstruación como el final de su vida productiva y de su vida sexual. Luego, a medida que los años siguen avanzando, nuevos cambios físicos aparecen en la mujer menopáusica: la grasa tiende a depositarse en las caderas y abdomen, los senos pierden turgencia y cuelgan, lo que añade descontento y preocupación por su apariencia y su sexualidad. Muchas mujeres tienden a ver la menopausia como el fin de su vida productiva y de su vida sexual. En el hombre, todos estos cambios hormonales son más graduales y menos insidiosos, por lo que el diagnóstico se hace más difícil, pues toma largo tiempo para convertirse en una molestia, lo que empuja al hombre a buscar ayuda profesional.

Muchas veces se hace la pregunta de si existe la menopausia en el hombre y bien podría decirse y responder que sí, pues el hombre también tiene un período involucional, que se acompaña con la disminución y cese de su función eréctil, del pene, ya que su erección se debilita con el correr de los años: Pero los primeros signos aparecen, quizás durante los 40 años de edad. Se comienzan a notar cambios en las células de los testículos (células de Leydig), las cuales comienzan a atrofiarse y la producción de testosterona comienza a disminuir. A medida que la testosterona disminuye se desvanece el deseo sexual y la capacidad eréctil (de erección) pierde su fuerza, lo que también conlleva a una pérdida de interés sexual. A medida que estos cambios involutivos se acentúan, generalmente se acompañan de manifestaciones como: irritabilidad, ansiedad y depresión, que se mitigan con un uso y abuso de alcohol, uso de medicamentos o drogas. También se notan cambios graduales en el tono de la voz y se acentúa la atrofia del pene y del escroto, mostrándose pérdida de la masa muscular y en la estatura del hombre. En algunos casos signos de feminización se hacen presentes, pues al caer los niveles de testosterona, las glándulas suprarrenales del hombre y de la mujer continúan produciendo estrógenos, rompiendo el balance entre estrógeno y testosterona.

Actitud y reparo para evitar el deterioro de la vida sexual del envejeciente

Definitivamente, los cambios físicos hormonales y mentales aparecen con el correr de los años en los humanos; pero para minimizar y evitar estos es necesario que los envejecientes con trastornos médicos como la hipertensión, diabetes, enfermedades cardiovasculares, depresión, etc., sean evaluados y tratados por un médico para mejorar la condición médica existente. En hombres con condiciones como cáncer de próstata, deben de ser tratados y aquellos que necesariamente tienen que ser intervenidos quirúrgicamente, deben de ser informados de esta necesidad. Generalmente, los hombres se sienten temerosos de estos procedimientos, pues existe la falsa creencia de que al hombre que se le extrae la próstata, le sigue necesariamente la impotencia. Sin embargo, debe ser debidamente informado de que un gran número de intervenidos quirúrgicamente con la técnica de resección de la próstata, a través de la uretra misma, (resección transuretral) y la técnica suprapúbica, evitando, si posible, la resección de la próstata a través del área perineal, se tienen resultados positivos con poca incidencia de impotencia traumática quirúrgica. El hombre con síntomas involutivos, la llamada menopausia masculina, donde la disminución de la testosterona se hace presente y que casi siempre es seguida por la pérdida de deseo sexual, el uso de reemplazamiento de esta hormona sexual podría ser sumamente beneficioso en el hombre, no sólo desde el punto de vista médico, tal como el fortalecimiento de los huesos; sino que también ayuda a amentar su deseo sexual y también su potencia eréctil; pero quizás los cambios más importantes aparecen a nivel emocional, ya que el hombre se vuelve más optimista y seguro de sí mismo, de su potencia y virilidad.

Numerosos estudios han sugerido que cuando un hombre se queja de impotencia, en la edad de los 50 años, exámenes deben de ser efectuados para confirmar el nivel de testosterona y si éstos demuestran niveles bajos de esta hormona en sangre o valores altos de gonadotropina en la orina. El reemplazo hormonal sería extremadamente beneficioso en su vida, pues esto retornaría su sexualidad y potencia a funcionar en una forma aceptable. La testosterona generalmente es utilizada en forma de tabletas que se desintegran en la mucosa de la boca, pues ésta es destruida por los ácidos del estómago; sin embargo, la ruta de inyecciones es más popular para remplazar la testosterona y generalmente son más baratas y consideradas altamente efectivas. Ésta puede ser usada por el tiempo necesario o por el tiempo que la persona decida y quiera sentirse bien, pues al cesar su uso, la mayoría de los síntomas anteriores regresarán, agravando la situación de vejez existente.

En lo referente a situaciones en que el envejeciente además tenga problemas de erección, existen fármacos y medicaciones que ayudan a mejorar la disfunción eréctil, tales como: los inhibidores de la Fosfodiesterasa tipo 5 (FDE-5), o medicaciones o fármacos conocidos como la Viagra (Sildenafil), Levitra (Vardenafil), Cialis (Tadalafil), que son fármacos que se toman oralmente y que han resultado ser altamente efectivos en los trastornos de disfunción eréctil. Entre otros procedimientos se encuentra el Alprostadil (Prostaglandina) los que son también usados para la disfunción eréctil; así como, aparatos al vacío que crean presión negativa.

Otros procedimientos son las prótesis intracavernosas o la llamada prótesis penil, que generalmente es otro método de tratar la disfunción eréctil, la cual se utiliza si otras terapias han fallado. Todos estos métodos y procedimientos han sido ampliamente descritos en el Capítulo 11, bajo el título de Disfunción Sexual Masculina o Disfunción Eréctil.

En la mujer, los síntomas de la menopausia son más agudos y molestosos que en el hombre, lo que favorece para un diagnóstico más temprano. Síntomas involutivos aparecen a medida que los estrógenos disminuyen o desaparecen. La voz se hace más grave (voz ronca), se tiende a aumentar de peso, los senos presentan signos de atrofia, pierden turgencia, el clítoris se agranda de tamaño y el útero se hace más pequeño, la vagina comienza a disminuir en tamaño, aumenta la resequedad y el deseo sexual comienza a disminuir hasta hacerse ausente. También son conocidos los engorrosos y populares cambios de frío y calor. Otros cambios también aparecen, tales como: nerviosismo, irritabilidad y depresión, la que generalmente afectan a la mujer menopáusica. Todos estos cambios aparecen durante la cesación de la caída de los estrógenos, situación que se refiere a la función biológica de la menopausia; sin embargo, esto debe aplicarse también a mujeres que han sido sometidas a procesos quirúrgicos como la histerectomía, la cual puede ser total (remover el útero, trompas y ovarios) o la histerectomía parcial (remover sólo el útero y dejar los ovarios), condición que en la gran mayoría de los casos produce síntomas de disminución de la hormona estrógeno, pues en ambas condiciones se compromete la irrigación sanguínea de los ovarios y estos pierden su función de producir estrógeno.

Existe un consenso entre la mayoría de los médicos de reemplazar la carencia de la hormona, en un intento de proveer a la mujer con lo que el ovario no está produciendo, y así evitar todos los cambios atróficos antes mencionados, debido a la disminución o cese de los estrógenos.

Generalmente esta condición es tratada con la administración de esta hormona en forma de tabletas o inyecciones, lo cual se acompaña de cambios reversibles, previniendo el avance y empeoramiento de los cambios atróficos mencionados; efecto visto después de pocas semanas del uso de los estrógenos. Algunos médicos y mujeres deciden no usar estrógenos, debido a la preocupación de que estos pueden causar cáncer. Sin embargo, hay suficientes datos e investigaciones que desestiman la relación entre estrógenos y cáncer en las mujeres, pero sí se recomienda precaución en su uso, en mujeres que presentan cáncer maligno del seno y del útero, pues existen evidencias de que pueden crecer en la presencia del uso de estrógeno. Evidencias científicas reportan que el uso de estrógeno per se no causa cáncer, pero sí aumenta el tamaño de tumores existentes.

Quizás uno de los factores más importantes, luego de rehabilitar y tratar estas condiciones, sería evaluar la actitud y minusvaloración del anciano por nuestras sociedades. Es de sumo interés explicar al envejeciente la importancia de mantener la actividad de su vida sexual.

En personas mayores que carecen de pareja y encuentran que su apetito sexual continúa activo, sería beneficioso sugerir como una alternativa la masturbación, como un medio de gratificación hasta encontrar pareja. No debe de ser minusvalorado o abochornado el envejeciente que use esta práctica, como un medio de mantenerse sexualmente activo. No podría dejar de mencionar el ejercicio o alguna actividad física moderada en una forma regular de acuerdo con la capacidad física del envejeciente. La sexualidad en la tercera edad siempre ha sido incomprendida, menospreciada y vista como una acción vergonzosa y pecaminosa; sin embargo, en las últimas décadas numerosos estudios e investigaciones han arrojado nuevos datos e información científica certera de que existen razones para considerar la vejez como un período en el que el sexo y el erotismo no desaparecen. Todos estos recientes hallazgos científicos señalan que la capacidad de disfrutar las relaciones afectivas y la sexualidad, duran para toda la vida y en condiciones física y mental adecuadas podría enriquecer las relaciones afectivas de las personas mayores, mejorando así su calidad de vida y llegando al fin de esta vida terrenal con una actitud digna y lo más cercano a una felicidad relativa, al completar el ciclo biológico de nuestra existencia.

Referencias y bibliografía

Referencias y bibliografía

ABORTO:
- Tabers Medical Dictionary
- Merrian Webster Medical Dictionary
- Dorland´s Medical Dictionary
- Williams Gynecology, 1st edition McGraw – Hill Medical
- Notas y referencias en la terminación de un embarazo, antes de las 20 semanas de gestación por la World Health Organization (Organización Mundial de la Salud) y al CDC (Centro de Control y Prevención de Enfermedades).

APARATO REPRODUCTOR FEMENINO:
- Tratado de Ginecología, por Botella Lluvia, José. Clavero Núñez, José A., 14th edición, 1993.
- Tratado de Anatomía Humana, por Henry Rouviere, Andre Delmas. Vincent Delmas. 11 edición, Elsevier, España, 2005.

APARATO REPRODUCTOR MASCULINO:
- Principios de anatomía y fisiología, 11 edición, Editorial Médica Panamericana, por Gerald D. Tortora, Bryan Derrickson.
- Tratado de Anatomía Humana, por Henry Rouvier, Andre Delmas, Vincent Delmas 11 ediciones, Elsevier, España,

BIO-PSICOLOGÍA DE LA ATRACCIÓN SEXUAL Y EL AMOR SUBLIME:
- "Why we love". Helen Fisher, 2004- Henry Holt and Company LLC, New York, NY.
- "What women want, what men want". John Towsent, 1998, Oxford University Press, United Kingdon.
- Femenine Psychology, by Karen Horney, 1967, W-W. Norton and Company, Inc., New York.

CONTROL DE NATALIDAD:

- Historia de los anticonceptivos, por Pedro Carlos Guilén Rodríguez.
- "Breve historia del condón y los métodos anticonceptivos". Ana Martus Rubio, Nautilus, 2010, España.
- Maltusianismo, Neomaltusianismo, crítica en filosofía. Org.
- Historia de la sexualidad desde Adán y Eva (capítulo 12, "Demasiada gente") Malcolm Potts, Roger Short, 2001.
- Píldoras anticonceptivas- compara métodos- en anticonceptivos hoy. Avalado por la Sociedad Española de Ginecologia
- Eficacia del DIU, en anticoncepción de emergencia, en Family Doctor Org (womenhealth.gov, Departamento de Salud y Servicios Humanos de los EE.UU.). Agosto 2011.

DISFUNCIÓN ERÉCTIL:
- "Erectil Dysfunction", Mayo Clinic, 2006.
- "The impact of vascular risks factors on erectile function". Kendirci, M., Nowfar S., Hellstrom, w.j. (2005)
- "Nocturnal Penile Tumescence and rigidity testing in bicicling Patrol officers", Shrader, S; Breinstenstein, M, Clark. J, Lowe B, Turner T. (November-December 2002) Journal of Andrology.
- Beyond Viagra Worldhealth. Net, August 12, 2003.
- "Cavernosal alpha blockade; a new technique for investigating and treating erectile impotence", (abstract) Journal of Psychiatry, by Brindley, G. (october 1983).

DISFUNCIÓN SEXUAL FEMENINA:
- "Women's sexual desires and arousal disorder", Journal of Sexual Medicine, 2010.
- Drugs that cause sexual dysfunction. An update of medical letter drug therapy.
- Sexual dysfunction. In: Steige J.F, Metzger, D.A, Levy B.S, eds. Chronic pelvic pain, an integrated approach. Philadelphia, Saunders, 1998.
- Angst, J. Sexual Problems in healthy and depressed persons. Clinical Psyhopharmacology, 1998.
- Menopause and Sexuality; Basic and Clinical Aspects: Phillips, N.A, Rosen R.C.
- Treatment of the post-Menopausal Woman. 2nd Edition, Philadelphia, Lippincott, Williams and Wilkins.

ENFERMEDADES DE TRANSMISIÓN SEXUAL:
- "Simian Immunodeficiency Virus Infection of Chimpanzees" Journal of Virology. Sharp, P.M,
- Shaw, G.m, and Hahn, B.H. (2005).
- Human Immunodeficiency Virus, transmission in house hold settings- United States by the center for disease control and prevention, (Centro para el Control y Prevención de Enfermedades).
- "Todo lo que necesitas saber sobre las enfermedades de transmisión sexual", Samuel G. Woods, the Rosen Publishing Group.
- Manual Merck, capítulo de infecciones, 2005, Madrid, España.
- Harrison: Principios de medicina interna, 17ª edición, McGraw Hill, InterAmericana de México, 2008.
- Infections of the lower genital track, Vulva, vagina, cervix, toxic shock syndrome HIV infection, by Eckert, Lo, Levitz, Gm. Comprehensive Gynecology, 5th Edition, Philadelphia, P.A.
- Principles and practice of infectious diseases. 6th Edition, Philadelphia, P.A. - Chlamydia, Limfogranuloma Venereun, and other genital infections. By Stamm, W.E. Jones, R.B. Botteiger B. E. (2005).

LA HOMOSEXUALIDAD:
- The Atipical brain development of transsexual, by Dick Swab (April 3, 2009).
- Dick Swab. Homosexuality: Not a Choice (February 24, 2009).
- Alfred Kinsey, "El Informe".
- The sexual brain. Levay, S. (1993). Cambridge: MTI, press.
- A difference in hypothalamic structure between homosexual and heterosexual men, - Science (1991)
- Homo, toda la historia del Imperio Romano, por P. Fuentes, G. Cárceles, R. Andrés, I. Clua, J. V. Aliaga, P, Alcaide. 1999, Editorial Baupres.

LA MASTURBACIÓN:
- "Sexualidad Humana factores fisiológicos y psicológicos de la conducta sexual" MacCary, James, México, Manual Moderno.
- Sexual behavior in the human female: Alfred Kinsey, y otros. W

B Saunders, 1953.
- "Mitos y Realidades acerca de la masturbación o autoerotismo" por Ricardo Carmen Manrique, publicado en Actualidad Psicológica.
- Un encuentro con el placer , la Masturbación femenina. por Jesús Ramos, Madrid: Espasa Calpe. (1973).
- "El Informe Hite sobre sexualidad masculina". por Hite, Shere. Plaza y James, 1967.
- "El Informe Hite sobre sexualidad femenina". por Hite, Shere. España, Plaza Dame, 1967.
- Masturbación la historia de un gran terror. Stengers, Jean; Van Neck, Anne. New York; Pelgrave, 2001.

LA QUÍMICA MÁGICA QUE MUEVE LOS HILOS INVISIBLES DEL PLACER ERÓTICO:
- Dorland's Medical Dictionary.
- Merriam Webster Medical Dictionary.
- Tabers Medical Dictionary.
- Liebowitz, Michael, R. "The Chemistry Of Love" (1983). Boston: Little Brown and Company.
- Phenylethylaminergic Modulation of Catecholamines Neurotransmission, by Boulton A.A: Progress in Neuro-Psychopharmacology and Biological Psychiatry. Vol (2) 1991, 139-156.
- Tratado de Psiquiatría: Freedman and Kaplan, Editorial Científico Técnico, La Habana, 1983.
- Synopsis of Psychiatry- Behavioral Science/ Clinical Psychiatry by Kaplan and Sadock's, 10th edition, Limpicott-Williams and Wilkin.

EL ORGASMO Y OTRAS COSAS:
- Anatomy of the clitoris (Anatomía del clítoris) O'Connell, Helen, E., Sanjeevan, K.V, Hutson, J. M. (October, 2005).
- The Journal of Urology, (June 2006).
- Bohlen, Joseph, G; James P. Held; Margaret Olwen and Andrew Ahlgren: "The female orgasm: pelvic contractions, Archives of sexual behavior". (Archivos de Conducta Sexual, 1982).
- "The G spot (El Punto G) and other discoveries about human sexuality". By Alice Khan Lados, Beverly Whipple and John D.

Perry.
- "Diferencias entre el orgasmo vaginal y el orgasmo clitorino" (Go ask Alice) December 23, 1994.
- "Human Sexual Response" (Respuesta Sexual Humana), by William H. Master. and Virginia E. Johnson. Little, Brown and Company, Boston, 1970.
- Concerning female ejaculation and the female prostate by J. Lowndes Sevely and J. W. Bennett, Published by the Journal of Sex Research, Volume 14, and No1. February, 1978.
- Ultrastructure of the normal adult human female prostate gland (Skene's gland) by Zaviacic, Z; Jakubovska V. M. Belosovic, J. Breza.(January, 2000). Anat. Embriol.
- An investigation into the origins of a vaginal discharge during intercourse: "Enough to wet the bed- that is not urine". by D Heath. The Journal of sexual Research, Vol. 20, (1984).

LAS PARAFILIAS:
- Manual de Psicopatología, Volumen 1, Editora McGraw – Hill.
- Abnormal psychology by Gerald. C. Davidson, y John Neal, 7th Edition, 1994.
- "El DSM-IV (Manual de Diagnósticos y Estadísticas de Enfermedades Mentales) y las Parafilias, un argumento para su retirada", por Charles Moser, Phd. y Peggy J. Kleinplatz, Phd. (Publicado en la revista de Terapia Sexual y de Pareja, agosto 2004).
- Manual de Diagnóstico y Estadísticas de Enfermedades Sexuales (DSM-IV).
- Definición y clasificación de las parafilias por la Clasificación Internacional de Enfermedades (CIE).
- Synopsis of psychiatry- Behavioral Sciences and Clinical Psychiatry. Chapter of Parafilias, by Kaplan and Sadock's, 10th edition. Linpicott-Williams and Wilkin.

LA SEXUALIDAD HUMANA:
- Frequency of ejaculation and risk of prostate cancer. by Michael F. Leitzman and Eduard Giovannucci.
- "La sexualidad. Qué hay que hacer para disfrutarla sanamente" por Enrique M. Coperias y Maricarmen López, Trabajo publicado por la revista, "Muy Interesante", España.

- Women's Health Magazine, "56 reasons to have sex" by Nicole Blades. July-August. 2008.
- Introducción al estudio de la sexualidad, por A.E. Rubio, en Antologia de la Sexualidad Humana, 2ª edición. 1998.
- Oxytocin and sexual behavior, Carter, C. S. Neuroscience and Biobehavioral Review (1992).

SEXUALIDAD EN LOS ENVEJECIENTES:
- Factores biológicos, psicológicos y sociales de la sexualidad de los ancianos, J. M. Alonso Valera,
- B. Martínez, Pascual M.D, F. Calvo, Frances; Díaz Palavera. MULT GERONTOL, 2004.
- Psicología del Desarrollo Adultez y Vejez. por Kathleen Strassen Berger. Editorial Médica Panamericana, 2001.
- "Sexual desire, erection, orgasms, and ejaculatory functions, and the important to elderly Swedish men: A population-based Study". Helgason, A.R, Adolfsson J. Dickman, p, et al (1996).
- "La sexualidad y la efectividad en la vejez" por José Luis García, Madrid, portal Mayores, (2005).

www.ingramcontent.com/pod-product-compliance
Lightning Source LLC
Chambersburg PA
CBHW070548050426
42450CB00011B/2767

PORTRAITS OF FORGIVENESS

FINDING THE INSPIRATION AND COURAGE TO FORGIVE

2ND EDITION

Includes Small Group Study Guide

Randy Lariscy

WordTruth Press
USA

© 2016 by RANDY LARISCY.

All rights reserved. No part of this publication may be reproduced, stored in a retrieval system, or transmitted in any form or by any means – electronic, mechanical, photocopy, recording, or any other – except for brief quotations in printed reviews, without prior permission of the author.

Scripture taken from the Holy Bible, NEW INTERNATIONAL VERSION®. Copyright © 1973, 1978, 1984 International Bible Society. All rights reserved throughout the world. Used by permission of International Bible Society.

Portraits of Forgiveness, 2nd Edition, published by:

WordTruth Press
Marietta, Georgia (USA)
(SAN 920-2811)
Web Site: WordTruthPress.Com
Email: Info@WordTruthPress.com

ISBN-13: 978-1-944758-03-5

Library of Congress Control Number: 2016902973

To the LORD Jesus Christ who is my Savior, my King, and my Friend. Through your abundant grace and mercy, I found forgiveness for all my sins and the freedom to be your friend forever.

To my wife, Mary, whose faithfulness, love, and forgiveness have made possible a loving marriage relationship for nearly thirty years.

And to my children, Heather and Bryan, whom I desire to know these principles of forgiveness and put them into practice for a lifetime of unfettered joy.

Table of Contents

INTRODUCTION 11

PART I. FORGIVENESS IN FAMILY LIFE 15

   1. Forgiveness Triumphs Over Evil -
      Joseph and His Brothers 19

     Chapter One Small Group Study Guide 27

   2. Forgiveness Triumphs Over Shame -
      Jacob and Esau 31

     Chapter Two Small Group Study Guide 39

   3. Forgiveness Triumphs Over Ungratefulness -
      The Prodigal Son and His Father 43

     Chapter Three Small Group Study Guide 51

PART II. FORGIVENESS IN CHURCH LIFE 55

   4. Forgiveness Triumphs Over Selfishness -
      Moses and the Wilderness Church 57

     Chapter Four Small Group Study Guide 67

   5. Forgiveness Triumphs Over Immorality -
      Paul and the Corinthian Believers 73

     Chapter Five Small Group Study Guide 81

   6. Forgiveness Triumphs Over Betrayal -
      Jesus and Peter 85

     Chapter Six Small Group Study Guide 95

PART III. FORGIVENESS IN COMMUNITY LIFE .. 101

7. Forgiveness Triumphs Over Hardness -
   Pharaoh, Moses, and the LORD 103

   Chapter Seven Small Group Study Guide 109

8. Forgiveness Triumphs Over Injustice -
   Jesus and the Roman Soldiers 113

   Chapter Eight Small Group Study Guide 123

9. Forgiveness Triumphs Over Fear -
   Philemon and Onesimus 129

   Chapter Nine Small Group Study Guide 139

PART IV. THE PROCESS OF FORGIVENESS 143

10. The Strategic Value of Forgiveness 145
11. How God Forgives Us 149
12. How We Forgive Others 157
13. Practicing Biblical Forgiveness 171

    Section IV Small Group Study Guide 175

FREQUENTLY ASKED QUESTIONS 181

SMALL GROUP LEADER'S GUIDE 189

Small Group Study – Answer Keys 191

ABOUT THE AUTHOR 215

Introduction

Loose threads. What better term could describe the many broken relationships that develop in our lives? Broken relationships are the source of so much grief and pain. The longer we live, the more relationships we find strained and often broken by malicious behavior. The very fabric of our lives is weakened by such loose threads. Your happiness in life is directly proportional to having right relationships with friends and family. So, it is of paramount importance that you find a way to reconcile the broken threads of friendships and bind up your tattered family ties.

As the title suggests, this book is about portraits or pictures of forgiveness. The Bible has much to teach us regarding forgiveness in our relationships with one another. It

> **The very fabric of our lives is weakened by the loose threads of broken relationships.**

seems that it is not enough to simply *tell* people to forgive one another or *explain* the biblical basis for forgiveness. I believe it is critical to *show* how the process of forgiveness works and how God works in the lives of people to bring them together. I believe you and I need an illustrated picture that shows this process in all its different aspects.

The portraits in this book are taken from the Bible to illustrate the principles of forgiveness in many different times and settings. The people and events are historical but the relational challenges are extremely relevant. Throughout human history, one timeless principle endures: *people are people*. The way people initiate and react to challenges, conflicts, hurts, and evil never changes. So the continuing need for forgiveness will be viewed in the following three areas:

- Family life
- Church life
- Community life

Having painted a picture of forgiveness in each of these areas, the last section of this book will draw essential elements from these pictures together to describe the biblical process of forgiveness. Biblical forgiveness is the vehicle utilized by the LORD to drive strong relationships between people. I am most thankful the LORD has given us His word, the Bible, so that we can know and apply it in our lives. God did not want us to wander off on our own course but to take His path of righteousness. Through the lens of Scripture we see His forgiveness for us as well as understand how we can and should forgive others.

Forgiveness is what makes strong relationships possible again.

It is my hope that through this book many people will come to understand biblical forgiveness: in their relationship with the LORD Jesus Christ, and in their relationship with others. The LORD places a premium on relationships. Our family members are usually the first to challenge us in the area of forgiveness. Friends and even strangers will also provide such opportunities to prove your love for the LORD and belief in His righteous ways. This has been true in my life as, I am sure, it has been in yours.

    I encourage you to prayerfully read this book with the goal to become one who maintains an attitude of forgiveness (Eph. 4:32) and a heart big enough to forgive even the one who offends you **"not seven times, but seventy-seven times." (Mat. 18:22, NIV)** Through such faithfulness to God's plan, your relationship with others will be radically improved, the body of Christ will be strengthened, and your sphere of influence for God's kingdom will grow.

For His kingdom,

Rev. Randy Lariscy, D.Th.

Part I.
Forgiveness in Family Life

There is an old saying, *"You only hurt the ones you love."*[1] We have all experienced both joys and sorrows in family life. No matter your age, you can still remember growing up with parents, siblings, grandparents, cousins, and relatives you knew but could not name. Your relationships with parents and siblings run long even if they do not run deep. The people you grew up with know you well – warts and all. Every fault that is yours is known by all and, regrettably, colors the relationships you have with them.

> **Your happiness in life is directly proportional to having right relationships with friends and family.**

Our hurtful deeds are remembered and things we said *(or did not say)* can still bring us pain. Sometimes the hurts we inflict on one another as children prevent us from having a loving relationship as adults.

For anyone with family relationships, there is no greater need than forgiveness to enable those relationships to grow healthy and strong. The following portraits of forgiveness in family life deal with common themes:

- Conflict among brothers
- Shame among parents and children

---

[1] Source unknown.

- Favoritism

- Rebellion

How can the process of forgiveness triumph over these seemingly insurmountable obstacles? Forgiveness is a healing balm that binds up the wounds we create. It works because it is God's plan for a broken world. As we will see, it can work in even the most divided homes.

1.
Forgiveness Triumphs Over Evil -
Joseph and His Brothers

This is what you are to say to Joseph: I ask you to forgive your brothers the sins and the wrongs they committed in treating you so badly.' Now please forgive the sins of the servants of the God of your father." When their message came to him, Joseph wept. (Genesis 50:17, NIV)

The first place in the Bible where the word *forgiveness* is mentioned is here, at the end of the very first book in the Bible. It would be unthinkable that forgiveness in relationships would not be taught in Genesis, which is the book of *Beginnings*. In fact, every major doctrine of the Bible is either explicitly taught in Genesis or has its roots in this grand book.

Brothers against Brother

Joseph was one of twelve sons of a godly man named Jacob. While Jacob was a man of faith, he was also human. He favored Joseph more than he favored the other sons, and they were very aware of this favoritism (Gen. 37:3-4). In addition, Joseph was immature, even arrogant, in telling his brothers all about the lofty dreams he had. Though these dreams were from the LORD, Joseph should have known how they would be perceived by his brothers. Nevertheless, he enraged his brothers by insinuating that they would one day bow down to him, along with his mother and father (Gen. 37:5-11). The brothers naturally held a terrible grudge against Joseph.

As with all grudges, one day it erupted. The brothers' bitter hatred of Joseph incited them to consider murdering their own brother. Jesus noted a clear connection between such anger and murder. He said, **"You have heard that it was said to the people long ago, 'Do not murder, and anyone who murders will be subject to judgment.' But I tell you that anyone who is angry with his brother will be subject to judgment." (Matthew 5:21-22, NIV)** In family relationships, because of their intimacy and longevity, anger is a particular problem that needs to be dealt with early before it erupts into violence.

Reuben, the chief among the brothers, argued they should simply put Joseph into a pit, apparently desiring to free Joseph later when the other brothers were not around. Instead, Judah (the first born among the other brothers) convinced them to sell Joseph into slavery while Reuben was not around. Ishmaelite traders bought Joseph and sold him in Egypt. When Reuben found out he was deeply grieved but the deed had been done. To cover up their wickedness, the brothers dipped Joseph's coat in the blood of an animal to make their father believe Joseph had been killed by wild animals (Gen. 37:18-35). Ironically, the father grieved over his dead son, who was actually alive, while he lived with his other sons who were dead spiritually because of their bitterness and guilt.

> **In family relationships, because of their intimacy and longevity, anger is a particular problem that needs to be dealt with early before it erupts into violence.**

Joseph had been wronged by his brothers very early in life. Attempted murder, kidnapping, and slavery were all major offenses[2] against Joseph. We must realize that all human relationships are often marked by many minor offenses that can and should be overlooked in love (1 Pet. 4:8). Major offenses, though, create the need for forgiveness: a process designed by God to reconcile relationships in truth and in love.

As we see the life of Joseph unfold, we see God's hand in molding the heart of Joseph and melting the hearts of his brothers. Joseph's brothers had what they wanted. They were rid of their arrogant young brother. Nevertheless, they lived with guilt over the gross evil they had committed. Joseph's faith was tested to the extreme. From favored son to a lonely slave in Egypt, Joseph could have easily grown bitter and resentful toward God. Joseph, instead, had faith in God's goodness, in God's sovereign purpose for his life, and in God's promise to Joseph given through a dream.[3] He chose to view the unfortunate circumstances in light of God's bigger plan for his life.

> **Human relationships are often marked by many minor offenses that can and should be overlooked in love.**

---

[2] It is important for the Christian to learn what to overlook and what to confront. Some things are more important than others. And this varies between people – what may be no issue to one person may be particularly hurtful to another. If the issue causes you pain and you cannot let it go, then it may be a major issue that requires confrontation. If you are not sure, confide in an older, wiser believer for counsel. If it is not a major issue, then choose to overlook the issue in love (1 Peter 4:8). However, sometimes minor issues become a pattern of behavior that may then require confrontation.

[3] **Joseph had a dream, and when he told it to his brothers, they hated him all the more. He said to them, "Listen to this dream I had: We were binding sheaves of grain out in the field when suddenly my sheaf rose and stood upright, while your**

Brothers in Need

Much later in the book of Genesis, we find a famine has occurred that threatens the livelihood of Joseph's family. The father, Jacob, sends his sons to Egypt to buy grain. The brothers did not recognize Joseph who, through an incredible turn of events, sat exalted in the second highest position of power in the most powerful nation of that time. And so, Joseph's dream came true as the brothers bowed before him. Joseph, reunited with his brothers, has an opportunity to work through the process of forgiveness.

> **Joseph chose to view his unfortunate circumstances in light of God's bigger plan for his life.**

Joseph did not simply overlook what his brothers did to him. Theirs was a major offense. They had intended to kill him but settled on selling him into slavery. Either way, Joseph's life was taken from him by his brothers. When Joseph saw his brothers, he carefully arranged circumstances designed to test whether his brothers had changed. After all, it had been many years since he had last seen his brothers. Through Joseph's tests, the brothers acknowledged their guilt concerning Joseph and their sorrow over it (Gen. 42:21-22).

---

sheaves gathered around mine and bowed down to it." ... Then he had another dream, and he told it to his brothers. "Listen," he said, "I had another dream, and this time the sun and moon and eleven stars were bowing down to me." (Genesis 37:5-7,9, NIV)

Moreover, the elder brothers were willing to offer their own lives to save just one of their brothers (Reuben - Gen. 42:37, Judah - Gen. 43:8-10). Joseph saw their earnest repentance and Judah's desire to put his own life on the line for his brother (Gen. 44:30-34).

Brothers Together Again

From a human standpoint, Joseph certainly deserved to hold a grudge. He had been terribly mistreated. His brothers' behavior toward him was truly evil. But Joseph's tears and his plea, **"Come close to me" (Gen. 45:4, NIV),** clearly indicate he had chosen to forgive his brothers. They were repentant and Joseph was forgiving. He would no longer confront them with the wrongdoing, nor speak of it to others. Notice that Joseph did not forget what happened[4] yet bore no grudge at all:

But Joseph said to them, "Don't be afraid. Am I in the place of God? You intended to harm me, but God intended it for good to accomplish what is now being done, the saving of many lives. So then, don't be afraid. I will provide for you and your children." And he reassured them and spoke kindly to them. (Genesis 50:19-21, NIV).

Scripture tells the story of how good Joseph was to his family, including the brothers who had wronged him in the past. Joseph would undoubtedly still remember the event in his mind from

---

[4] The old adage to *forgive and forget* ignores the reality that the human mind is capable of remembering events for many, many years. It is nearly impossible to forget a tragic event. It is in the domain of one's faith to choose to forgive and, thereafter, choose to remember the evil no more.

time to time. But because he had already forgiven them, he would seek God's help to avoid resentment and bitterness.

Joseph wanted more than anything to have a relationship with his brothers again. Though he had been greatly wronged, Joseph chose by faith to forgive his brothers and pursue reconciliation. As second-in-command of all Egypt, Joseph even had the power to destroy them. But he chose to redeem them instead (just like God chose to redeem us through Christ rather than destroy us).[5] Joseph was looking beyond the reality of the hurt to the reality of God's kingdom (Hebrews 11:22). He also saw God's providence in the situation by giving him wisdom to save Egypt and his family from starvation. This enabled Joseph to forgive and triumph over the evil he endured.

> **This is the heart of the process of biblical forgiveness. No greater joy is to be found than in two people who are reconciled.**

Because Joseph wanted to maintain a deep, loving relationship with his brothers, he even counseled them not to be angry with themselves over the incident ever again (Gen. 45:5). Joseph encouraged his brothers to get the rest of his family and bring them to Egypt where he could provide for all their needs (Gen. 45:11).

Family relationships are complex because of the time factor. Let's face it; you are born into a family for a lifetime. You experience

---

[5] See Psalm 130:7-8, Galatians 3:10-14, Titus 2:13-14, 1 Peter 1:17-19.

a tremendous amount of life experiences with them, many of which are unpleasant. Some experiences, like Joseph's, are truly evil. Since no one can truly *forget* such experiences, they tend to color all future interactions within the family. Biblical forgiveness is a process that allows relationships to heal from such experiences and even grow stronger because of them. It is said that the scar tissue around a skin wound is actually stronger than the original skin. Such is the case with the relationship of two people who, after a major offense, confront the problem, repent of the sin committed, offer and receive forgiveness, and reconcile the relationship. The process is designed to purify and encourage righteousness on the part of both parties. Should we not then pursue God's perfect design for life, especially in the area of forgiveness?

Chapter One Small Group Study Guide

Scripture Passage: *Genesis 37; 42:6-24; 50:15-21*

Icebreaker – *What is the favorite story told whenever you get your extended family together (you know, the ones that usually embarrass at least one person in the family)?*

Observe

1. Did anyone grow up in a large family? If so, what was it like for you?

2. What were the issues that put pressure on Joseph's family relationships (Genesis 37:1-10)?

3. How did Joseph respond to the issues?

4. How did Joseph's brothers respond to the issues?

Learn

5. As a result of the evil actions of his brothers, Joseph was nearly murdered, enslaved, falsely accused of rape, and imprisoned for many years (Genesis 37:12-36; 39:13-18; 41:1,14).

   a. How would you feel if you were Joseph?

   b. Joseph seemed to have avoided bitterness and a desire for revenge (Genesis 41:16,37,51-52). What was the key to Joseph overcoming these natural human desires (Genesis 50:19-21)?

6. Why are families unique in their need for grace and forgiveness?

PORTRAITS OF FORGIVENESS

7. How did God's process of forgiveness work out in the lives of Joseph and His brothers (Genesis 50:21-22)?

> **Consider that the entire course of history would have been impacted if Joseph had withheld forgiveness. Jesus Christ, God's promised Messiah, was to be born of the family of Judah (Rev. 5:5), Joseph's brother. Had Joseph remained angry, he could have had his brothers and his entire family imprisoned (at best) or, most likely, put to death given Joseph's position. Either way, the family line of Messiah would have been broken.**

Apply

8. If Joseph was able to forgive his brothers for attempted murder, kidnap, and enslavement, can you work through the process of forgiveness in your own family relationships? How would you go about this task?

9. How will the future of the world be affected by your handling of family relationships?

10. What will your children and grandchildren learn about forgiveness from watching you?

2.
Forgiveness Triumphs Over Shame -
Jacob and Esau

Isaac prayed to the LORD on behalf of his wife, because she was barren. The LORD answered his prayer, and his wife Rebekah became pregnant ... When the time came for her to give birth, there were twin boys in her womb. The first to come out was red, and his whole body was like a hairy garment; so they named him Esau. After this, his brother came out, with his hand grasping Esau's heel; so he was named Jacob. Isaac was sixty years old when Rebekah gave birth to them. The boys grew up, and Esau became a skillful hunter, a man of the open country, while Jacob was a quiet man, staying among the tents. (Genesis 25:21,24-27, NIV)

These two brothers, Jacob[6] and Esau, were as different as the desert is from the ocean. Oh, they had the same mother and father. They were even twins. Yet they were different in looks, skills, interests, honor, faith, and destiny. Jacob stayed around the house and enjoyed cooking. Esau camped out in the woods, hunting and fishing regularly. Jacob smelled of the spices he used in the kitchen. Esau smelled of the animals he stalked (Gen. 25:27).

In all families, each child is born unique. From the same loins, parents can produce any number of children, each having individual traits. Such uniqueness is God-given as David extolled in Psalm 139:

For you created my inmost being; you knit me together in my mother's womb. I praise you because I am fearfully and

---

[6] Jacob later became the father of Joseph whom you read about in the first chapter.

wonderfully made; your works are wonderful, I know that full well. (Psalm 139:13-14, NIV).

The word translated **"wonderfully"** comes from the Hebrew *palah* meaning *to distinguish*.[7] Our Creator thought to make each person distinct in abilities, experiences, interests, strengths, and weaknesses - in every aspect of our humanity.

> **The same God-given qualities that make each person unique can also become the trigger for ongoing conflict among siblings.**

The Favored Child

As is often the case in families, these differences became the source of much conflict between Jacob and Esau. The differences were compounded by what we find in the next verse:

Isaac, who had a taste for wild game, loved Esau, but Rebekah loved Jacob. (Genesis 25:28, NIV)

With two very different children, and two parents who each played favorites, one can see major conflict on the horizon. Over the years, Esau's independence from the homestead led to an independent attitude regarding his family ties. Jacob longed for his father's favor but knew he would always be second to his brother, the hunter. In order to compensate for the love and recognition he sought from his father, Jacob became one who tricked, deceived, and

---

[7] From Strong's Hebrew and Greek Dictionaries, the word *palah* means "(literally or figuratively): -put a difference, show marvelous, separate, set apart, sever, make wonderfully."

manipulated situations and people to gain advantage. Jacob lived out the very name he received at his birth.[8] Eventually, this brotherly conflict exploded into a tragic family mess.

Once when Jacob was cooking some stew, Esau came in from the open country, famished. He said to Jacob, "Quick, let me have some of that red stew! I'm famished!" (That is why he was also called Edom.) Jacob replied, "First sell me your birthright." "Look, I am about to die," Esau said. "What good is the birthright to me?" But Jacob said, "Swear to me first." So he swore an oath to him, selling his birthright to Jacob. Then Jacob gave Esau some bread and some lentil stew. He ate and drank, and then got up and left. So Esau despised his birthright. (Genesis 25:29-34, NIV)

The birthright was a great privilege usually granted to the first-born son of a family. The greatest share of the family wealth was passed on to the son with the birthright. More importantly, the son with the birthright became the head of the family after the father passed away or became too feeble to lead the family. For Esau to have **"despised his birthright"** meant giving away more than just material wealth; it meant denying the very family that gave him life. But Esau did not care, at least for the moment. He had a world to explore.

Later, as Isaac neared the time of his passing from this world, he called for Esau to grant him the family blessing. While the birthright ceded the property and control of the family, the blessing

---

[8] Reference Gen. 25:26 where **"Jacob,"** in Hebrew, means *he grasps the heel.* This saying indicates one who cheats or takes advantage of another, reaching beyond what is yours to take what belongs to another.

granted honor and the prayer for future prosperity to the son. Rebekah, his wife, overheard this conversation. Since Jacob was her favorite, she conspired with Jacob to steal Isaac's blessing. Killing one of their young goats, Rebekah cooked up a savory stew for Isaac. Dressing Jacob up in Esau's clothes, she sent him to his father with the stew. Isaac questioned Jacob several times as to his true identity but Jacob pretended to be Esau each time. Finally, Isaac issued the family blessing to Jacob.

When Esau came back, he eagerly asked his father to eat the stew and grant him the blessing. Then the deceit became clear:

Isaac trembled violently and said, "Who was it, then, that hunted game and brought it to me? I ate it just before you came and I blessed him—and indeed he will be blessed!" When Esau heard his father's words, he burst out with a loud and bitter cry and said to his father, "Bless me—me too, my father!" But he said, "Your brother came deceitfully and took your blessing." (Genesis 27:33-35, NIV)

Esau no longer despised his birthright - he despised Jacob now. He determined to kill his brother as soon as the mourning period for his father had passed (Gen. 27:41). What a tragedy of conflict and deceit! Though Isaac was a godly man, he left a heritage of broken relationships. Favoritism over the differences between the two sons led to Jacob's deceitful behavior to gain his father's favor. The result was one brother with a murderous desire, the other brother with mortal fear, and a deceitful mother whose sons would soon leave home.

> **While no parent is perfect, Isaac and Rebekah surely contributed to the resentment that separated their sons.**

The Shame of Deceit

How did Jacob handle this ugly family situation? His normal path was to use trickery and deceit to get what he wanted. Inside, Jacob wrestled with the shame of his heritage. Though he had received the family birthright and blessing, Jacob knew it was gained through the lies he repeatedly told his godly father. The shame of this deceit became a major source of pain in his life.

The LORD spent many years working on Jacob's heart to bring him to a point of repentance. Esau also waited through many years of reflection to reach the point of being willing to forgive Jacob. Time can be a great tool for healing the hurts of family life. Time is often necessary for a person to gain a right perspective and priority on what happened. Time alone is not enough, though, to solve the problems of family life. There must be action taken by both the offended and the offender to bring about forgiveness and reconciliation.

Look at the major events in the lives of these two men:

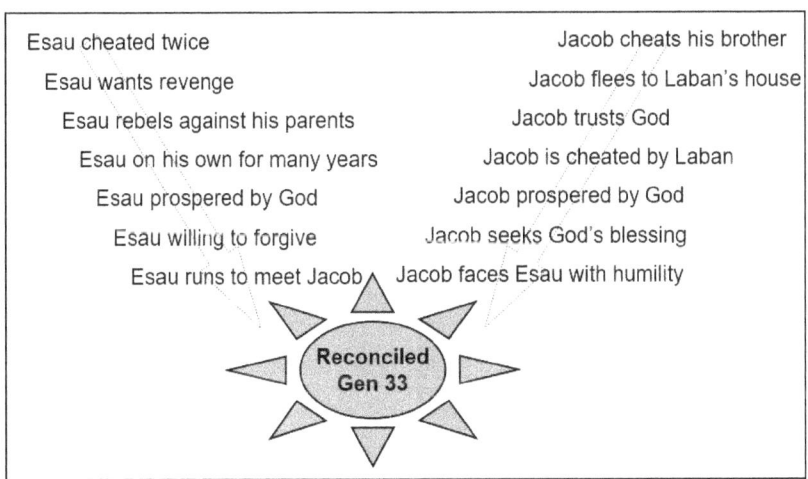

The Joy of Reconciliation

God was at work in the lives of both men to soften their hearts, give them perspective, and deal with the specific issues keeping them apart. For Jacob, this meant overcoming the shame of his deceitful blessing. It was at Peniel that Jacob finally wrestled with God to the point of realizing that God would not be manipulated or defeated by Jacob. The one who had spent a lifetime trying to prove his worth by his own strength and ingenuity was now face-to-face with the LORD Himself. The only blessing Jacob would receive – could receive – from God was the blessing of God's grace. In the end, God had to inflict a physical injury to Jacob's hip before Jacob gave up the struggle. Admitting to God that he was *Jacob* (meaning *the deceiver*), God finally gave Jacob the blessing of His grace. Jacob realized his struggle in life would not be won by his own strength and effort but by the supernatural hand of God at work in his life. Jacob's struggle with Esau would not be won with deceit or trickery but by trusting God for deliverance. And so God gave Jacob a new name, Israel.[9]

Esau, on the other hand, was plagued with bitterness. As his father Isaac prophetically spoke about him:

You will live by the sword and you will serve your brother. But when you grow restless, you will throw his yoke from off your neck. (Genesis 27:40, NIV)

---

[9] Genesis 32:28 – The name *Israel* means *He struggled with God.*

For many years, Esau lived with the burden of bitterness. Bitterness will poison your soul, if you hold onto it. The ironic thing about bitterness is that negative brooding never hurts the one that caused the offense. It just hurts the one who is bitter. It was over a long period of prosperous years that God worked in Esau's heart to give him the right perspective on the offense of his brother, Jacob. In the end, we see that **"Esau ran to meet Jacob and embraced him; he threw his arms around his neck and kissed him. And they wept." (Genesis 33:4, NIV)**

> **Time is often necessary for one to gain a right perspective and priority on what happened. Time alone, however, is never enough to bring about forgiveness and reconciliation.**

Shame is a strong barrier to forgiveness. One will hold back from pursuing most any form of relationship when shame is present. This is as true of our relationship with people as it is with God. Shame kept the first man and woman from enjoying fellowship with God (Genesis 3). And shame kept Jacob away from his brother for many needless years.

The shame that hinders fellowship and keeps people apart is conquered by the grace of forgiveness.

Grace is God's favor bestowed on every single person through His Son, Jesus Christ. Though none of us deserves it,[10] God

---

[10] "There is no difference, for all have sinned and fall short of the glory of God" (Romans 3:23, NIV). "For it is by grace you have been saved, through faith--and

pours out His grace solely because of His love for us. Forgiveness is possible when the one who is ashamed finally receives the blessing of God's grace. Realize that God does not bless you because you earn it or deserve it. The shame of man melts away in the glorious light of God's grace.

Is shame keeping you from trying to mend a broken relationship? Perhaps it is time that you accept the wonderful grace of God. Realizing God's blessing of grace is bestowed on you through Christ alone, you can stand upright once again. You can face the ones that caused your shame when you live with the blessing of God's grace. Or you can again face the ones you hurt if that is the source of your shame.

Understand also that God puts a premium on relationships. Never allow your own problem of shame to become more important than the people in your life. This is what kept Jacob from Esau for all those years. It may be keeping you

> **God is in the forgiveness business. He will surely be at work in your life and the lives of those involved.**

from taking the first step to meet and work things out. Make a commitment to the LORD God right now – determine to take that first step toward forgiveness no matter whether you are to forgive or be forgiven. God's grace overcomes your shame and enables you to reach out to others with a forgiving heart.

---

this not from yourselves, it is the gift of God-- not by works, so that no one can boast" (Ephesians 2:8-9, NIV).

Chapter Two Small Group Study Guide

Scripture Passage: *Genesis 25:21-34*

Icebreaker – *Ask everyone in the group to think of three facts about their lives growing up: two that are true and one that is not true. Then poll the group for each person to see if the group can guess which of the three are not true. Hint - the wilder the true facts the harder it will be for the group to guess the untrue fact.*

Observe

1. Because Jacob and Esau were so different (Genesis 25:27), what kind of conflicts would they have experienced growing up?

2. Isaac favored Esau, the hunter, and Rebekah favored Jacob, the cook. Do you think they realized the negative impact this favoritism had on their two sons?

3. Jacob experienced shame because of his deceitful manipulation of both his brother and his father. What effect did this have on his relationship with Esau?

Learn

4. Esau did not seem to care much for his family or for the LORD either. On the other hand, Jacob was a deceiver and a braggart. Neither seems worthy of special honor. Why then did God choose the line of Messiah to come through Jacob rather than Isaac's firstborn son (Hebrews 12:15-17)?

5. It is said that time is the great healer yet the author points out that time alone is not enough to reconcile a broken relationship.
    a. How did Jacob change during the many years he was away from Esau (Genesis 28:16-22, 29:25-30, 31:3-9, 32:6-12, 22-30, 33:8-11)?

    b. How did Esau change during the many years he was away from Jacob (Genesis 28:8-9, 32:3-6, 33:4-5)?

6. Jacob had no rest in his relationship with God until he worked things out with his brother. Is this a general principle of faith for all believers (consider Matthew 5:21-26 and 1 John 4:19-21)?

Apply

7. As you were growing up, did one or both of your parents show favoritism toward you? How did your parent's partiality affect your relationship with your brothers or sisters?

8. What family relationship is broken in your life? Is shame keeping you from trying to work things out?

9. In your own broken family relationship, consider how God has been working in your life and in the life of your family. Draw courage from God's work in Jacob's life. What concrete steps can you take to reach out in forgiveness and reconciliation?

3.
Forgiveness Triumphs Over Ungratefulness -
The Prodigal Son and His Father

Jesus continued: "There was a man who had two sons. The younger one said to his father, 'Father, give me my share of the estate.' So he divided his property between them. Not long after that, the younger son got together all he had, set off for a distant country and there squandered his wealth in wild living." (Luke 15:11-13, NIV).

This parable told by Jesus is a timeless one. We all know of children who grew up with a rebellious attitude toward life in general and toward parents in particular. Perhaps you were even one of those children? The rebellion of the younger son in Jesus' story is followed by the predictable heartache of living with its severe consequences. What is not so predictable is the contemplation of the son and the conciliation of the father. In our own life experiences, we long for the rebellion to turn to humility. We hope against hope that an offended family member will be willing to forgive. Consider the course of this particular story of rebellion and how it moved from tragedy to triumph.

The Ungrateful Child

As this parable begins, the younger son demands his inheritance from his father. Jewish law allowed the younger son to have a portion of his father's estate. In fact, the first-born son would receive a double portion. The remainder would be equally divided among the remaining sons. But no son was entitled to demand this inheritance while his father was alive. This only serves to heighten the younger son's guilt before God and family.[11]

After he had spent everything, there was a severe famine in that whole country, and he began to be in need. So he went and hired himself out to a citizen of that country, who sent him to his fields to feed pigs. He longed to fill his stomach with the pods that the pigs were eating, but no one gave him anything. "When he came to his senses, he said, 'How many of my father's hired men have food to spare, and here I am starving to death! I will set out and go back to my father and say to him: Father, I have sinned against heaven and against you. I am no longer worthy to be called your son; make me like one of your hired men.' So he got up and went to his father." (Luke 15:14-20a, NIV).

The younger son was terribly ungrateful. He lived in a home with a loving father who provided everything for his son. Why then did the son rebel? For that matter, why does any child rebel in a loving home? It is impossible to say specifically for the younger son. All we can point to is the sinful nature present in all people. We all have an inherent nature that is tilted toward selfishness.[12] An ungrateful attitude comes directly from this selfish predisposition. The younger son may simply have acted on his

> **What a mystery we find in bad parents raising children who become model citizens and good parents who do all the right things but have rebellious children.**

---

[11] Edersheim, Alfred. The Life and Times of Jesus the Messiah. Wm. B. Eerdmans Publishing Co.: Grand Rapids, Michigan. Sixth Printing, August 1977. Volume Two, Book IV, p. 259.

[12] Sinful nature of humans - see Romans 7:4-6, 7:25-8:8, 1 Corinthians 5:5, Galatians 5:13-26, Colossians 2:13-14, 2 Peter 2:9-11.

basic human nature. Unfortunately, this is all too common in families today. The most heartbreaking and incomprehensible event imaginable is when a child utterly rebels against two parents who have given themselves to loving and nurturing that child.

While we do not know for certain, the father seems to be one who conscientiously raised his son to love the LORD and His commandments. Yet, the son's stubborn refusal to accept the good word of his father led to a long, tragic period of rebellion.

The Unfortunate Consequences

A rebellious child must see the consequences of living with an attitude of ungratefulness. Often a parent will try to insulate a rebellious child from the consequences of their sinful choices. Perhaps they think they are protecting the child. Perhaps the parents are simply trying to avoid the embarrassment they feel. But consequences surely follow your sin:

> **All actions, whether good or bad, have consequences. It must be this way for us to learn.**

Do not be deceived: God cannot be mocked. A man reaps what he sows. The one who sows to please his sinful nature, from that nature will reap destruction; the one who sows to please the Spirit, from the Spirit will reap eternal life. (Galatians 6:7-8, NIV).

The younger son squandered everything his father had given him and still asked for more. Yet he reached a time and place where there were no more handouts. No one would give him anything. He became so desperate that he envied the portion of food relegated to the pigs. That is about as low as a person can get! For the largely Jewish audience to whom Jesus addressed this parable, to take care of pigs would be unthinkable shame. To relish the food the pigs were eating would bring them to total revulsion.

"When he came to his senses" (Luke 15:17, NIV) is the turning point. First, the young man finally began to think realistically about his present situation that contrasted so sharply with his former circumstances. He was shocked into a startling revelation: *Even my father's servants have a better life than I do.* Note that the Bible teaches, for good reason, that we should think about things that are true, noble, just, pure, lovely, of good report, virtuous, and praiseworthy (Phil. 4:8). The word *true* emphasizes what is real versus not real as opposed to true versus false. We all need a good dose of reality thinking.

Reality thinking gives you the right perspective on God, yourself, and life in general.

Only through living the consequences of his evil decision, and through reality thinking about his past and present life, did the prodigal son turn. Some people simply accept what they are told they should do and things to avoid. Others, like the prodigal son, will not accept your word (or even God's word), choosing rather to test everything. In this case, the father was fortunate that his son did not die in his wild experimentation phase. Not everyone receives this particular mercy from God.

Second, there were clear marks of repentance in the life of this young man. This is a good illustration of how you and I must repent when we have wronged someone. The young son acted decisively:

- Turned away from his life of sin – **"So he got up and went to his father." (Luke 15:20, NIV)**

- Freely admitted his sin to God and to his father – **"Father, I have sinned against heaven and against you." (Luke 15:18, NIV)**

- Humbly asked to be taken back home – **"I am no longer worthy to be called your son; make me like one of your hired men." (Luke 15:19, NIV)**

The young son did not in any way try to justify or excuse his prodigal living. He sought only his father's mercy. Not only had the young son thought realistically about his ridiculous choice to rebel but he also thought realistically about his father's love. He remembered the years of labor by his father to provide a good home. He thought of the consistency of his father's love throughout his life, even when he demanded money and left home. Perhaps he thought of the tears in his father's eyes as he turned his back and walked away. The young son arose to go back home with the hope of his father's compassion.

The Unswerving Compassion

Why would this father consider forgiving his son? After all, the son had greedily demanded half his estate. Think of how you would feel if you were the father of this child:

- I do not deserve to be treated this way.

- He made his own choice to rebel.

- I did not raise him this way.

- He does not deserve to be treated as my son anymore.

Then again, the father may also have wondered what he had done wrong. You may also have shared this fear as the parent of a rebellious child. But God has given each of us the freedom to make choices. Every child reaches an age when he (or she) begins to think and make choices on his own. Every parent must learn to allow a child to make increasingly responsible decisions, and live with the consequences whether they are good or bad. Parents must lead children with love, offer words of wisdom, and encourage them to make the right choices.

> **Allowing your child to face the consequences of his/her choices is heart wrenching but absolutely essential to the child's development into a responsible adult.**

God deals with each one of us as a good Father would. He calls each of us to believe in Him. God does not put a whip to our backs or a gun to our heads and demand that we worship Him. Rather, He pours out His grace and kindness with a gentle call:

I tell you the truth, whoever hears my word and believes him who sent me has eternal life and will not be condemned; he has crossed over from death to life. (John 5:24, NIV)

In these words, one can find the hope of God's mercy. Note also the contrast of a life lived without faith in God (rebellion is likened to *death*) to a life that follows repentance and belief (turning to God brings *everlasting life*). If a holy God can extend mercy to you when you repentantly turn to Him, how much more should we extend mercy to those people in our lives that turn back to us in humility?

Having allowed the younger son to leave home, the father now had to choose how to respond to his rebellious son's return.

But while he was still a long way off, his father saw him and was filled with compassion for him; he ran to his son, threw his arms around him and kissed him. The son said to him, "Father, I have sinned against heaven and against you. I am no longer worthy to be called your son." But the father said to his servants, "Quick! Bring the best robe and put it on him. Put a ring on his finger and sandals on his feet. Bring the fattened calf and kill it. Let's have a feast and celebrate. For this son of mine was dead and is alive again; he was lost and is found." So they began to celebrate. (Luke 15:20b-24, NIV).

The compassion of the father was obvious. He ran to his son, not waiting for the errant son to get to him. The father expressed his love for his son, putting a robe and sandals on him and giving him a ring. Rather than waiting for the words of confession, the father saw in the young son's return the expression of repentance. There were no angry words of condemnation; instead, there was a call for a feast.

The triumph of forgiveness over ungratefulness comes through such compassion. The rebellious child will surely face the consequences of an ungrateful heart. But coming home, no easy task for a wayward child, can be a time of great rejoicing. In fact, this is one of the points Jesus was making in Luke 15. He told three parables that each illustrate clearly that redemption brings rejoicing, not condemnation:

- **A shepherd left his flock** of 99 sheep to search for the one lost sheep. Upon finding it, the shepherd did not scold the animal but expressed great joy over finding the sheep that was lost (Luke 15:3-7).

- **A woman lost a coin** and diligently searched through her house until she found it. Upon finding it, she did not shove it into a box but called all her neighbors to let them know her joy over finding the coin (Luke 15:8-10).

- **A father whose son was lost** to rebellion and wayward living kept watching and praying for his son's return. Upon finding his repentant son, the father did not strike him down but lifted him up before his neighbors with a great feast (Luke 15:11-24).

The father had a heart big enough to love his prodigal son while he was still a prodigal. The father did not allow bitterness to fester and grow during this time. He was watching, praying, choosing to love, and willing to forgive.

A heart that is willing to forgive is a heart that will be filled with rejoicing when redemption becomes reality.

Will you be as quick to forgive when your wayward child returns home? Will rejoicing be your response to a penitent child's return? Do you look forward to punishment or reconciliation with those who have taken advantage of your grace and kindness? Forgiveness can triumph over ungratefulness when you offer compassion to the penitent heart.

Compassion is how God always responds to your own repentance. Can you offer any less?

Chapter Three Small Group Study Guide

Scripture Passage: *Luke 15:11-31*

Icebreaker: *Growing up, were you the wild child or the good kid? Take a poll of the group just for fun...*

Observe

1. The prodigal son grew up in an apparently affluent family with a loving father (Luke 15:11-12).
   a. Why do you think the son rebelled?

   b. Would you have given the ungrateful son his inheritance – why or why not?

2. The prodigal quickly squandered his wealth and had to get a highly distasteful job (for one reared in a Jewish family) – taking care of pigs. Even so, the son was living in poverty and starving (Luke 15:13-16).
   a. How did God use the son's circumstances in the process of forgiveness?

   b. What was the turning point for the son (Luke 15:16-19)?

Learn

3. How did the son demonstrate repentance for his ungratefulness (P. 48, POF)?

4. The father was watching and hoping for his son's return (Luke 15:20). If you were the young man's father, how would you pray for this prodigal?

   a.

> Salvation is found in no one else, for there is no other name under heaven given to men by which we must be saved. (Acts 4:12, NIV)

   b.

> Do not be misled: "Bad company corrupts good character." Come back to your senses as you ought, and stop sinning; for there are some who are ignorant of God—I say this to your shame. (1 Corinthians 15:33-34, NIV)

   c.

> His sons used to take turns holding feasts in their homes, and they would invite their three sisters to eat and drink with them. When a period of feasting had run its course, Job would send and have them purified. Early in the morning he would sacrifice a burnt offering for each of them, thinking, "Perhaps my children have sinned and cursed God in their hearts." This was Job's regular custom. (Job 1:4-5, NIV)

5. How did God's process of forgiveness work out in the lives of the prodigal son and his father (Luke 15:22-32)?

Apply

6. If a rebellious child is not disciplined and does not suffer the consequences of his/her choices, how likely is the child to repent?

7. Like the compassionate father, how does God's love for you change during times of rebellion?

8. What is the guaranteed result of humble confession of your sin to someone who loves you (like the compassionate father)?

9. How would God respond to you as you turn back to him after years of prodigal living?

Part II.
Forgiveness in Church Life

It is peculiar that a section on forgiveness should be necessary for the church. The church is that body of believers in the forgiveness of God offered, bought, and paid for by His Son, the LORD Jesus Christ. Being recipients of the divine forgiveness of God, believers should be the most forgiving people around. Yet every church can testify to certain members that have a bitter, spiteful, and unforgiving spirit about them.

Part of this oddity has to do with the deep convictions that believers have about God's word. It can be both strength and weakness. Conviction based on truth and motivated by love creates the most powerful human force in the world. Yet conviction based on truth but motivated by pride, guilt, fear, or anything else is a dangerous weapon when discharged. Since believers tend to have strong convictions, wounds are deep and the pride that refuses to forgive or seek forgiveness is equally strong. So this section specifically addresses congregational situations where forgiveness is needed, painting a picture of how God works in the lives of His people to bring about repentance and reconciliation.

4.
Forgiveness Triumphs Over Selfishness -
Moses and the Wilderness Church

So Moses went back to the LORD and said, "Oh, what a great sin these people have committed! They have made themselves gods of gold. But now, please forgive their sin—but if not, then blot me out of the book you have written." (Exodus 32:31-32, NIV)

Are there any selfish people in your place of worship? If so, you are not alone. As long as human beings are found in an organization, even in a community of faith, selfish people will be found there. Moreover, it is highly probable that every person in your life will, at one time or another, become selfish. Now, how would you like to be in charge of a whole church called the *First Church of the Selfish*? Moses was the leader of the Hebrew people, the deliverer called by God to bring them out of their bondage in Egypt. Of course, it was Almighty God who delivered the Hebrew people, not Moses himself. Moses had been called by God to lead His people out. It was God who performed the miracles and brought ten devastating plagues on Egypt until Pharaoh agreed, reluctantly, to let the Hebrews go free. Nevertheless, many of the Hebrews still attributed the work to Moses: **"As for this fellow Moses who brought us up out of Egypt, we don't know what has happened to him." (Exodus 32:1, NIV)**

> **As long as human beings are found in an organization, even in a community of faith, selfish people will be found there.**

It is this self-centered view of life that kept the Hebrew people in trouble during their exodus. The Hebrew congregation was characterized as a **"stiff-necked people" (Exodus 32:9, NIV)** meaning very stubborn in their ways. Though God had graciously delivered them from slavery, they selfishly decided to live life on their own terms. During their journey from Egypt to the Promised Land, God's chosen people whined, complained, and rebelled against God's constant provision and protection. It seems they insisted on straying from God's commandments. Such selfishness is not limited to the ancient times. If you think about it, perhaps we are more like the Hebrew people than we would like to admit.

A Spiritual Low

When the people saw that Moses was so long in coming down from the mountain, they gathered around Aaron and said, "Come, make us gods who will go before us. As for this fellow Moses who brought us up out of Egypt, we don't know what has happened to him." Aaron answered them, "Take off the gold earrings that your wives, your sons and your daughters are wearing, and bring them to me." So all the people took off their earrings and brought them to Aaron. He took what they handed him and made it into an idol cast in the shape of a calf, fashioning it with a tool. Then they said, "These are your gods, O Israel, who brought you up out of Egypt." (Exodus 32:1-4, NIV)

The Hebrew people were uniquely blessed to have been visited by God at Mount Sinai[13] where they were given His *Ten*

---

[13] The actual mountain is not defined in Scripture but it is somewhere in the Sinai Peninsula, most likely the southern part along the circuitous route the Hebrew people took to reach Palestine.

Commandments.[14] As we see in verse one, Moses was gone for a long time (forty days, c.f. Exodus 24:18) to receive further instructions from the LORD. While their spiritual leader was gone, the people strayed even further from the one true God Jehovah. Starting with the first commandment, **"You shall have no other gods before Me" (Exodus 20:3, NIV)**, they abandoned the law of the LORD, took gold from their jewelry, and fashioned an idol in the shape of a calf. The Hebrew people, who had been miraculously delivered by God from an idolatrous land, were now worshiping the same worthless Egyptian idols that had no power to fight the one true God and His ten plagues of judgment. In spite of how ridiculous this seems, the people turned their hearts away from God completely. Note that they attributed their deliverance to the man, Moses, rather than the Almighty God whom Moses served.[15]

> **When the spiritual leader is not leading, people will stray.**

A Spiritual High

Meanwhile, Moses was in the presence of the LORD on Mount Sinai. It was there that God gave Moses instructions for the Hebrew people in addition to the Ten Commandments. During forty days of worship, communion, and instruction with the Creator, Moses enjoyed perhaps the most unique experience as a human.

---

[14] Exodus 20:1-21.

[15] Moses was often referred to as the **"servant of the LORD" (Exodus 14:31; Numbers 12:8; Deuteronomy 34:5; Joshua 1:1,13,15, 8:31,33,11:12, 12:6, 13:8; 2 Kings 18:12; 2 Chronicles 1:3, 24:6,9; Nehemiah 10:29; Revelation 15:3)**.

And in a bold moment, Moses asked the LORD, **"Now show me Your glory." (Exodus 33:18, NIV)** Though God made it clear that no one in the flesh could see God in all His glory, He graciously granted the request and allowed Moses to see His receding glory. So fantastic was this experience that Moses' face literally glowed for many days.[16] Having spent forty days in intimate communion with God, you can easily understand how close he was to God at this point. His love for the LORD was at an all-time high. The closer one gets to our holy God, the more clearly we see the tragedy of sin and its great offense to God's name.

> **God's holiness is a startlingly clear mirror that reveals darkness in our own soul.**

A Spiritual Confrontation

The selfishness of the Hebrew people brought great offense to God and, therefore, to Moses. Imagine how Moses must have felt coming down from this mountain top experience to see the Hebrew people worshiping and celebrating a golden calf idol. The Bible tells us:

[19] When Moses approached the camp and saw the calf and the dancing, his anger burned and he threw the tablets out of his

---

[16] See Exodus 33:12-21. Speaking in anthropomorphic terms (attributing human characteristics or descriptions to use in describing God), God said, **"You cannot see My face, for no one may see Me and live" (Exodus 33:20, NIV)**. The LORD hid Moses behind a rock, caused all His goodness to pass by, and allowed Moses to see just the remnants of His glory. In so doing, the face of Moses glowed for some time after that (Exodus 34:29-25).

hands, breaking them to pieces at the foot of the mountain. [20] And he took the calf they had made and burned it in the fire; then he ground it to powder, scattered it on the water and made the Israelites drink it. (Exodus 32:19-20, NIV)

Moses was so angry he shattered the original set of the Ten Commandments. What an awful mess! The greatest injustice for Moses is that it was his own brother, Aaron, who participated in this tragedy. The congregation failed him by selfishly resisting the grace of God. His brother failed him by leading this selfish indulgence. Moses' heart broke out of anguish over the holy God he loved so much and this stubborn congregation who resisted God so much.

Suppose you were God and this Hebrew congregation was one of your churches. What would you do? Perhaps you would just wipe them out and start over.[17] Maybe you would send a bolt of heavenly fire to burn the church building and scatter the people? Or perhaps you would show up in person, in all your blazing glory, and force them all to bow before your power?

Many a church has tested God in the same manner as the Hebrews. We rarely forge idols of metal or stone or wood. Our idols are more subtle. They are the things that attract us away from worshiping God with a whole heart, divide our interests, and gradually consume our devotion.

The first of the Ten Commandments is **"I am the LORD your God, who brought you out of Egypt, out of the land of**

---

[17] This was actually God's proposal to Moses – to destroy all the Hebrew people and then bless Moses with many descendants to form a new Hebrew people (Exodus 32:10). Only because of Moses' great concern for God's reputation and his intercession for this stubborn congregation did God extend mercy to them (Exodus 32:11-14).

slavery. You shall have no other gods before Me." (Exodus 20:2-3, NIV) Biblically, this means an idol is anything you will:

- Sin to get

- Sin if you do not get it

- Sin to keep[18]

What is your idol? You may say, *"Well, I have no idols!"* Consider some of the issues below that become idols for many people:

- A job that is so important to you that you neglect time with your spouse and important events in the lives of your children.

- An immoral relationship that makes you feel good but results in spiritual insensitivity to what God has said about right and wrong.

- A recreational sport that drains your bank account of money and the time you could and should be spending in service to the LORD.

Take a few moments to honestly consider if there are any idols in your life. Maybe they are not carved metal images that you bow down to but they can be just as real and just as deadly.

Moses had to deal with widespread idolatry in this congregation. His radical steps toward purging this evil included grinding the golden calf idol, mixing it with water, and making them all drink from it. After this, he took a sword and confronted

---

[18] Source unknown. Various definitions of an idol with similar points abound in different print and internet sources. The originator remains unknown.

everyone who would not take a stand for the LORD. Around 3,000 people died as a result of their selfish, stubborn defiance of God. And this number did not include the plague the LORD inflicted on them later for their great sin.

A Spiritual Solution

How do you reach people who are genuinely selfish? You show them forgiveness. Look at the heart of Moses:

The next day Moses said to the people, "You have committed a great sin. But now I will go up to the LORD; perhaps I can make atonement for your sin." So Moses went back to the LORD and said, "Oh, what a great sin these people have committed! They have made themselves gods of gold. But now, please forgive their sin - but if not, then blot me out of the book you have written." (Exodus 32:30-32, NIV)

Though Israel sinned greatly, Moses' self-sacrificial love for them drove him to seek God's forgiveness. For a people who did not deserve any mercy Moses continued to love them and intercede with God on their behalf. He went back before the LORD to see if God would be willing to forgive them. And Moses put it all on the line. He acknowledged the greatness of their sin but asked God only for His forgiveness. He offered no defense, no excuses, no blame shifting, no conditions, no minimizing what happened – just the truth.

> **For a people who did not deserve any mercy, Moses continued to love them and intercede with God on their behalf.**

In perhaps the second greatest act of self-sacrifice, next only to our LORD Jesus on the cross, Moses pleads with God: **"please**

forgive their sin-but if not, then blot me out of the book you have written." (Exodus 32:32, NIV) Moses wanted God to forgive them so badly he was willing to have his own life taken from the presence of God forever.[19] Moses' love for the Hebrew people was so great he would rather be swept away from them altogether than to live without them. That is self-sacrificing love. That kind of love makes a difference in your families, work place, and church. It was this love that drove Moses to seek forgiveness for his **"stiff-necked people."**

Forgiveness sought on behalf of one who does not want it will have tremendous impact on everyone who knows of it, especially those who are selfish and uncaring. Only a flesh and blood example will open their eyes to the reality of God's forgiveness.

> **Forgiveness, driven by self-sacrificing love, will triumph over the selfish person and the selfish church.**

Moses' example typifies what Jesus Christ offered to a selfish, rebellious world. Jesus offered His perfect love and perfect life as a sacrifice for you and me, indeed, for the whole world.[20] His forgiveness towers over the highest precipice of human pride to offer hope and life to a darkened soul.

---

[19] The book referenced by Moses was God's book of life. This is the idea of God keeping a record of every person and every deed. To be removed from this book would mean eternal damnation (see Revelation 20:11-15).

[20] See 1 Peter 3:18 and 1 John 2:2.

The Hebrew people might be called the *Wilderness Church*. God forgave their sin for the sake of His name. But the consequences of sin follow a person like the scorching desert sun. Because they would not draw near to the gracious LORD who offered forgiveness, the adults spent forty years wandering around in the desert until they died. They were prevented from ever entering the Promised Land.

> **The greater the need, the greater the love that is required to meet that need.**

Perhaps you know of or are involved in a *Wilderness Church*. Will you stand in the gap like Moses to seek forgiveness on their behalf? Will you love them sacrificially and completely whether or not they ever respond to your love? If not, consider very carefully what else could possibly get through to selfish people. Forgiveness is the greatest need. Love, genuine love, does whatever it takes to meet the greatest need and expects nothing in return. So the greater our need, the greater the love that is required to meet that need. Moses went to his knees before God. Jesus went to the cross. What will your *Wilderness Church* require of you?

PORTRAITS OF FORGIVENESS

Chapter Four Small Group Study Guide

Scripture Passage: *Exodus 32:1-35*

Icebreaker: Tell me about the *good old days* – what was so good about those days?

Observe

1. Why do we cling to the past when present circumstances are difficult?

2. The Hebrew people were slaves of a cruel master in Egypt. God worked through Moses to free them. How did they react to their good fortune (Exodus 15, 16, 32, Exodus 32, Numbers 11, 14)?

3. Moses went up the mountain at Sinai to meet with the LORD who had freed the Hebrews. After a month, the people gave up on Moses. They wanted to move on to another leader.
   a. If your pastor was gone on a spiritual retreat for 40 days with no ability to contact him, how would you handle it?

   b. Why do you think the Hebrews were so quick to dismiss Moses (and therefore God)?

Learn

4. Moses saw the golden calves and the debauchery of the congregation. In his anger He destroyed the original tablets containing the Ten Commandments. Was he justified in this?

5. What is the only solution to idol worship?

6. Moses prays for the congregation by referencing their **"great sin." (Exodus 32:31, NIV)** Is there a legitimate distinction between major sins and minor sins?

7. What are the steps Moses took in dealing with the major sins of this wilderness church?

    Exodus 32:20
    Exodus 32:21-22
    Exodus 32:25-29
    Exodus 32:31-32

8. How did God's process of forgiveness work out in the lives of the Hebrew people?

Apply

9. Consider whether there are idols in your own life.
    a. Take some time to make a few "potential idol" lists – these questions will help you get started:

        - What things dominate your thoughts each day?
        - On what things do you consistently spend (or overspend) money?
        - If you counted your time last week in one-hour time slots, what are the top five?

    b. An idol is the object of your selfishness. Look at the lists you made in question #2 and seriously ask yourself:

        - Am I sinning to get this idol?
        - Do I sin if I don't get this idol?
        - Am I willing to sin to keep this idol?

**There is only one way to deal with an idol –
destroy it before it consumes you.**

10. Even in the face of great sin, Moses stood in the gap for the Hebrew people. He offered his life in exchange for their salvation.

   a. How do you pray for those who have hurt you?

   b. How have you shown self-sacrificing love for the selfish people in your own life?

   c. What concrete steps can you take to meet their real needs as opposed to their selfish ones?

5.
Forgiveness Triumphs Over Immorality -
Paul and the Corinthian Believers

It is actually reported that there is sexual immorality among you, and of a kind that does not occur even among pagans: A man has his father's wife. And you are proud! Shouldn't you rather have been filled with grief and have put out of your fellowship the man who did this? (1 Corinthians 5:1-2, NIV)

Sometimes a church will experience the moral failure of one of its members. When this happens, great turmoil often develops in the heart of the congregation. Emotions run from anger over the offense, despair over the shame brought to the name of Christ, grief for the one hurt by this offense, sometimes even to a prideful defense of the one who failed. After all, such a person is loved deeply by some in the congregation who are willing to stick by that person in spite of his or her failure. Conflict is the most likely outcome in such circumstances as some support the wounded, some the offender, and others oppose both just because of the shock over what happened.

How does the process of forgiveness help in such a situation? In today's secular world, the expectation is that no one is perfect and it is a bigger offense to lie and cover up moral failure than to acknowledge it was simply a *mistake*. Should moral failures be excused on this basis? The secular world's idea of forgiveness does nothing to

> **The secular world's idea of forgiveness does nothing to improve the morality of the offender nor to promote reconciliation.**

improve the morality of the offender nor to promote reconciliation. Change must first take place in the heart of the offender.

Embarrassing Immorality

The Apostle Paul found a grievous situation in the church at Corinth. The city in which this church was formed was a large, wealthy, and decadent place. Being a congregation of new believers, they had not had much time to learn to become like Jesus. They were immature in their faith. As a result, the ways of the world were still deeply ingrained in their habits (*patterns of living*) and world view (*patterns of thinking and believing*).

In this church, sexual immorality was present among members of the church. In fact, there was a man who was living with **"his father's wife!" (1 Corinthians 5:1, NIV)** While this might be a reference to his natural mother, it is written in a way suggesting it was his stepmother. Regardless of the specifics, the point is that he was having sexual relations with a woman who was not his own wife. And this woman was married to his father making it an incestuous relationship that should clearly be condemned. To compound this problem, the Corinthian believers were proud of their tolerance in this situation. **"And you are proud! Shouldn't you rather have been filled with grief" (1 Corinthians 5:2, NIV)**, says the Apostle. Rather than anger or sorrow over the egregious sin, the church thought itself to be progressive, diverse, modern, and forward-looking.

Enforcing Morality

The process of forgiveness requires a consistent moral stand, particularly when a large group of people are affected. Sinful offenses create all kinds of unusual moral dilemmas and decisions that often must be made from choices that are only bad or worse. The only way to work through the confusion is with the solid, unchanging truth of God's word. This is what the Apostle Paul did for the church in Corinth. He made it clear that what was going on was sinful. The man was not *using poor judgment* or *making a mistake* or any other description intended to minimize the issue and deflect blame. It was *sexual immorality*, a word from the original Greek language, *porneia*, meaning illicit sexual intercourse including adultery.[21] He even pointed out that even the Gentiles (*non-Jews and typically unbelievers*), who did not have God's revelation, were not known for engaging in such flagrant immorality.

> **The process of forgiveness requires a consistent moral stand based on the unchanging truth of God's word.**

In these first two verses, Paul confronts the offender with a clear moral lapse. It is a critical first step that the offense be clearly named so that the offender has opportunity to confess and forsake it.[22] Forgiveness is meaningless where there is no offense. It is

---

[21] Vine, W.E., Unger, Merrill F., and White Jr., William (1985). *Vine's Expository Dictionary of Biblical Words*. Thomas Nelson Publishers: Nashville, Tennessee. p. 252.

[22] **"He who conceals his sins does not prosper, but whoever confesses and renounces them finds mercy." (Proverbs 28:13, NIV).**

equally meaningless when the offender thinks he or she has done nothing wrong. This is the same way God deals with us. God can only forgive sin. As long as we continue to act as though we have not sinned, His forgiveness eludes us.[23] But when we confess that we **"...have sinned and fall short of the glory of God" (Romans 3:23, NIV),** God's forgiveness comes into play.

What does it take to get someone to the point of acknowledging a sinful action? In some cases it takes a gentle word. In other cases it takes severe consequences. For the man in the Corinthian church, it took being expelled from the church fellowship to realize the seriousness of his sin:

> **God can only forgive sin. As long as we act as though we have not sinned, His forgiveness eludes us.**

Even though I am not physically present, I am with you in spirit. And I have already passed judgment on the one who did this, just as if I were present. When you are assembled in the name of our Lord Jesus and I am with you in spirit, and the power of our Lord Jesus is present, hand this man over to Satan, so that the sinful nature may be destroyed and his spirit saved on the day of the Lord. (1 Corinthians 5:3-5, NIV)

His witness for Christ was destroyed and his love had grown cold. He was sinning and loving it. The wayward soul lost his opportunity to worship with other believers, to serve God in the local church, and to enjoy his important friendships. He was exposed to the world without the support and prayers of the saints.

---

[23] "If we claim to be without sin, we deceive ourselves and the truth is not in us... If we claim we have not sinned, we make him out to be a liar and his word has no place in our lives." (1 John 1:8,10, NIV).

Worst of all, his fellowship with God was broken because of his stubborn insistence on sexual sin. The Psalmist wrote, **"If I had cherished sin in my heart, the Lord would not have listened." (Psalm 66:18, NIV)** When King David committed sexual sin with Bathsheba and tried to hide it from God and everyone else for more than a year, he wrote of the pain of lost fellowship with God, **"When I kept silent, my bones wasted away through my groaning all day long. For day and night your hand was heavy upon me; my strength was sapped as in the heat of summer." (Psalm 32:3-4, NIV)**

> **Our ability to experience God's love and blessing is dependent upon an honest and pure relationship with Him.**

Encouraging Forgiveness

The only prayer that will be effective is a prayer of repentance – a turning away from sin and toward the righteous LORD Jesus. Some people persist in a sinful state for a long time before they turn. Some people never turn back. Paul indicated this possibility when he said, **"hand this man over to Satan, so that the sinful nature may be destroyed and his spirit saved on the day of the Lord." (1 Corinthians 5:5, NIV)** This indicates he had not lost his salvation but was at risk of being taken out of the world so that he could not damage the body of Christ further. No one knows the heart of a person like the LORD.[24] He knows our inner struggles, the conflict of desiring what is right as well as what is wrong. He knows the weaknesses in which we are all tempted and often fail. He knows that the best solution for an unrepentant heart is to be exposed to *only* what the world has to offer. Rest assured that God will use whatever drastic measures are necessary to draw a wandering Christian back to faith in Him, if it is at all possible.

The man persisted in his sin for a time but he finally repented. He returned to faith in Christ and to His church. In another letter, Paul wrote to this same church and commanded them:

If anyone has caused grief, he has not so much grieved me as he has grieved all of you, to some extent—not to put it too severely. The punishment inflicted on him by the majority is sufficient for him. Now instead, you ought to forgive and comfort him, so that he will not be overwhelmed by excessive sorrow. I urge you, therefore, to reaffirm your love for him. The reason I wrote you was to see if you would stand the test and be obedient in everything. (2 Corinthians 2:5-9, NIV)

Because he had confessed and forsaken his sin, the man found forgiveness from the LORD. Believers in the church were also to forgive the man, even though his sin was quite severe. Paul told them to forgive him, comfort him, and reaffirm their love for him. This was quite a test of faith for those who were close to this situation. The disgust, anger, indignation, and sorrow over the blatant sexual sin were a big obstacle to forgiveness. No one ever wants a truly guilty person to be *let off the hook*, except perhaps when

---

[24] Only God knows our inner thoughts, motives, desires: Jeremiah 17:9-10, 1 Corinthians 2:11.

the guilty person is yourself. It is a sense of justice God has instilled in each one of us. Yet we are commanded to forgive just as Paul instructed this church.

> **His forgiveness was not based on the feelings of believers, nor on the man's worthiness, but strictly on the forgiveness purchased by the LORD Jesus on the cross at Calvary.**

Expecting Reconciliation

Fortunately, the believers in this church responded to Paul's appeal. This is not always the case as churches have been known to split over the issue of forgiving a previously rebellious but now repentant member. The Corinthians did welcome him back into their fellowship. Paul notes:

See what this godly sorrow has produced in you: what earnestness, what eagerness to clear yourselves, what indignation, what alarm, what longing, what concern, what readiness to see justice done. At every point you have proved yourselves to be innocent in this matter. (2 Corinthians 7:11, NIV).

While it may hurt temporarily to be scolded for not obeying Christ, the one who loves Christ will usually respond with godly sorrow – the desire to do what is right and clear up the matter. Not all churches practice what the Bible preaches in regard to forgiveness. As a result, there are many disillusioned believers who have forsaken the local church and many more unbelievers who have done the same.

Forgiveness can triumph over immorality when a clear moral standard is preached and practiced. When blatant sin occurs among believers, it must be confronted with gentleness but without compromise. And when the offender turns back to the LORD, he or she must find open arms willing to forgive, comfort, and love again.

Chapter Five Small Group Study Guide

Scripture Passage: *1 Corinthians 5:1-13*

Icebreaker: Discuss the following scenario with the group: *You enter a restaurant for lunch and notice your mother-in-law at a table. As you go over to greet her, you realize she is clearly in a romantic relationship with a gentleman who is not her husband.* Would you confront her in the restaurant – why or why not?

Observe

1. Corinth was morally bankrupt city where sexual sin was rampant, even in the spiritual centers. Should the church tone down its rhetoric in regard to sin in order to preach the gospel (after all, is it not more important that people get saved first)?

2. What are the consequences for a church that fails to clearly teach and consistently practice a biblical standard of morality?

3. There was a believer in the Corinthian church that was living with his stepmother (1 Corinthians 5:1-2). Would you have approached this fellow believer about this serious sexual sin – why or why not?

CHAPTER FIVE SMALL GROUP STUDY GUIDE

Learn

4. Paul had to command the church to disfellowship this straying believer (1 Corinthians 5:3-5). Why was this approach better than the church continuing to minister grace and mercy?

5. As a result of being disfellowshipped, the believer eventually repented and desired to return to church. Paul wrote to the Corinthian church again, asking them to forgive and comfort the man (2 Corinthians 2:5-9).
   a. Is there a sin so serious that you would be unwilling to accept a repentant believer back into your church?

   b. What about accepting this person back into your heart – would you **"reaffirm your love for him" (2 Corinthians 2:8, NIV)**?

   c. The Corinthian church eventually accepted Paul's admonishment on this and many other issues he raised in his first letter to them (the book of 1 Corinthians). Is this the normal outcome of a spiritual confrontation on a congregational level? Reference:

   Proverbs 15:31
   Proverbs 9:8
   Proverbs 25:12
   Ecclesiastes 7:5

Apply

6. How did God's process of forgiveness work out in the Corinthian church (2 Corinthians 7:11-13)?

7. Where will you draw the line between being everyone's judge and confronting sin in your church?

8. Do you know of a congregation member that is so important or influential that people are afraid to confront? If so:
   a. How will this impact the life of the church?

   b. How will this impact the next generation of believers being groomed in your church's children and youth ministries?

   c. If no one else will confront a rebellious but influential member of your church, what is your responsibility?

6.
Forgiveness Triumphs Over Betrayal -
Jesus and Peter

Peter asked, "Lord, why can't I follow you now? I will lay down my life for you." Then Jesus answered, "Will you really lay down your life for me? I tell you the truth, before the rooster crows, you will disown me three times!" (John 13:37-38, NIV)

One of the tragic realities of church life is betrayal. You grow close to someone, confiding in them, and trusting them – only to find out later they have betrayed your confidence. Sometimes it is in the form of a *confidential* prayer request on your behalf that turns into the latest gossip item. Other times it is more subtle and complex. Church leadership, in particular, has betrayed the trust of the people in many churches due to greed and immorality. You expect that one who *claims* to be a Christian is someone you can trust to say what he means and mean what he says. That just makes betrayal in church life all the more devastating.

Jesus faced numerous betrayals in his short earthly life. His *congregation* of disciples was loyal to a point. They misunderstood the role and mission of the Messiah (Christ), thinking He had come to overthrow the Romans and put Israel in charge of the Earth.[25]

---

[25] Edersheim, Alfred. The Life and Times of Jesus the Messiah. Wm. B. Eerdmans Publishing Co.: Grand Rapids, Michigan. 1977. p. 164. The dominant rabbinic teaching of the day was that Messiah was to be a mighty political leader. Hating the Roman rule, the Israelites wanted Messiah to bring about national restoration of Israel - overthrow the Romans and allow Israel to rule the Earth. The rabbinic view essentially put Messiah in a secondary position to the exaltation of the nation itself.

Forgiveness Triumphs Over Betrayal

When Jesus was hung on the cross and died, their hopes vanished. So they all fled.[26] One of those disciples was Judas Iscariot. He handed Jesus over to the authorities for 30 pieces of silver – the price of a slave. But the most damaging betrayal of all came from Simon Peter – the close friend whom Jesus had mentored for 3 years. And it happened on the most important night in Jesus' life – the night before He went to the cross.

> **Enemies can never wound you as deeply as your closest friends.**

A Confident Commitment

It was an intimate moment for Jesus and His disciples. They were all together in a room prepared to observe the Passover meal. As they were eating, Jesus instituted what we now call **"The LORD's Supper"** (or *Communion*).[27] The LORD's Supper is a beautiful memorial to the work of the LORD Jesus Christ on our behalf. In it we see a picture of the death of Christ on the cross for our sins – the breaking of bread representing His body being broken and the wine representing His lifeblood given for us. Jesus had prepared the disciples, warning repeatedly that He was to be crucified and then rise again the 3rd day.[28] They heard the words and were sorrowful as Jesus was sorrowful – but they did not truly

---

[26] Matthew 26:56. This was actually predicted by the prophet Zechariah over 500 years earlier (Zechariah 13:7).

[27] Matthew 26:26.

[28] Jesus refers to His crucifixion in Matthew 12:39-40, 16:21, 17:9-11, 17:21-2320:18-20, 20:28, 26:1-2, 26:24, 26:45; Mark 8:31, 9:12, 9:31, 10:33, 10:45, 14:21, 14:41; Luke 9:22, 9:44, 18:31, 22:22; John 12:23-24, 12:30-33.

comprehend what was about to happen. So the first communion was interesting but not very meaningful for the disciples. Only after His death on the cross would they cherish the memory of that night and grasp the profound meaning in the LORD's Supper.

Jesus made it clear He was heading down a path that only He could walk. His disciples could not follow Him to the cross. The only way for the sins of all mankind to be purged was for a perfect human to offer Himself as a substitute on their behalf. Just as a perfect lamb was offered as a sin sacrifice by the Levitical priest on behalf of the Israelites, Jesus became the once-for-all perfect Lamb of God sacrificed to pay the price for all our sins.[29]

Forgiveness for every single person was made possible by this once-for-all event.

Peter did not understand why he could not follow Jesus.[30] As usual, he took the statement literally. He loved the LORD and was even willing to die for Him. Why then could he not walk just a few steps behind as Jesus went to His next venue? Jesus, of course, meant figuratively that neither Peter nor the other disciples could go through a crucifixion that would erase the sin debt for all people.

Also, you have to wonder if Peter was doing this for a cause or a person. Love for a person is strong – it can drive people to great sacrifices: **"greater love has no one than this; that he lay down**

---

[29] John 1:29.
[30] John 13:37.

his life for a friend." (John 15:13, NIV) Love for a cause – it is not nearly as strong. It is much easier to betray a cause than to betray someone you love dearly. Either way, Peter's words were clear:

- **Even if all fall away on account of you, I never will. (Matthew 26:33, NIV)**

- **Even if I have to die with you, I will never disown you. (Matthew 26:35, NIV)**

- **Lord, I am ready to go with you to prison and to death. (Luke 22:33, NIV)**

Nevertheless, Jesus told him that before the morning rooster crowed twice, Peter would betray Him.

A Complete Contradiction

Jesus was arrested that night. As the Jewish religious leaders with the Roman soldiers came to take Jesus away, Peter acted boldly. He wielded a large dagger with obvious ignorance as to the proper way to handle it. But Peter managed to cut off the ear of the high priest's servant.[31] *Fightin' Peter* was ready to take on the whole Roman army. One could not imagine such a man betraying Jesus under any circumstances.

The sad story that follows shows us how quickly one's commitment to a cause can change when your own life is threatened:

"You are not one of his disciples, are you?" the girl at the door asked Peter. He replied, "I am not." (John 18:17, NIV)

---

[31] John 18:10.

Peter was not threatened by a Roman general or the governor of the province. He was not beaten up, tortured, or harmed in any way. A servant girl simply asked a question. And Peter betrayed the One he had emphatically committed his life to protect. And this was only the *first* betrayal.

As Simon Peter stood warming himself, he was asked, "You are not one of his disciples, are you?" He denied it, saying, "I am not." (John 18:25, NIV)

In the space of just a few minutes, Peter *twice* betrayed Jesus. What was he thinking at the time? This was typical of Peter's behavior in his early life, he just was too impulsive – a *ready, fire, aim* sort of person.

One of the high priest's servants, a relative of the man whose ear Peter had cut off, challenged him, "Didn't I see you with him in the olive grove?" Again Peter denied it, and at that moment a rooster began to crow. (John 18:26-27, NIV)

The last person to confront Jesus was the only one who might have been a real threat to Peter. The relative of the man whose ear had been severed by Peter's mishandled swordplay recognized him. He could have had Peter arrested on the spot. And, for the *third* time, Peter betrayed Jesus. He denied the One who loved him so much. He even cursed at them and cursed himself as he completely contradicted his commitment to Jesus. His work for the *cause* was over as he let the whole world know that Peter had no part with Jesus of Nazareth.

> **Love for a cause is never as strong or unwavering as love for a person.**

A Bitter Condition

Was Peter simply trying to be a *secret agent* – infiltrate the enemy stronghold and attempt to rescue Jesus? If you have any doubt as to Peter's noble intent, doubt no longer:

Just as he was speaking, the rooster crowed. The Lord turned and looked straight at Peter. Then Peter remembered the word the Lord had spoken to him: "Before the rooster crows today, you will disown me three times." And he went outside and wept bitterly. (Luke 22:60b-62, NIV)

What a striking moment it was! In the dim light of the fire, Peter saw the LORD Jesus coming out of the house, still under arrest. As the echoes of his curses died, he heard the caw of the rooster. Jesus stared into his eyes and Peter's heart was revealed. The bitter tears would not change the fact that Peter had utterly betrayed Jesus. And it happened exactly the way Jesus had predicted.

As LORD of all, Jesus knew Peter's heart better than Peter himself. His strong commitment was never to Jesus Himself but to a cause – the earthly kingdom that he believed Jesus would bring to Israel. When only lightly challenged three times, Peter totally compromised his commitment. In so doing, Peter betrayed the One who was about to lay down His life for him.

As bitter as Peter was about his personal failure, how do you think Jesus felt about Peter? He had loved Peter, mentored him, and invested years to teach and train Peter to be an effective servant of the LORD. And in one night, Peter threw it all away. If anyone had a right to be bitter, it was Jesus. Betrayed by His closest confidant,

Jesus was all alone to face the wrath of the Roman soldiers. Yet there was in Jesus that divine decision to forgive.

A Better Commitment

Jesus went on to be crucified – perhaps the cruelest and most humiliating punishment that can be inflicted on a human being. The LORD of glory endured the shame and the pain because one thing and one thing only: He loves you. He loves every single person who has ever lived or ever will live. His commitment was not to a cause. If it had been, Jesus would have given up – just as any one of us would do. Jesus was unwavering in His decision to carry out the Father's will[32] because He loves you.

His personal commitment to you enabled Jesus to endure torture and death so that you might experience His forgiveness and a personal relationship with Him forever.

After Jesus rose from the dead, He appeared to hundreds of people for 40 days. In one encounter, He confronted Peter in front of the other disciples. And how did Jesus confront the one who had betrayed Him so completely? It was a simple question, not unlike the question the servant girl posed to Peter:

"Simon son of John, do you truly love me more than these?" (John 21:15, NIV)

Jesus was already willing to forgive Peter. The road to forgiveness was wide open in Jesus' heart. But there was something

---

[32] Luke 22:42.

that Peter needed. He had to understand the depth of Jesus' love for him and his own misguided commitment. Jesus twice asked if Peter loved Him with a self-sacrificing kind of love – the kind of love that compelled Jesus to give His life for us. Peter twice replied that he loved Jesus with a brotherly kind of love. In fact, he said, **"you know that I love You [*with a brotherly kind of lo*ve]."**[33] Peter was unable to offer his prior *"I'll even die for you"* commitment to Jesus because he knew that Jesus knew better.

Finally, Jesus asked if Peter even loved Him with a brotherly kind of love. Peter was hurt because he was once again being challenged in his relationship with Jesus. But instead of compromising or giving up, Peter stood his ground. He affirmed that Jesus was LORD in saying, **"Lord, you know all things; you know that I love you." (John 21:17, NIV)** Peter was saying, *"LORD, you have knowledge of everything and every thought. You know my heart. I cannot hide anything from you. I cannot tell you that I love you with the same self-sacrificing love that You have shown me. But I love you like my own brother. And you know this to be true." (paraphrase)*

With that confession, Peter was forgiven and restored in his relationship with Jesus. He was being completely, brutally honest with himself and with the LORD. Jesus then assured Peter by predicting that he would one day glorify God by dying for Jesus. The key to his success was in Jesus' command: **"Then he said to him,**

---

[33] John 21:15. Jesus asked if Peter loved Him (Greek word "agapao" which means the self-sacrificing kind of love). He replied that Jesus knew that Peter loved Him (Greek word "phileo" which means a brotherly kind of love). The English translation of both these words as simply "love" does not capture this important nuance of the conversation.

'Follow me!'" (John 21:19, NIV) Jesus indicated that as Peter made a commitment to Jesus *personally* – not to a cause or a mission – he would indeed love with a self-sacrificing love.

Forgiveness triumphs over betrayal with self-sacrificing love. Only this kind of amazing love can burn through the bitter roots of betrayal and allow the process of forgiveness to unfold. You have a choice. If you choose to hold on to the hurt you will wallow in bitterness. Success is found when you choose to love the one who betrayed you with a self-sacrificing kind of love. If Jesus could get the attention of the whole world through His sacrifice of love, surely your sacrificial love can get the attention of those who have betrayed you. What prediction would Jesus make regarding the end of your life if you choose to love others the amazing way Jesus loves you?

> **Forgiveness triumphs over betrayal with self-sacrificing love.**

Chapter Six Small Group Study Guide

Scripture Passage: *Matthew 26:31-35, 69-75*

Icebreaker: *In your job, have you ever been passed over for a promotion in favor of someone less experienced and undeserving? How did you relate to the person who was given your job?*

Observe

1. After Jesus told His disciples they could not follow Him to the cross, Peter boasted that he would lay down his life for Jesus (Matthew 26:33-35). Was Peter's objection rooted in obedience or his own desires?

2. Peter also made his boast after Jesus prayed for him (Luke 22:31).
   a. What did Satan have planned for *all* of Jesus' disciples?

   b. Why do you think Jesus prayed specifically for Peter?

3. Was it bravery or bravado when Peter wielded a sword (*actually a large dagger*) presumably to protect Jesus (John 18:10)?

4. Jesus was betrayed when Peter denied Him three times in one night (Matthew 26:69-75). Judas Iscariot, also a disciple of Jesus for 3 ½ years, was a thief [34] who graduated to murder as he betrayed Jesus to the religious leaders (Matthew 26:14-16). And all of His disciples ran away when Jesus was arrested. Did Jesus fail in His work as a teacher?

Learn

5. Jesus gave all of us a command that is both simple and profound: **"Follow Me." (Mark 1:17, NIV)**
    a. Who is the object of this command?

    b. What is different in following a set of rules versus following a person?

    c. How does the character of a leader affect your willingness to follow?

---

[34] John 12:4-6.

PORTRAITS OF FORGIVENESS

6. Peter seemed to get the *follow* part of Jesus' command as he drew close to where Jesus was being questioned. What could drive Peter to deny Jesus in front of a servant girl after drawing a sword on Roman soldiers?

7. Peter's bitter tears drove him back to the fishing business. The resurrected Jesus confronted Peter – how did His questions alter the trajectory of Peter's life (John 21 and ref. question 5a)?

Apply

8. Think of a time in your own life when someone betrayed you:
   a. Had this person indicated he/she was fully supportive of you?

   b. Consider whether that person's commitment was to you personally or to a joint cause. Why do you suppose that was the case?

9. If you have experienced the love of Jesus Christ who gave His own life for you, is it possible for you to demonstrate this kind of love for the one who betrayed you?

10. Consider and write down some concrete ways that you can reach out to this person in love – ways that this person would recognize as love and not manipulation.

Part III.
Forgiveness in Community Life

No matter where you live, there is a need for forgiveness. The hard hearts of people create offenses great and small. Injustice abounds. People are gripped with fear that shatters the fellowship needed in one's neighborhood or home town. These are the themes that will be explored in the following chapters. In these three portraits, you will see how the process of forgiveness plays a critical role in the healing and reconciliation of people in any community.

7.
Forgiveness Triumphs Over Hardness - *Pharaoh, Moses, and the LORD*

By morning the wind had brought the locusts; they invaded all Egypt and settled down in every area of the country in great numbers. Never before had there been such a plague of locusts, nor will there ever be again. They covered all the ground until it was black. They devoured all that was left after the hail—everything growing in the fields and the fruit on the trees. Nothing green remained on tree or plant in all the land of Egypt. Pharaoh quickly summoned Moses and Aaron and said, "I have sinned against the LORD your God and against you. Now forgive my sin once more and pray to the LORD your God to take this deadly plague away from me." (Exodus 10:13-17, NIV)

In your community, there will be many people you encounter who have a hard heart. It could be a shopkeeper at your local store. Perhaps it is the coach of your child's ball team. It could even be an official in your community such as a city council member or policeman. Their hard heart will be obvious as they respond to you with indifference or cruelty. The one with a hard heart has a heavy heart, a great burden to carry around. So he or she usually tries to push this burden onto others to avoid the pain inside. Like the wake of a fast ship, the hard-hearted person will create waves of trouble and hurt feelings that reach far beyond his immediate path.

How do you deal with hard-hearted people? You can try to avoid them, but sooner or later you are bound to encounter them at work or school or at a restaurant. How do you respond to the hurts they inflict on you? Does forgiveness have a place when you are dealing with someone who refuses to acknowledge wrongdoing?

A Powerful Man in Charge

Pharaoh was the key official in the Egyptian community back around the 15th century B.C.[35] In fact, he was the most powerful man in the most powerful country in the world at that time. The Hebrew slaves numbered in the millions by this time and were driven mercilessly by Pharaoh's men. Pharaoh was quite content with this situation.

God, however, was not content to let this tragedy go on forever. He had promised Abraham that they would be enslaved four hundred years and then led to the promised land of Palestine.

> **God's promises never fail, even across hundreds of years.**

Now was the time for Pharaoh to let God's people go. Unfortunately for the indigenous people of Egypt, Pharaoh had no intention of letting his free labor pool simply walk away. When God sent Moses to deliver His command, Pharaoh said "*No!*" and made life even more difficult for the Hebrews.

Pharaoh greatly offended Moses, the Hebrew people, and the LORD Himself because of his hard heart. His foolish refusal to obey the command of the LORD brought ten devastating plagues upon his land. The plagues were the consequences Pharaoh brought

---

[35] Dating for the Hebrew enslavement depends on which Pharaoh is being referenced in Exodus. If it is Amenhotep II, then the Hebrews were enslaved into the 15th century. If Rameses II, then the dating would be in the 13th century. The biblical record points to the earlier date.

on himself and his people for disobeying the word of the LORD. As we see, the consequences of one man's sinful choices affect more than just the man but all whom he oversees. One of the hardest aspects of forgiveness to accept and work through is the exponential consequences of sin.

Forgiveness demands that the person who has wronged another be confronted. The offender who refuses to hear or admit that he has done wrong will not experience forgiveness but consequences. This is part of the process intended to bring about a changed heart. The plagues that destroyed Egypt were not coincidental but direct consequences of Pharaoh's hard heart. When one refuses reason and mercy, there is no other option left but judgment. As the Bible says, **"judgment without mercy will be shown to anyone who has not been merciful."** (James 2:13, NIV)

> Consequences often bring the unrepentant offender to a change of heart.

A Powerful Problem

In Exodus 10, Pharaoh has experienced several of the plagues and appeared to be softening up. Speaking to Moses he cried, **"I have sinned against the LORD your God and against you. Now forgive my sin once more and pray to the LORD your God to take this deadly plague away from me." (Exodus 10:16-17, NIV)** Is this an earnest plea for forgiveness - a humble, repentant heart asking for the LORD's forgiveness? Actually, it is not. Pharaoh, who hardened his own heart against the LORD, made this request to Moses. Numerous plagues had stricken the land. The latest plague was locusts - such a great swarm that the land was covered in darkness. Every green leaf of every tree and plant had been devoured by locusts. One can understand Pharaoh's urgent plea to Moses for relief.

Pharaoh was really saying this to Moses: *"Go and ask YOUR God to release me from the penalty He has imposed on MY sin."* Many people do this today. They confuse forgiveness with simply being released from the consequences of their sin - refusing to acknowledge their past sin and even continuing their sinful behavior. Pharaoh very carefully referred to the LORD as **"your God"** when he spoke to Moses. The LORD was not Pharaoh's God. Pharaoh continued to bow before the false gods of Egypt. Note also that Pharaoh asked that **"this deadly plague,"** meaning the locust plague and only the locust plague, be taken away from him. Pharaoh did not seek a righteous standing before God. He simply wanted the current pain to end.

Seeking forgiveness means more than seeking to be released from the consequences of one's sin.

Seeking forgiveness is an earnest plea of one's own sinfulness before God, a request to be forgiven from that which you can never make up to God, and a desire for righteousness - a right relationship with God once again.[36] Pharaoh did publicly acknowledge his sin against the LORD. Perhaps this is why the LORD

---

[36] Consider this aspect of David's confession to the LORD in Psalm 51.

removed the plague at this time. Pharaoh may well have been making a small step toward God. Yet, the subsequent text shows that he only wanted the consequences removed. He did not want a personal relationship with God. Moreover, he did not seek to be found righteous before God. As soon as the plague was lifted, we see that Pharaoh's heart became hard once again.

It may seem merciful to release someone from the consequences of their own sinful ways. Helping a drunk by covering up his continuing absences from work may seem kind and compassionate at the time. The father excusing the outbursts of an angry mother toward her children may seem justifiable in the name of unity. Yet, the failure to experience the pain of sin yields a hard heart that is still full of pride. As much as it hurts you to see it, you must be sure that the unrepentant person, once warned and twice admonished, pays the full price of his or her sin. Nothing less will turn a rebellious spirit back to the LORD.

Sometimes the hard heart will soften. Sometimes it will not, as we see eventually in the case of Pharaoh. But forgiveness can triumph over a hard heart only when the sinful actions and hard heart are forced to endure just consequences. As the LORD indicated, **"I tell you, you will not get out until you have paid the last penny" (Luke 12:58-60, NIV)**, meaning the hard-hearted person has confessed and forsaken every prideful, rebellious thought toward God and whomever he offended.

A Powerful Intercessor

The triumph for the one who has been hurt occurs when that person maintains a tender heart toward the hard-hearted soul, offering regular prayers to the Almighty on his behalf. Moses entreated the LORD for Pharaoh on more than one occasion.[37] He could have easily turned aside to watch the devastation continue.

A tender heart is one that is willing to accept the repentant offender back, and work towards reconciliation.

Forgiveness triumphs over the hard heart when a person's unrepentant sinful choices are allowed to reap their just consequences and the offended party continues to pray for the rebellious person, willing to accept him or her back into the relationship. If you are frustrated with a loved one who has walked down the path of rebellion and has hardened his or her heart toward you and God, take this matter up with the LORD. Do not give up on your loved one but use the frustration as a catalyst for fervent, persistent prayer. Do not allow bitterness and resentment to creep into your heart but remain open to loving, caring, and accepting your loved one back one day. You may not be able to change your loved one but God can. And He eagerly listens to the heartfelt prayers of His children.

---

[37] Reference Moses' intercession for Pharaoh: Exodus 8:12, 8:30, 9:33, and 10:18.

Chapter Seven Small Group Study Guide

Scripture Passage: *Exodus 8:16-32*

Icebreaker: *If you were one of the candidates in a presidential election, suffering unrelenting, unjustified attacks on your character, how would you relate to the attacking candidates?*

Observe

1. How do you know if someone is earnest in asking forgiveness?

2. What if someone has a history of lying and asks forgiveness (reference Jeremiah 17:9-10)?

3. What do you think about Pharaoh's appeal for forgiveness to Moses (Exodus 10:16-17)?

> From the subsequent narrative in Exodus 10, we can see that Pharaoh still had a hard heart toward God. His request was not a sincere, humble request for forgiveness but a desire to be released from the consequences of His sin.

Learn

4. What is the danger of releasing a drunken employee from the consequences of not showing up for work *("After all, he has a family that will be hurt if he loses his job")*?

5. Moses prayed for Pharaoh and the plague was lifted (Exodus 10:18-19). **"But the LORD hardened Pharaoh's heart, and he would not let the Israelites go." (Exodus 10:20, NIV)** Does this mean God made Pharaoh disobey Him?

6. How was Moses able to intercede for Pharaoh after the way he treated Moses, the Hebrew people, and Almighty God?

7. Read about the widow and the unjust judge (Luke 18:1-8).

    a. What did the widow ask for regarding her situation? And what did she pray regarding her enemy?

    b. As you continually intercede for your hard-hearted friend or family member in prayer, how does this impact your faith?

Apply

8. Have you allowed a root of bitterness to harden your own heart? Look at the consequences in your own life of such bitterness (Hebrews 12:14-15).

9. Do you tend to give up easily on people who show no outward signs of softening? Study the passage on intercessory prayer taught by Jesus in Luke 18:1-8.

10. What happens to *you* when you gather with other believers to pray?

11. What happens to the group during such prayers (consider Matthew 18:19-20)?

12. Will you hold on to the confidence that God desires repentance and faith and will work hard in the lives of people to that end?

8.
Forgiveness Triumphs Over Injustice - *Jesus and the Roman Soldiers*

Jesus said, "Father, forgive them, for they do not know what they are doing." And they divided up his clothes by casting lots. (Luke 23:24, NIV)

It is a familiar story these days: a man is convicted of a crime, locked up in prison for many years, only to be found innocent by new evidence. The world system often brings injustice to our lives. There are times when the governing authorities following best judicial practices still enact punishment on an innocent man or woman. Recent technological advances in DNA testing, in particular, have demonstrated faulty judgments in cases going back five, ten, and even fifteen years. Fortunately for the innocent parties, the tests are now available to prove their innocence. But nothing can give them back the years lost, fix their tarnished reputation, reverse financial hardships, and erase the memories of physical suffering in prison. With such an experience, one could grow very angry toward the accusers, cynical and bitter toward the authorities. Does forgiveness have any impact on such injustice? Let us look at the greatest injustice of all time to see the incredible power of forgiveness.

A Troubling New Kingdom

For 3 ½ years, Jesus had a public ministry that began with a simple theme: **"The kingdom of God is near. Repent and believe** the good news!" (Mark 1:14-15, NIV) One would not expect to be martyred for such a statement. Yet the public ministry of Jesus evoked strong emotions from both disciples and detractors. Jesus' words were often in conflict with the establishment. The religious leaders were the ones in control; they did not want anyone defying their legalistic traditions. But Jesus was taking people directly to the word of God, bypassing the prevailing traditions, prejudices and opinions. In the end, they decided to kill Jesus – but in secret so they would not create a riot among the people.

> **The word of God reveals the will of God which is neither popular nor politically correct.**

So the sinless Son of God was tried illegally in two different courts. He had a hearing with two Roman governors, neither of whom could find Him guilty of any crime. In spite of His innocence, Pilate, the governor of Judea, had Jesus whipped and then crucified. In great irony, He declared Jesus innocent but had Him sent to be killed while washing his hands publicly in a feeble attempt to declare his own innocence in the whole matter.

A Terribly Compassionate King

Jesus said, "Father, forgive them, for they do not know what they are doing." And they divided up his clothes by casting lots. The people stood watching, and the rulers even sneered at him. They said, "He saved others; let him save himself if he is the Christ of God, the Chosen One." The soldiers also came up and mocked him. They offered him wine vinegar and said, "If you are the king of the Jews, save yourself." (Luke 23:34-37, NIV)

At the crucifixion site, the picture at the cross is striking. The Roman soldiers stripped off His clothes and cast lots[38] for them. Then the soldiers' hammers pounded the nails that pierced our beloved Savior's hands and feet. Several women, including Jesus' mother, were right there at the cross with tears. Nearby, the people who watched were mocking and cursing Jesus, whose only offense was to proclaim the forgiveness of sins and eternal life to all who believe in Him. As they raised up our LORD on the cross, Jesus prayed a very unusual prayer to our Heavenly Father: **"Father, forgive them." (Luke 23:34, NIV)** What a statement! Here the soldiers were trying to kill Jesus in the most painful way possible and Jesus interceded with God the Father on their behalf. As they expressed intense hatred toward Jesus, He expressed unbridled love toward them. Jesus practiced the very command He gave to each one of us – **"love your enemies." (Matthew 5:44, NIV)**

A Tremendous Cost

What does it take to be willing to forgive someone who hurt you? A careless word or an evil deed creates an offense to the one who has been hurt. The offense is like a debt you owe to the offended party. It could be a small offense or a large one but there is a measurable cost to every offense. Unfortunately, there is nothing that can be done to erase what happened. The event is forever etched in the memory of the offender and offended. When

---

[38] Casting lots was a common 1st century practice similar to today's practice of rolling dice to determine a winner.

restitution can be made, it should be made but it does nothing to restore trust, hope, or broken relationships.

The cost or size of the offense is always determined by the one who has been hurt. And the character of that person weighs heavily on the valuation: the more righteous and godly the person, the greater the degree of any offense. Consider a thief who steals $100 from another thief. The one who lost the money is certainly offended but the degree of the offense is slight. Now consider a second thief who takes $100 from a godly, elderly widow who has no other source of income. Which offense is greater? The offense against the godly widow is far greater. Any jury hearing the two cases would certainly deliver a greater punishment in the 2nd case than for the first thief.

So if the degree of the offense is determined by the one who has been hurt and is heavily weighted by the character of that person, how much is God offended when you sin against Him even once? The

> **Jesus practiced the very command He gave to each one of us – to love your enemies.**

truth is: God is absolutely perfect in righteousness and holiness. In fact, holiness is the single attribute of God that is elevated to the third degree.[39] There is none like Him in this regard. With an infinitely righteous nature, the offense of even one sin is infinite in degree. Remember, the greater the offense, the greater the punishment that should be exacted for that offense. Think about this for a

---

[39] See the book of Isaiah where God is declared by the angels as **"Holy, Holy, Holy" (Isaiah 6:3, NIV)**.

moment – examine all the sins of your own life and add up the degree of punishment if each sin carries infinite offense to a holy God. Can anyone rightly say that we deserve anything less than eternal Hell for our sins? If only justice were to be served, then all human beings are confined to one life here and eternal punishment in the hereafter.

Fortunately for us, God chose another path. It is the path of forgiveness by His mercy. He made a way for you and I to be forgiven. That there is only *one way* is not a question of fairness. That there is *a way at all* is a reflection of the greatness of God's love for us! God's forgiveness, however, still requires justice to be served. The infinite offense of all the sins of all humanity had to be paid. And so we realize the mission of the LORD Jesus. As the Messiah (Christ),[40] He came **"…to seek and to save what was lost." (Luke 19:10, NIV)**. You and I and every other person are **"what was lost"** to sin.

> **God made a way for you to be forgiven.**
> **That there is only *one way* is not a question of fairness.**
> **That there is *a way at all* is a reflection of the greatness**
> **of God's love for you.**

Think about it this way. If you were in God's courtroom and He justly pronounced you guilty of sin, someone has to pay the penalty. You cannot pay for an infinite offense against a holy God.

---

[40] *Messiah* is the Hebrew word for our Savior, the LORD Jesus. *Christ* is from the Greek. Both words mean *God's Anointed One*.

So God, in His mercy, takes off the Judge's robes, walks down the steps where you are, and declares, *"I will pay your debt in full."* This is what Jesus did for you, me, and every other person who ever has or ever will live on this Earth. Jesus **"died for sins, once for all, the righteous for the unrighteous, to bring you to God." (1 Peter 3:18, NIV)** On the cross, Jesus did not simply die a cruel *physical* death – He died an incomprehensively cruel *spiritual* death as He paid the punishment for all sin for all time. None of us can truly imagine the horror of what happened to Jesus on the cross or appreciate the depth of torture He endured for us.

> **Can anyone truly appreciate the depth of the horror that took place on the cross?**

A Triumphant Cross

Do you see the irony of the cross? The very ones who nailed His hands and feet to the cross are the very ones He went to the cross to save. He went to the cross in our place. The very ones who mocked Him and hurled curses at His bloody, broken body, were the ones Jesus came to redeem. O what great love He has demonstrated for us, even while we were still sinning against Him![41] And there on the cross, while He was dying, He cried out, **"Father, forgive them." (Luke 23:34, NIV)** He said this to the people there at the scene, both Jews and Gentiles guilty of the blood of Christ. But

---

[41] Romans 5:8.

these were representative of all mankind of all nations. Therefore, Jesus interceded to the Father asking Him to forgive you.

How does forgiveness triumph over injustice? It goes the extra mile to demonstrate genuine love for the enemy who commits the injustice. Jesus loved us enough to go to the cross and make eternal payment for all sin for all time. He loved those who were indifferent while He was dying. He loved those who mocked and cursed Him. He loved those who hammered the nails. He loved those who had not even been born. His self-sacrificing love is necessary for you to:

- Forgive those whose actions are unfair and unjust
- Avoid cynicism and bitterness
- Win the battle against injustice

Self-sacrificing love enables you to "overcome evil with good." (Romans 12:21, NIV)

Look at what happened to the Roman soldiers in charge of the crucifixion. As Jesus died, the Bible says:

And when Jesus had cried out again in a loud voice, he gave up his spirit. At that moment the curtain of the temple was torn in two from top to bottom. The earth shook and the rocks split. The tombs broke open and the bodies of many holy people who had died were raised to life. They came out of the tombs, and after Jesus' resurrection they went into the holy city and appeared to many people. When the centurion and those with him who were guarding Jesus saw the earthquake and all that had happened, they were terrified, and exclaimed, "Surely he was the Son of God!" (Matthew 27:50-54, NIV)

A hardened soldier, commander of hundreds of men, one who had just crucified Jesus, was terrified at the goodness of Jesus and the signs that accompanied His death. Jesus' enemy suddenly acknowledged His identity as God's Son.

Because Jesus loved us all the way to the cross, and continues to love us right on through to the end,[42] you and I can love others with the love He has shown us – even to our enemies.

**To love one's loved ones is good and right.
But to love your enemies is the ultimate triumph
that fans the flame of forgiveness.**

The Roman soldiers marched down the road toward forgiveness as they acknowledged the reality of who Jesus Christ is: the Son of God. Have you responded to the love of Christ calling out to you from the cross: *"Father, forgive – <u>insert your name here</u> – for he/she does not know what he is doing to Me!"* Filled with His love and forgiveness, you will have more than enough to share with anyone and everyone in your life.

---

[42] John 13:1-2.

Chapter Eight Small Group Study Guide

Scripture Passage: *Luke 23:26-49*

Icebreaker – *Read this story: In 1893 Will Purvis, in spite of a strong alibi, had just been convicted of shooting his neighbor, Will Buckley. He jumped up and shouted to the jurors, <u>"I'll live to see the last one of you die!"</u> When they carried out the hanging, the rope slipped and Purvis survived. He was brought back up to the gallows for a redo. But with the fortuitous turn of events, the crowd demanded the sentence be commuted. So Purvis was taken back to jail. He was again sentenced to hanging a few months later but his family broke him out of jail. After a year on the run, Purvis turned himself in to the sheriff. His sentence was changed to life in prison. Someone took an interest in the case and realized the facts did not support Purvis' guilt at all. Even the main witness recanted his story and Purvis was pardoned 5 years after the original verdict. In spite of the injustice, he married and lived a pretty ordinary life. Dying at the age of 67, Purvis had lived four days after the last of the jurors died. It was quite the boast he made at his trial – but he fulfilled it.*[43]

Observe

1. The religious leaders were constantly critical of Jesus' teachings (Mark 12:13-17; Luke 20:1-8; John 8:48-59).

   a. How did they view God's word compared to their own teachings (Matthew 15:1-9)?

---

[43] Bovsun, Mara. Saved From the Noose. Daily News: New York, NY. September 20, 2008. Retrieved 5/2/2016 at http://www.nydailynews.com/news/crime/saved-noose-article-1.324040.

b. Did Jesus (God in the flesh) show any signs of bitterness as they challenged His teaching?

2. What does it mean to forgive ... To forget? To release? To ignore? To choose not to blame?

Consider what the Son of God had to endure on the cross as those whom He had given life slowly tortured the Author of life to death.

Learn

3. Jesus was giving His life due to an unjust sentence at the same time He was interceding for those who were killing Him (Luke 23:24).

   a. What kinds of pain did Jesus endure on the cross?

   Physical:
   Mental:
   Emotional:
   Spiritual:

   b. What kind of person would go through this kind of torture for people who hate and mock you?

4. The penalty of sin is based on the degree of the offense and the character of the one who is hurt. Since God is holy, is any sin too small to worry about (1 John 1:8-9)?

5. Why was Jesus the only one who could pay the penalty for sin (2 Corinthians 5:21)?

> **The only explanation for Jesus overcoming the great injustice of the cross was His even greater love for you and me (John 15:13).**

Apply

6. Considering what Jesus did for all of humanity on the cross, how costly is forgiveness for you?

7. If you choose to love your enemies (Matthew 5:43-48), will that let them off the hook when it comes to justice?

8. How will you overcome bitterness and resentment for the injustice others inflict on you (James 4:6-10; 2 Corinthians 12:9)?

9. Though He was God in human flesh, Jesus was a real human being who endured incomprehensible suffering. Can you endure the pain of your enemies with God's help?

10. Jesus endured this pain on the cross because of His great love – even His enemies. Are you choosing to love your enemies (like Jesus) or choosing to ignore, ostracize, or even hate your enemies (like a self-willed, rebellious person)?

9.
Forgiveness Triumphs Over Fear -
Philemon and Onesimus

… To Philemon our dear friend and fellow worker… I appeal to you for my son Onesimus, who became my son while I was in chains. Formerly he was useless to you, but now he has become useful both to you and to me. I am sending him—who is my very heart—back to you. I would have liked to keep him with me so that he could take your place in helping me while I am in chains for the gospel. But I did not want to do anything without your consent, so that any favor you do will be spontaneous and not forced. (Philemon 1:1, 10-14, NIV)

Have you ever been afraid of someone you hurt or wronged in some way? Onesimus was a slave who ran away from his master, Philemon. During the 1st century, and at most other times where slavery was practiced, this was a crime punishable by death. Onesimus was right to be afraid in this matter. His wandering course eventually landed him in jail where he met the Apostle Paul, jailed for proclaiming the good news of Jesus Christ raised from the dead.[44] It was a life-changing experience for Onesimus.

Earthly Master and His Slave

He had been raised in the injustice and confinement of slavery. For one human to *own* another's life is a reprehensible

---

[44] "Paul, a prisoner of Christ Jesus" (Philemon 1:1, NIV); "Paul – an old man and now also a prisoner of Christ Jesus" (Philemon 1:9, NIV); "while I was in chains" (Philemon 1:10, NIV).

practice and should always be condemned.[45] God is the Author of life, not any human. God owns all of creation including every person. Nevertheless, the sinfulness of humans leads us to do many deplorable things such as slavery. Onesimus lived without hope of gaining his freedom, at least hope in the world's system. He most likely lost hope and became desperate enough to risk his life attempting escape.

> **No one can own another person. God is the Author of life, the Creator who owns everything.**

His feelings toward Philemon were surely ill will, bitterness, anger, and quite possibly revenge. But God had other plans for Onesimus and Philemon.

Philemon, on the other hand, was no doubt angry in his own way. As the *owner* of his slaves, he could not afford to have one slave successfully escape without risking an uprising among his other slaves. Judging from Paul's description of Philemon, he took good care of his slaves:

I always thank my God as I remember you in my prayers, because I hear about your faith in the Lord Jesus and your love for all the saints. I pray that you may be active in sharing your faith, so that you will have a full understanding of every good thing we have in Christ. Your love has given me great joy and encouragement, because you, brother, have refreshed the hearts of the saints. (Philemon 1:4-7, NIV)

---

[45] The book of Philemon does not condemn slavery. This is not because the Bible endorses slavery – it does not. But slavery is not the main point of this small book. Reconciliation is the main point. So the Bible mentions slavery as an observation of Onesimus' condition, not as an affirmation.

His **"love"** and **"faith"** were commended by Paul. Not only His love for the LORD Jesus but for all the saints. Philemon was an encourager who brought joy into people's lives. He also comforted and refreshed the faint of heart. Philemon is one the world would call a *good man*.

With that foundation, Philemon could easily have been outraged that Onesimus would leave his gracious home. Anger, bitterness, and a desire for revenge may have developed in Philemon's heart as well as Onesimus.

Heavenly Master and His Slave

While Onesimus was in prison, he encountered a man who was different from the rest. A man in love with someone called Jesus. Paul did not spend his time in prison despondent or bitter. But he *redeemed the time*,[46] concluding that God was in control of his circumstances and had him there for a reason. So Paul shared the life and mission of Jesus with Onesimus. He proclaimed the identity of Jesus: the Son of God and Savior of the world. Upon hearing how Jesus died for his sins and rose from the grave to prove He is LORD, Onesimus turned from his sins and trusted in the LORD Jesus. He found forgiveness and eternal life because he committed to following Jesus. The Bible tells us, **"Therefore, if anyone is in Christ, he is a new creation; the old has gone, the new has come!" (2 Corinthians 5:17, NIV)** Onesimus went into jail a bitter, angry

---

[46] "Be very careful, then, how you live--not as unwise but as wise, making the most of every opportunity, because the days are evil" (Ephesians 5:15-16, NIV).

slave to sin and walked out a joy-filled slave to the LORD Jesus Christ. He found forgiveness and freedom in his new life following the LORD.

Now comes a difficult decision for Onesimus: *"what do I do now?"* He is out of jail. He could attempt to run away from the Roman authorities. But they would surely hunt him down. The alternative was to go back to Philemon – at best as a slave but at worst killed as an example to other slaves contemplating escape. Neither option provided any hope of the *good life*. Because of his new faith in the LORD Jesus, there was only one thing he could do: follow the will of God.

> **Let everyone be subject to the governing authorities, for there is no authority except that which God has established. (Rom. 13:1a, NIV)**

Heavenly Plans on Earth

Here we reach a rather difficult subject. Onesimus was a slave to Philemon. Legally, slavery was both permitted and enforced. This does not make it right in God's eyes by any means. But God has ordained government and expects that **"…The authorities that exist have been established by God. Consequently, he who rebels against the authority is rebelling against what God has instituted, and those who do so will bring judgment on themselves." (Romans 13:1b-2, NIV)** This applies even when the law is unjust. Under this principle, Onesimus had to go back to his master, Philemon. His faith in the LORD Jesus required obedience to the word of God, as it does for all followers of Jesus.

Surely Paul and Onesimus had some serious discussions about this decision. Paul wanted Philemon and Onesimus to be reconciled. Onesimus did not want to go back but there was a pressing need for him to **"live by faith, not by sight." (2 Corinthians 5:7, NIV)** Onesimus had to trust God's hand in this difficult process of forgiveness, believing God would lead and protect him as he followed the LORD Jesus.

> Faith in the LORD Jesus requires obedience to the word of God.

Paul then wrote a letter to Philemon, interceding on behalf of the former slave. Paul desired that Onesimus be freed so he could help Paul in his ministry. After commending Philemon for his love and works of faith, he appealed to the heart of Philemon:

Therefore, although in Christ I could be bold and order you to do what you ought to do, yet I appeal to you on the basis of love. I then, as Paul—an old man and now also a prisoner of Christ Jesus— I appeal to you for my son Onesimus, who became my son while I was in chains. Formerly he was useless to you, but now he has become useful both to you and to me. I am sending him—who is my very heart—back to you. I would have liked to keep him with me so that he could take your place in helping me while I am in chains for the gospel. But I did not want to do anything without your consent, so that any favor you do will be spontaneous and not forced. Perhaps the reason he was separated from you for a little while was that you might have him back for good— no longer as a slave, but better than a slave, as a dear brother. He is very dear to me but even dearer to you, both as a man and as a brother in the Lord. (Philemon 1:8-16, NIV)

As an Apostle of the LORD Jesus, Paul could have issued an apostolic command for believer Philemon to free Onesimus on the spot. But he did not. Rather than force Philemon, he asked him to do the right thing. Paul gave Philemon seven reasons why he should forgive and receive Onesimus without retribution because:

1. Forgiveness reflects the love of Christ.

Paul first appealed to Philemon **"on the basis of love." (v9)** If Philemon could forgive Onesimus and welcome him back, it would glorify the LORD Jesus and reflect His love in Philemon's community in a very dramatic way. The legal penalty Philemon could exact was death. To give Onesimus his life and freedom would demonstrate a very different kind of love – different from anything the Roman world had to offer. The beauty of forgiveness is that it points more directly to the love of Christ than anything else we do. It reflects the love that Jesus spoke while dying on the cross: **"Father, forgive them, for they do not know what they are doing." (Luke 23:34, NIV)**

2. Onesimus is now a useful servant.

Paul also points out that Onesimus really was a new man. Before, as a slave to Philemon, he was **"useless." (v11)** This meant that his service as a slave had been worthless anyway. But Onesimus had a new master, the LORD Jesus, and was now **"useful to both you [Philemon] and me [Paul]." (v11)** Onesimus was finally living up to his name, which means *useful*.

Jesus makes a notable difference in the life of a person who yields to His will. The changes happen quickly for some but slowly for most. Old attitudes begin to change, former motivation (or lack of it) is replaced by the highly motivating love of Jesus Christ, and our service to others – whatever type of service that might be – becomes a reflection of our love for the LORD Jesus.[47]

3. The sovereign hand of God brought Paul and Onesimus together.

In verse 15, we gain a glimpse into the sovereign purpose of God's redemptive love for people. Paul asks the question of whether God allowed this unfortunate incident in Philemon's household so that Onesimus would hear and believe the gospel of Jesus Christ from Paul. Clearly the answer is *Yes!*

God made it clear He desires that every person be saved (1 Timothy 2:4) – to be forgiven of sins and brought into an eternal relationship of love with our Creator God. God is at work in your life and in the life of every person on this planet to draw you to this good news. He never forces us to love Him (that would negate the possibility of love). He had worked in the life of Onesimus and, finally, got through to him with the life-witness of His Apostle Paul. Paul was concerned that Philemon should not, in his anger, diminish the good work of God in Onesimus.

> **Jesus makes a difference in your life as you yield to His will. It may happen fast or slow, but by faith you become His new creation.**

---

[47] Colossians 3:22-24 explains that when we work for others, in any capacity, we are really serving the LORD Jesus. A reward for good service will ultimately come from Him – a reward that will last for eternity.

4. Onesimus is now Philemon's brother in Christ.

Not only should Philemon forgive Onesimus because of God's sovereign work, but the outcome is that he and Onesimus were now brothers (v16). They had a new relationship. No longer were Philemon and Onesimus master and slave but they were also brothers forever in the family of God. Their earthly relationship had to change because of the eternal change the LORD Jesus had made in Onesimus.

5. Paul promised to cover any financial loss.

In a sacrificial gesture, Paul assures Philemon he will personally pay him back for any loss associated with the departure of Onesimus. Paul said, **"If he has done you any wrong or owes you anything, charge it to me." (Philemon 1:18, NIV)** He stood in the gap for Onesimus even though it meant spending his own money. As a prisoner, Paul had very little to give (though we do not know how much Paul actually possessed). Nevertheless, he willingly offered it to make it easier for Philemon to do what was right.

6. Onesimus is Paul's ministry partner.

After Onesimus made his commitment to follow Jesus, he stayed with Paul to assist in his ministry. He called Onesimus **"my very heart" (v12)** indicating the depth of their new relationship. Working together for the kingdom of God has that effect – it binds the hearts of people around the common goal of sharing the love and message of Jesus Christ. Paul was an old man and **"in chains" (v10)** for sharing the good news about Jesus. He needed help. Onesimus had already proven himself an able partner in the gospel ministry.

7. Paul desired to see the fruit of Philemon's faith.

Philemon was a **"brother" (v20)** of Paul, not an earthly brother but a brother in the family of God. By faith in the LORD Jesus, every person becomes a child of God (John 1:12) and is brother or sister to every other child of God. But our faith does not end with receiving Jesus Christ into our lives as LORD and Savior. Faith is the vehicle that takes us down the road of growth and maturity in following Jesus. As we accomplish by faith the good works that God plans for us to do (Ephesians 2:10), we bear fruit in our lives – a changed life filled with love, joy, peace and all the other fruit of walking with Jesus (Galatians 5:22-23). Paul was looking for the fruit in Philemon's life. It would be obvious if Philemon forgave Onesimus, welcomed him as he would Paul, and then freed Onesimus to work with Paul. Paul laid out this plan for Philemon but did not command him to do it. He wanted Philemon to do this as an act of love and a reflection of his own faith in the LORD Jesus. Paul went so far as to say, **"Confident of your obedience, I write to you, knowing that you will do even more than I ask." (v21, NIV)** He knew Philemon and his faith well enough to be confident he would do the right thing. We must conclude that Paul and

Philemon were very close friends for Paul to be so bold in asking him these things.

The only way Onesimus could return to Philemon's home is through the path of forgiveness.

Onesimus feared the wrath and revenge of Philemon. Only forgiveness would overcome that fear. He would need courage to face his master and seek forgiveness. Paul's letter of intercession gave him comfort and hope in God's plan and provision.

Is there someone you have wronged or hurt and yet you are afraid to face? Remember the One who is on your side – the LORD Jesus Christ. He does not want you to live miserably with broken relationships but joyfully as you seek forgiveness and restoration. Trust in the sovereign hand of God who desires your relationships to be healed and restored. You may not have the Apostle Paul to write a letter for you, but you may find a mature brother or sister in the LORD to help out in much the same way. God's blessings will surely flow as you humbly work through the process of forgiveness and renewed relationships.

Chapter Nine Small Group Study Guide

Scripture Passage: *Philemon 1*

Icebreaker: *Imagine you were a slave owner in the 1st century and your livelihood depended on the free labor they provided. What would you do?*

Observe

1. If you were a slave who had finally escaped, how would you feel about your master?

2. As a new believer (Philemon 1:10, 16), Onesimus had a new master – the LORD Jesus. Paul taught him to obey God and the earthly authorities – including Philemon. And Paul encouraged Onesimus to return. What would you think about returning to the slave master from whom you escaped?

3. Philemon was a believer but also a slave owner – something very common in that day. How do you think Philemon reconciled his faith in Christ with owning another person?

4. When you have seriously hurt someone and direct confrontation is not advisable (even dangerous), how would you work through the process of forgiveness?

CHAPTER NINE SMALL GROUP STUDY GUIDE

Learn

Though slavery is wrong, God has established earthly authority that must be obeyed (Romans 13:1-5). The only exception is when earthly laws demand that you directly disobey God (ref. Acts 4:18-20 where the Sanhedrin commanded Peter and John not to speak of Jesus). Onesimus needed to return to Philemon as a matter of faith.

Volatile situations need time to calm down so that reason can be used instead of fists.

5. Philemon was also a believer who had been led to Christ by Paul (Philemon 1:1,5,19). What did Paul ask Philemon to do?

6. How did Paul approach Philemon with this request (Philemon 1:4-8)?

7. Why did Paul ask Philemon to forgive and release Onesimus (Philemon 1:9)?

8. How would a slavery-hardened community react to Philemon welcoming Onesimus back as a brother and granting his freedom?

Apply

The beauty of forgiveness is that it points more directly to the love of Christ than anything else we do.

9. What forms of slavery exist today? Certainly there are some areas of the world where people literally enslave other people. But consider the many things and ways that result in people being enslaved - just as captive and without freedom as one who is literally a slave to another.

10. How might you intervene on behalf of a friend who is caught in a sin that has seemed to enslave him or her?

11. Think of a person in your life with whom you need to be reconciled. Are you allowing fear to prevent your attempts to reconcile? Is this too a form of slavery?

Part IV.
The Process of Forgiveness

In the first three sections, you looked at portraits of people who worked through various aspects of the process of forgiveness. In this section, you will see these concepts brought together to explain the process from start to finish. The responsibilities of both parties in a conflict will be delineated along with other parties who can help bring about closure.

Forgiveness is a journey that must be taken to restore a broken relationship. While this is not a journey that many people begin with joy, many have found joy along the way and exceedingly great joy when people are reconciled. The healing of broken spirits and reconciliation of broken people is a marvel to behold. And it is possible because it is God's great desire that you **"love one another. As I have loved you." (John 13:34, NIV)**

10.
The Strategic Value of Forgiveness

Blessed are they whose transgressions are forgiven, whose sins are covered. (Romans 4:7, NIV)

Forgiveness is a blessed state indeed. With forgiveness, you find relief from guilt, shame, blame, and sorrow. The pain of a broken relationship is eliminated. The sorrow over the hurt you caused another is converted to gratefulness. Forgiveness also brings freedom. One whose **"sins are covered"** is free to enjoy life and relationships once again. Such is the strategic value of forgiveness. God's intent for each individual is to live free from guilt and free to relate to people in truth and in love. Forgiveness is the key to finding this freedom.

Why is forgiveness so strategically important in your life? Let us consider the alternatives. Suppose you have deeply hurt someone you love. Perhaps you have lied to your children. Perhaps you have cheated on your spouse or your employer. Or perhaps you talked badly about the minister at your church *(behind his back of course)*. Where you once had a close relationship, you now have a broken relationship.

How can you now demonstrate love to your children who want nothing to do with you? Your wounded spouse will not listen to any of your words, nor accept any gift to placate the pain. The

> **When your sins are covered by the cross of Jesus Christ, you are free to enjoy life and relationships once again.**

gossip you started about your minister will not only put a roadblock in your friendship but may well cause the minister to lose his position in the church.

The one offended has angry feelings that soon grow into bitterness, resentment, and even revenge. Left to itself, the relationship can become so strained that it may become irrevocably broken.

There must be a process for dealing with such situations. God, in His infinite wisdom, has given us the process of forgiveness. Through this process, a broken relationship can be mended and friendships restored. The process involves naming the offense, repentance, possibly restitution, and the granting of forgiveness. And forgiveness makes it possible to begin the reconciliation process with another.

> **Only through the biblical process of forgiveness can relationships be healed and restored to at least their former state, if not better.**

Many marriages have endured tragic offenses by one or both spouses, seemingly to the point where divorce was the only rational option. Nevertheless, these couples went through the biblical process of forgiveness and began a renewed relationship that became better and closer than they ever were before.

Now multiply the issue of broken relationships in a church congregation or workplace. The intertwined strands of relationships of one to another, the offender's network of friends and acquaintances, along with the network of the offended one, all make the process of forgiveness even more strategic.

The unity of a group is what enables it to accomplish its mission. Without a process for healing the hurts and reconciling the parties, the group will be fragmented and without focus. A church will fail to reach its community for Christ. A business will fail to pull together to accomplish its goals. A team will fail to execute in harmony and, instead, miss the mark.

It is vital that the process of forgiveness be understood and used to bring about the reconciliation and renewal of relationships. Only through a biblical process can we hope to achieve the vitality in our relationships intended by our Creator. Only through persistence in following His approach can we hope to bind up the loose threads in our dealings with one another.

11.
How God Forgives Us

Be kind and compassionate to one another, forgiving each other as God in Christ has forgiven you. (Ephesians 4:32, NIV)

The basis for forgiveness in human relationships is found in how God forgives us. God is the Creator of all things and His creation was perfect because He is perfect. God is holy and righteous at all times and desires that same holiness in those around Him. It is no wonder that the process of forgiveness in human relationships would be modeled after the remarkable process by which God forgives us. To understand this process, we need to look at how sin entered the world and created the first need for forgiveness.

God created the first man and woman as perfect creations of humanity. They were sinless as first created. Yet they had been created by God **"in His image" (Genesis 1:27, NIV)** with the God-given capacity to think, feel, and choose. Adam and Eve sinned when they used their reason to reach a bad conclusion about God's intentions and chose to take ultimate control of their lives. Because of the first human sin, God was deeply offended.[48] The process of

---

[48] The very first sin ever committed was in Heaven by the greatest angel that God ever made. Surprisingly, this angel's name is Lucifer (Ref. Ezekiel 28:14-17). Lucifer was an angel full of wisdom and perfect in beauty (Ezekiel 28:12). He held the exalted position of covering the holiness of God's throne. In spite of his wisdom, he allowed pride for his own beauty to enter his heart and corrupt his wisdom (v17). While God had created Lucifer without sin (v15), Lucifer chose to rebel against God and was cast out of his position in Heaven (Ref. Isaiah 14:12-15). This was the first sin ever committed. One of God's own angels rebelled.

forgiveness was now needed – not by God but by man. God could have chosen to wipe out humanity and start over and been perfectly just in so doing. But because God loved us so much, He chose to redeem sinful humans rather than destroy them. He chose to make forgiveness possible for every human being.

Did God simply look the other way when Adam and Eve sinned? Did He pretend that it was not really that important? After all, some would say, *"God is love according to the Bible and they committed such a seemingly small offense?"* The reality is that any sin against an

> **It is no wonder that the process of forgiveness in human relationships would be modeled after the remarkable process by which our Creator God forgives us.**

infinitely righteous and holy God carries infinite offense. And so Adam and Eve were permanently cast out of the perfect garden that God had made for them. He placed an angel to guard the entrance to prevent them from returning.[49] Furthermore, God cursed the serpent (Gen. 3:14-15), Eve (Gen. 3:16), the whole creation (Gen. 3:17), and Adam (Gen. 3:18-19). A loving God does not overlook sin.

Yet even while invoking these punishments to Adam and Eve, God provided the first glimpse into His ultimate plan for redemption – not just for the first two humans but for all humanity.

---

[49] It is important to note the tender love of God in preventing Adam and Even from reentering the garden. Had these first two humans gone back and eaten from the tree of life in their sinful state, they would have lived eternally with a sin nature. God mercifully prevented that from happening. He chose, instead, a remarkable plan of redemption through His Son, Jesus Christ.

In Genesis 3:15, the Bible says of the serpent, **"And I will put enmity between you and the woman, and between your offspring and hers; he will crush your head, and you will strike his heel." (NIV)** This is sometimes referred to as the *proto-gospel* as it declares that Satan (represented by the serpent) would **"strike his heel"** (a significant blow to the coming Messiah, offspring of the woman, Eve). Referring to Satan, this verse states that the Messiah will **"crush your head"** (striking a fatal blow). In this one verse, God makes the first of many references to the cross and the resurrection of Jesus Christ. The death of Jesus Christ on the cross appeared to be a significant victory for Satan. The resurrection of Jesus Christ once and for all crushed the power and penalty of sin over mankind.

> **Satan's plan was forever defeated when "Christ died for sins, once for all, the Righteous for the unrighteous, to bring you to God." (1 Peter 3:18, NIV)**

Even in God's confrontation and rebuke of Adam and Eve, He offered them the hope of forgiveness and reconciliation. That was God's purpose in confronting them in the first place. While the Scripture does not specifically lay out how or when Adam and Eve sought God's forgiveness, it is clear that they did so. Eve credited God for bringing forth a son named Cain (Gen. 4:1). And their second son, Abel, must have been discipled by his parents to love the LORD and make proper sacrifices to Him [50] – there was no one else on Earth at the time to do so.

It is always God's desire to reconcile with the wayward soul. **"He who conceals his sins does not prosper, but whoever confesses and renounces them finds mercy." (Proverbs 28:13, NIV)** Adam and Eve found mercy when they confessed their sin to God and, turning away from sin, they turned toward the LORD God. This is how a holy God forgives us.

One of the more striking examples of sin, confession, forgiveness, and reconciliation is in the life of King David. Here was a man after God's own heart.[51] Yet at one point in his reign, David became an adulterer and murderer. He compounded this sin by trying to pretend that everything was fine. God sent the prophet Nathan to confront the king before the people in his own court. David's confession is recorded in Psalm 51 where we read:

> It is always God's desire to reconcile with the wayward soul.

¹ Have mercy on me, O God, according to your unfailing love; according to your great compassion blot out my transgressions. ² Wash away all my iniquity and cleanse me from my sin. ³ For I know my transgressions, and my sin is always before me. ⁴ Against you, you only, have I sinned and done what is evil in your sight, so that you are proved right when you speak and justified when you judge. (Psalm 51:1-4, NIV)

---

[50] Abel was declared a righteous man – ref. Gen. 4:2-4; Matthew 23:35; Hebrews 11:4.
[51] Ref. 1 Samuel 13:14; Acts 13:22.

David thoroughly acknowledged his sin against the LORD and asked forgiveness. His desire was not to simply avoid the consequences of his sin but so that **"my tongue will sing of your righteousness. O Lord, open my lips, and my mouth will declare your praise." (Psalm 51:14-15, NIV)** His desire for forgiveness was rooted in a desire to glorify God. As he aptly put it, **"a broken and contrite heart, O God, you will not despise." (Psalm 51:17, NIV)** God not only forgave David but allowed him to remain on the throne to lead Israel.

When you seek God's forgiveness is your earnest desire to glorify Him through your life? So often we run quickly to God when we become aware of sin, not to glorify Him but to avoid the pain of our guilt. What is the difference between the desire to glorify God and the person who blurts out *"I'm sorry"* and moves on? A truly repentant heart is humble before God and desires nothing less than the glory of God.

Such a broken and contrite person will find forgiveness and cleansing from a holy but very loving God.

How does God forgive us? His love is unconditional but forgiveness is conditioned on your personal confession and repentance. With Adam and Eve, God confronted them in love and worked through the process of forgiveness. With David, God confronted him in love (through His prophet, Nathan) and forgave the repentant King. God forgives us when we acknowledge our sin before Him and seek His forgiveness. His forgiveness was made possible when His Son, Jesus Christ, paid the penalty for our sins on the cross. Our forgiveness is made possible when we confess and forsake our sins, trusting in the finished work of Jesus Christ on the cross. Nothing less will bring us back into fellowship with Him.

12.
How We Forgive Others

"Forgive us our sins, for we also forgive everyone who sins against us." (Luke 11:4, NIV)

If we were brutally honest with ourselves, we would have to admit that it is easier to accept God's forgiveness than to offer forgiveness to other people. God, in His infinite wisdom and tremendous compassion, graciously offers us complete forgiveness for all our sins – past, present, and future.[52] But when we have been deeply hurt by someone – an affair, a lie, an angry encounter, or unjust accusations – it is very hard to even consider forgiveness. Our natural desire is to get back at the other person.

Yet the very basis for offering forgiveness to other people is the incredibly complete forgiveness that is freely offered by God. Because of His gracious forgiveness of ALL our sins, we are enabled to love and forgive others who have hurt us. In fact, in presenting a model prayer for believers, Jesus taught us to pray: **"Forgive us our sins, for we also forgive everyone who sins against us." (Luke 11:4, NIV)** We keep a clean slate in our relationship with the LORD Jesus when we reaffirm our commitment to forgiving others based on His forgiveness of our own sins. We also see this in the book of Ephesians: **"Be kind and compassionate to one another,**

---

[52] 1 Peter 3:18.

forgiving each other, just as in Christ God forgave you." (Ephesians 4:32, NIV) The question you must face is this: If God is able to forgive ALL of your sins, then for what reason on Earth could you refuse to forgive someone of any ONE sin?

Let us first look at the basic process of forgiveness and then look deeper into the responsibilities of each party.

The Process of Forgiveness

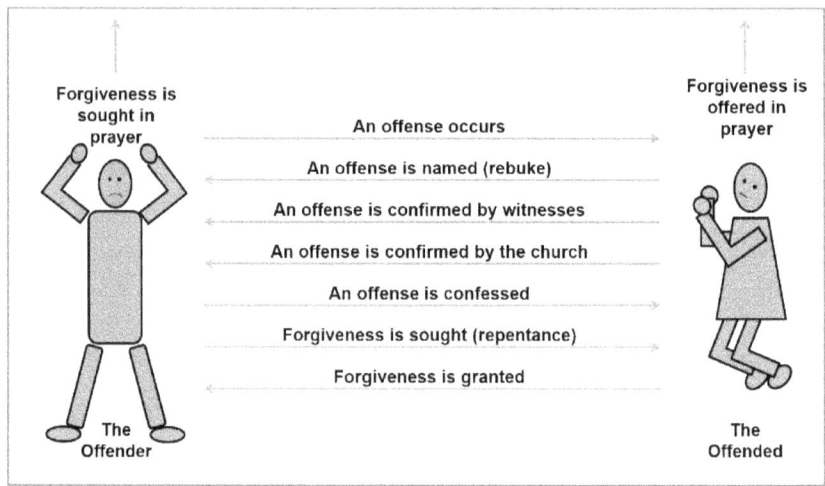

In previous chapters we have seen glimpses into the process of forgiveness. Each portrait of forgiveness showed us one or more aspects of the overall process. But here in just two Scripture verses (Luke 17:3-4), we can see the essential elements of the process:

- An offense occurs

- An offense is named (rebuke)

- An offense is confessed (repentance)

- Forgiveness is sought

- Forgiveness is granted.

Jesus instructed His disciples to be completely generous in their forgiveness – even if the person offends you seven times in the same day with the same offense! He also instructed those who cause the offense to be quick to confess and seek forgiveness. This is how the process is supposed to work. However, as human beings our natural inclination is to try to avoid responsibility, embarrassing situations, and uncomfortable duties. When we give in to our fears, we lose time in a valuable relationship. The longer we delay, the harder it is to forgive and the more entrenched we become in our *hurt*.

> **If God is able to forgive ALL of your sins, then for what reason on Earth could you refuse to forgive someone of any ONE sin?**

The process starts when an offense occurs. Working through the process of forgiveness is the responsibility of both the guilty party and the offended. Neither side can claim that the *other side* must go first. In reality, God always takes the first step in the process of forgiveness by offering complete forgiveness for your sins. And He provides grace for every moment of our lives. He is LORD of the process so there is never any shame for you in taking the first step.

If your brother sins, rebuke him, and if he repents, forgive him. If he sins against you seven times in a day, and seven times comes back to you and says, 'I repent,' forgive him. (Luke 17:3-4, NIV)

When Jesus shared this verse with His disciples, the first thing they asked for was more faith to be able to forgive.[53] Jesus made two key points in response:

(1) It is not *how much* faith you have but *in whom* your faith is placed.[54] Even if you have only a little faith – if that faith is placed in the God who created all things and possesses all wisdom and power – then all you need is a little faith. A little faith in a great big God can move mountains.

(2) Forgiveness is primarily a matter of *simple obedience*. Jesus told a parable of a servant who came in from plowing a field all day for his master. Would the master ask his servant to sit down at the table with him to eat? No, he would tell the servant to fix his meal and attend to his needs. After that, the servant could eat. And after doing these things, would the servant be commended in some special way? No, because the servant was only doing what he was told to do.[55]

Since we are commanded to seek and offer forgiveness, we need to obey. It does not matter that your feelings are screaming at you, *"Do not let this person off the hook!"* It does not matter the shame you feel over what you did to hurt the other person. Do what the LORD has commanded you to do. Keep in mind that once the offense occurs, the *clock starts* on the process of forgiveness. What matters is your obedience – not the results. You cannot control how another person will respond but you can be obedient to God's command regarding forgiveness.

---

[53] Luke 17:5.
[54] Luke 17:6.
[55] Luke 17:7-10.

The Responsibilities of the Offender

Your relationship to the people God has placed in your path is of vital importance. God has a plan for your life. People are at the core of that plan. When you break one of those relationships, God provides the process of forgiveness for healing and reconciliation. Just how important is this to God? Here is what Jesus said about it:

Therefore, if you are offering your gift at the altar and there remember that your brother has something against you, leave your gift there in front of the altar. First go and be reconciled to your brother; then come and offer your gift. (Matthew 5:23-24, NIV)

Jesus explained that it is more important to work things out in your relationships than it is to make an offering to God. What an incredible contrast! We naturally consider a gift to the LORD to be more important than anything else. But remember this – God created all things. He really does not need your gift at all. While it is important to give – for such offerings fund the work of His kingdom on Earth – what God desires more than anything is healthy relationships.[56]

---

[56] When asked the most important of all the commandments of God, Jesus gave two as equally important and equally intertwined: Love God with everything you've got and love your neighbor in the same way (Matthew 22:36-40). Our right relationship with God depends on right relationships with others. And we will not be able to love others without loving God first.

So here are the specific activities you need to carry out as the offender:

Stage 1 - The moment you realize you have hurt someone, acknowledge your wrongdoing to God, seeking His forgiveness.	**If we confess our sins, he is faithful and just and will forgive us our sins and purify us from all unrighteousness. (1 John 1:9, NIV)**
Stage 2 - Go privately and as quickly as possible to the one you hurt to make things right.	**Therefore, if you are offering your gift at the altar and there remember that your brother has something against you, leave your gift there in front of the altar. First go and be reconciled to your brother; then come and offer your gift. (Matthew 5:23-24, NIV)**
Stage 3 - Acknowledge your wrongdoing without excuse and commitment to fix the underlying issue(s).	**He who conceals his sins does not prosper, but whoever confesses and renounces them finds mercy. (Proverbs 28:13, NIV)**
Stage 4 - Repentance is a change of heart that makes a difference in your life. People can spot false humility a mile away. Humbly ask forgiveness from the one you hurt.	**If your brother sins, rebuke him, and if he repents, forgive him. If he sins against you seven times in a day, and seven times comes back to you and says, "I repent," forgive him. (Luke 17:3-4, NIV)**

To sum up your responsibility as the offender: If you know, go! Take responsibility for what you did. Acknowledge that it was wrong. And be specific about what you did wrong. A general statement of *"I'm sorry if I hurt you in any way"* shows little respect for the one you hurt. Be sure to ask the offended party for forgiveness. If you act in love and humility, you will find forgiveness most of the time. But even if you receive angry words instead of forgiveness, make sure that for your part you have fully obeyed the LORD's command. That is your responsibility. Trust that God will work in the heart and life of the offended party just as He has worked in your life.

The Responsibilities of the Offended

You feel no greater pain than when someone you care about wounds you. If a stranger utters a careless word, you feel the hurt. But if a loved one fails you, you experience a relational pain that goes deep into your soul. The thought of forgiveness is usually far down on your priority list. Yet as the one offended, you have the unique opportunity to demonstrate the grace of God in a very tangible way. It was God who first reached out to us to offer forgiveness: **"But God demonstrates His own love for us in this: While we were still sinners, Christ died for us." (Romans 5:8, NIV)** By working at forgiveness in spite of the pain you feel, you can show the world how God's forgiveness has worked for you.

Just as the offender has responsibility for initiating the process of forgiveness, you also share that responsibility: **"If your brother sins against you, go and show him his fault, just** between the two of you." (Matthew 18:15, NIV) Here are the activities you need to carry out:

Stage 1 - Be quick to forgive the offender before God so that a root of bitterness will have no place to take root.	And when you stand praying, if you hold anything against anyone, forgive him,[57] so that your Father in heaven may forgive you your sins. (Mark 11:25, NIV)
Stage 2 – Humbly and lovingly confront the offender privately.	If your brother sins against you, go and show him his fault, just between the two of you. If he listens to you, you have won your brother over. (Matthew 18:15, NIV)
Stage 3 - If needed, confront the offender with 2-3 witnesses.	But if he will not listen, take one or two others along, so that "every matter may be established by the testimony of two or three witnesses." (Matthew 18:16, NIV)
Stage 4 - If the offender will not listen to private reason, confront the offender through your church.	If he refuses to listen to them, tell it to the church; and if he refuses to listen even to the church, treat him as you would a pagan or a tax collector. (Matthew 18:17, NIV)

---

[57] The word "him" is not in the Greek text. The command to forgive speaks to the attitude in your heart.

Stage 5 - Grant forgiveness to the repentant offender no matter how many times the cycle repeats.	**If your brother sins, rebuke him, and if he repents, forgive him. If he sins against you seven times in a day, and seven times comes back to you and says, "I repent," forgive him."** (Luke 17:3-4, NIV)

When you need to approach someone who has offended you in a major way, keep in mind these principles:

- **Private confrontation** – There is no need to escalate the offense. If you approach the offender in public, you will find the person naturally defensive. Find a quiet, private time to speak with him/her.

- **Facts not emotions** – In spite of whatever pain you feel, you must deal in facts rather than emotions. When the Bible says, **"If your brother sins, rebuke him" (Luke 17:3, NIV)**, it does not mean you get to yell at the offender. Rather, the word **"rebuke"** means to carefully lay out the facts (as would happen in a court of law) while showing respect for the person. Every human being deserves your respect for each of us has been made in the image of God.[58]

---

[58] Genesis 1:27.

- **Reconciliation not punishment** – Your goal in showing the offender the fault is not to punish but to reconcile with the offender. You will not be able win your brother over until you have worked through the process of forgiveness yourself.

- **Humble witnesses** – At times, a private one-on-one confrontation will not be enough. You should certainly make several humble one-on-one attempts to work through the process. After earnest individual efforts have failed, you may need to bring along two or three humble, devout Christians to help you mediate your differences. Often the wise counsel of believers who have experienced this process many times in the past can help you to win over the offender.

It is important that you work diligently at the process of forgiveness. Again, as the offended party you have a tremendous opportunity to show the love of God at work in you. Even if you are unsuccessful in turning around the relationship, everyone involved will see your earnest work as a reflection of the grace and forgiveness of God. You will influence many people to seek God's forgiveness simply from your outward demonstration of obedience in this process.

The Responsibilities of the Church

If all attempts to reconcile the relationship have failed, the church herself has a responsibility to intervene. If the offender will not take responsibility and acknowledge the wrong, or if the offended will not offer forgiveness, the church body needs to take action:

If he refuses to listen to them, tell it to the church; and if he refuses to listen even to the church, treat him as you would a pagan or a tax collector. (Matthew 18:17-20, NIV)

The church has responsibility to work with the believer(s) in this process. Obviously one who is neither a church member nor a believer in the LORD Jesus Christ may refuse the authority of God's word or the church as a mediator in the process. But the church must actively pursue forgiveness by working with the believer(s). If the believer is the offending party and is unrepentant, the church should bring the believer before an official body (e.g. – a board of deacons or elders) to show him/her the fault and encourage him/her to seek forgiveness in the name of the LORD. If the believer is the offended party and refuses to forgive, the church should do the same. For at that point, the offended party has now become disobedient to God and needs the church to help them see their own fault.

Church discipline such as this is rare today. Fear of losing important members and even fear of lawsuits has caused many churches to avoid such formal proceedings. Yet this is one of many reasons that churches lose their vitality and strength of witness to their community. For if God does not help believers work out their differences, why should the unbelievers in the community pay any attention to the church? Such discipline should be rare but it needs to take place in the name of the LORD and with great reverence and humility.

> **A church should never let fear of how the world may react overcome her fear of the LORD and being obedient to His command.**

The Power of an Intercessor

Rebuilding a broken relationship requires time, humility, and wisdom regarding the individual(s) involved. It is a process that is ripe for failure at practically any point. From a human standpoint, it is a high-risk proposition. Therefore, any time you need to work through this process of forgiveness, you need the LORD to work in a powerful way. So bathe it in prayer. Your own personal time spent in prayer with the LORD will help to prepare your attitude and approach. And praying for the other person will soften your heart toward reconciliation. Personal prayer is a prerequisite to engaging another in the process of forgiveness.

An even more important step is to engage several trusted Christians to intercede in this process. In the passage that discusses church discipline for the unrepentant believer (Matthew 18:15-20), the following verses explain that God oversees this process and that praying believers are critical:

Again, I tell you that if two of you on earth agree about anything you ask for, it will be done for you by My Father in heaven. For where two or three come together in My name, there am I with them. (Matthew 18:19-20, NIV)

Seek intercessors who will pray for you and the other party. You need believers you can count on to pray earnestly. Forgiveness between two previously estranged people is a beautiful, sweet thing to see. Yet it is the last thing the devil and the world want to see. The newspapers and tabloid magazines have front-cover stories of people with broken relationships. When was the last time you saw a front-page story of a redeemed relationship?

The process of forgiveness is set against a spiritual battle that goes on in the hearts of all parties involved.

So engage others to pray for all the parties in the process and for the process itself to unfold in a way that honors the LORD. When the process is successful, God will be glorified. Even if reconciliation never happens, your persistence in the pursuit of God's process for forgiveness will be a wonderful witness to the world.

13.
Practicing Biblical Forgiveness

And when you stand praying, if you hold anything against anyone, forgive him, so that your Father in heaven may forgive you your sins. (Mark 11:25, NIV)

In the first three sections, we saw portraits of forgiveness – different stories of people who had a broken relationship and how they approached the process of forgiveness. Different degrees of success and failure happened along the way. Yet we can see God at work in the lives of people to encourage repentance, forgiveness, and reconciliation. We also see the need for people to take action to work through the process. Forgiveness is a two-way street. While you must do your part, neither party can complete the process alone. But with time and appropriate action, forgiveness can happen and relationships can be redeemed. In fact, relationships can become even stronger than before.

The Apostle Paul was a very zealous missionary in his time. One of his companions was a young man named Mark (also called John). During one of Paul's trips to Pamphylia, Mark deserted them. Apparently he became scared during the frequent persecution Paul and his companions endured as they shared the good news about Jesus. In a later journey, one of Paul's mentors named Barnabas wanted to take Mark along on their next trip. Paul was not willing to take Mark again. Their dispute was so strong that Paul and Barnabas parted company and went their separate ways.[59]

It is interesting to note that we do not see any more references to Paul and Barnabas working together. Whether they ever worked through the process of forgiveness is not known. We do know that Paul worked things out with Mark. While in prison, Paul wrote about Mark to one of the churches and asked them to welcome Mark.[60] In his last letter, written just prior to his execution, Paul had this to say about the young man who deserted him on the mission field years ago:

Only Luke is with me. Get Mark and bring him with you, because he is helpful to me in my ministry. (2 Timothy 4:11, NIV)

What a beautiful picture of forgiveness and reconciliation! Mark was now **"helpful"** to Paul in the ministry work.

> **While the process of forgiveness is sound, we have to realize that people are imperfect.**

As we see in this example, even the Apostle Paul was human and imperfect. While he worked things out with Mark, he was apparently unable to do so with Barnabas.[61] The key principle is for you to do everything you can to work through the process, regardless

---

[59] Acts 15:36-41.

[60] Colossians 4:10.

[61] We really do not know whether Paul and Barnabas ever reconciled. We can only speculate that they did not since there is no further mention of the two men working together in any ministry event.

of whether the other party ever responds. When forgiveness happens and reconciliation begins, you too will see the beauty of the process and the majesty of God's handiwork. Be encouraged that many people before you have worked through this process of forgiveness to find renewed relationships that are even stronger than they were before.

Section IV Small Group Study Guide

Scripture Passage: *Proverbs 28:13; Matthew 5:21-26; Luke 17:1-4; Ephesians 4:32*

Icebreaker: *Can God make a rock so big He cannot pick it up?*

Observe

1. Is there any man-made problem too big for even God to solve?

2. If you have a broken relationship with someone, does it matter if you: *Love that person? Witness to that person? Minister to that person?* (ref. *Chapter 10 – The Strategic Value of Forgiveness*)

3. Paul did not think he could count on Mark but Barnabas thought Mark should go. Why do you think they had such a strong disagreement (Acts 15:36-41)?

Learn

4. How did God provide for our forgiveness (ref. *Chapter 11 – How God Forgives Us* and 2 Corinthians 5:21)?

5. Is God's forgiveness unconditional (ref. *Chapter 11 – How God Forgives Us* and Ephesians 4:32)?

**Forgiveness is a command to all Christians.
We forgive based on the process of forgiveness
modeled by God.**

6. Adam and Eve sinned against God by eating from the tree that God specifically commanded them to avoid. What was the big deal – could God have simply overlooked this seemingly minor issue (ref. Proverbs 28:13)?

7. How did God respond to the hurt and pain caused by Adam and Eve's rebellion (Genesis 3:8-13)?

_____
_____
_____

God forgives us when we acknowledge our sin before Him and seek His forgiveness. His forgiveness was made possible when His Son, Jesus Christ, paid the penalty for our sins on the cross. Our forgiveness is made possible when we confess and forsake our sins, trusting in the finished work of Jesus Christ on the cross. Nothing less will bring us back into fellowship with Him.

8. How do you go about the process of forgiveness if you are the offender (ref. *Chapter 12. How We Forgive Others*, section *The Responsibilities of the Offender*)?

Stage 1: _____

Stage 2: _____

Stage 3: _____

Stage 4: _____

9. How do you go about the process of forgiveness if you are the one who has been hurt (ref. *Chapter 12. How We Forgive Others*, section *The Responsibilities of the Offended*)?

   Stage 1: ....

   Stage 2: ....

   Stage 3: ....

   Stage 4: ....

   Stage 5: ....

Apply

10. Is it easy for you to accept God's forgiveness?

11. Is it just as easy to offer forgiveness to others? If not, why not?

12. If God is able to forgive ALL of your sins, is there any reason you cannot forgive someone that ONE sin?
    (ref. Matthew 10:7-8)

Frequently Asked Questions

No doubt there are many questions that have arisen in this study on forgiveness. Because every human being is unique, every situation requiring this process of forgiveness is just a little bit different. On the following pages you will find these typical questions on the process and some strategies for handling them:

1. *Does the offender have to repent before I can forgive him or her?*
2. *What do I do if the other party never wants to work through this process?*
3. *How do I keep my emotions in check?*
4. *What if the offender refuses to acknowledge any wrongdoing?*
5. *What if the offended party refuses to forgive?*
6. *Do I have to become friends with someone I forgave?*
7. *How do I work through the process when the other party has died?*
8. *I have done everything I can – can I just move on now?*
9. *I cannot seem to forgive myself for what I've done. How do I handle that?*

Frequently Asked Questions

Question	Answer
1. Does the offender have to repent before I can forgive him or her?	This is a little bit tricky because forgiveness for the offender is conditioned upon their repentance. But for the offended party, forgiveness is commanded. You must make every effort in working through the process of forgiveness. Remember that our forgiveness is modeled after God's forgiveness (Ephesians 4:32). God made every provision for our forgiveness and willingly offered forgiveness to every person through the work of His Son, the LORD Jesus Christ (1 Peter 3:18). He did so while we were still in rebellion toward Him (Romans 5:8). God went to extraordinary efforts to make forgiveness possible and accessible to us. You also must forgive this person before God and remain willing to grant forgiveness to the offender. Since we do not receive God's forgiveness until we personally repent and seek His forgiveness, forgiveness is not *efficacious* until the offender repents and accepts forgiveness.
2. What do I do if the other party never wants to work through this process?	Do your part - Love the person, pray for them, and be kind to them (Luke 6:27-31). Make earnest, humble, gentle attempts to approach the offender regarding the fault. Only when it is clear that the offender will not talk with you after several honest attempts should you stop approaching them regarding the issue. But never stop loving and praying for this person (ref. Romans 13:8).

Question	Answer
3. How do I keep my emotions in check?	People are not robots - relational issues nearly always come with high emotions. Yet giving in to those emotions can create additional problems that will require repentance and forgiveness. Just be sure to always think before you speak – don't get in a hurry. You need to keep your focus on the process and problem, not the person. When feelings of anger, betrayal, despair or whatever come up during a meeting with the other party, take a moment to examine the feeling. It may or may not be a legitimate response to the situation. Perhaps you do not have all the facts. Perhaps you are overreacting because of other issues on the table. Once you locate the source of the emotions, you can put it in the right context for discussion. You are always to speak the truth in love, not from raw emotions (Ephesians 4:15).
4. What if the offender refuses to acknowledge any wrongdoing?	Make sure the facts are clear. If the facts are in dispute and other people can shed light on the situation, then you may need to bring along the two or three witnesses to help distinguish the truth. If the matter is simply a dispute between two people that cannot be externally verified (*"You said this"* / *"No I did not"*), then you will not be able to escalate the process. At that point, you may need to reconsider whether the fault is really a major issue or something minor that can just be overlooked in love (1 Peter 4:8).

Question	Answer
5. What if the offended party refuses to forgive?	Ensure that you have done everything required on your part (genuine confession, repentance, asking for forgiveness). After several humble attempts have failed, you should get two or three witnesses (older, wiser believers) to go with you to help mediate the process. Because at this point, the offended party has become guilty of an offense by refusing to obey the LORD's command to forgive. Keep in mind also that while a person can forgive an offense and choose not to bring it up again – the bad feelings associated with the offense may linger. It is not fair to expect someone to forgive you and then immediately enjoy the same relational intimacy you had before. You will need to give the other party time to process the experience. And you will have to *earn* their trust again.
6. Do I have to become friends with someone I forgave?	As a believer, you should certainly be open to new friendships. The process of forgiveness does not *require* you to develop a deeper relationship than the one you had before the offense. However, when two people successfully complete the process of forgiveness, they often develop a deeper bond. The process of forgiveness builds trust and intimacy that can be the basis for a deeper relationship than you had before.

Question	Answer
7. How do I work through the process when the other party has died?	This question points out the necessity of confronting issues quickly. If someone has hurt you (or you have hurt someone – either way), the process of forgiveness can no longer be completed in full. However, you can do your part in conjunction with God: • Asking forgiveness if needed. • Letting God know your willingness to forgive the other party even though they are no longer alive. In other words, take the steps you can take and then leave the issue with the LORD. There is nothing else you can do in this relationship. And as a lesson going forward, work through your relationship issues quickly to avoid getting into this situation again. Keep short accounts with the people God has placed in your life.

Frequently Asked Questions

Question	Answer
8. *I've done everything I can – can I just move on now?*	You might need to take counsel with an older, wiser believer who will have the tenacity and courage to ask you the hard question: *Have you really done everything you can?* If you are not continuing to pray for the other person, love the other person, and taken all the possible escalation steps in the process, then you have not done everything you can. To *just move on now* indicates a decision not to have anything to do with the other person. Yet, as believers, we are commanded to continue loving one another as Jesus loves us (John 13:34). While you may never be *friends*, you must continue to be open to reconciliation.

Question	Answer
9. *I cannot seem to forgive myself for what I've done. How do I handle that?*	If you *cannot forgive yourself* then you first need to separate the emotions from the actions. Disregarding how you feel, the action you are left with is disobedience driven by pride. That may be a surprise when you feel so bad about yourself. But think about it – in essence you are saying, *"God's forgiveness is not good enough for me. Jesus did not die a horrible enough death for my sin. I must punish myself further to complete the process of forgiveness."* Now if God designed you and designed the process of forgiveness, then that should be enough for you. Continuing to drag the issue further is simply prideful on your part. Do you know best how to run your life or does your Maker? Humbly accept the release that God and the offended party has given you. And then move on. Secondly, the bad feelings are normal. But every time the bad feelings return, pray and thank God for His miracle of forgiveness. And then put right thoughts in your mind – **"whatever is true, whatever is noble, whatever is right, whatever is pure, whatever is lovely, whatever is admirable—if anything is excellent or praiseworthy—think about such things." (Philippians 4:8, NIV)** Over time, the bad feelings will diminish. A grateful heart will overcome bad feelings.

Small Group Leader's Guide

Portraits of Forgiveness is a unique teaching book in that it does not simply tell you how God's process of forgiveness works. It shows you portraits of real people with serious relationship issues and how God worked in them and through them to bring about forgiveness and reconciliation. The process works when you commit to following God's commands even when you do not feel very forgiving.

The *Portraits of Forgiveness* study guide was designed to be used in a group setting as a 10-week study. Sections I-III include study questions and key points after each chapter. The final section IV includes a study for the whole section since this is where the book integrates the complete process of forgiveness. Optionally, the group leader may decide to extend the study of Section IV over several weeks. In either case, participants should be encouraged to read through the chapter/unit prior to it being covered in the session.

Each lesson is organized around a series of questions. In each session you lead, go through the questions with the group one-by-one. Note this is not a race to the end. Be cognizant of the time commitment you asked of the group. But be sure to take the time the group needs on the questions. This study will evoke some strong memories and emotions that take time to process.

Some questions are open-ended. Such questions are for people in the group to ponder. Ask the question and wait for someone to respond. Never be afraid of a long pause – sometimes it will take people a few moments to formulate a response and get the courage to speak – particularly if they are the first to speak. Maintain eye contact with each member of the group so you can understand those who are eager to speak as well as those who may need some gentle encouragement.

An answer key, to an extent, has been provided on the following pages. Study through the Scripture passages as you prepare to lead – space has been provided to record for your own insights or thoughts that arise from the group as you discuss the questions. Some of the best responses to questions will come from the group dynamic as a topic is considered, discussed, and often resolved.

Be prepared for the impact this study will have on each participant. The stories illustrate common relationship challenges and offenses that will often trigger painful memories. As the Bible tells us, **"Be kind and compassionate to one another." (Ephesians 4:32, NIV)** Be patient as participants deal with the painful memories. Give them time to tell their story if they so desire. As a group, you can and should offer collective wisdom, guidance, and encouragement.

Together you can each learn to forgive others as God forgives us. What a difference a forgiving body of Christ will make in this world!

Small Group Study – Answer Keys

Chapter One Small Group Study Guide - Answer Key

1.
   - *Solicit answers from the group.*
2.
   - *Large family with many needs*
   - *Father who publicly showed favoritism toward Joseph*
   - *God gave special visions to Joseph but not to any of his other family members.*
3.
   - *He seemed somewhat oblivious to the favoritism.*
   - *He shared potentially embarrassing visions of the future with his family.*
4.
   - *Jealousy*
   - *Evil plans*
5a.
   - *Solicit answers from the group.*
5b.
   - *Ref. Genesis 50:19-21.*
   - *He held onto faith in Almighty God.*
   - *He kept his focus on what God was trying to accomplish in the midst of his tragic circumstances.*
   - *In times of tragedy it is imperative that you get focus off of yourself and circumstances long enough to realize that you are not in it alone - God is with you and He still has a plan and thousands of promises for you.*
6.
   - *Long-term relationship*
   - *You don't get to choose your family - God chooses for you.*
   - *Live together*
   - *Hard to keep secrets*
   - *No one ever forgets anything you ever did.*
7.
   - *Overcame terribly evil actions by the brothers*
   - *Not only brought a family back together, but it literally saved a family from death.*
   - *Allowed God's plan to proceed to bring His Messiah into the world through Joseph's family (ref. Revelation 5:5 where Jesus is called the "**Lion of the tribe of Judah**" – Judah was Joseph's brother).*

Chapter One Small Group Study Guide - Answer Key

8.	- *Personal response - each person will have personal thoughts/insights at this point since this is early in the study.*
	- *Important to note that Joseph's family had real issues, as do most families, and yet Joseph was able to work through them.*
9	- *Personal response*
	- *Important to note that we see in the lives of so many people how one person can make an extraordinary difference. Without forgiveness, one person may be hindered or held back from the good work that God has planned for them (Ephesians 2:10).*
10.	- *Personal response*
	- *They will watch and often model their relationships on how you relate to people. One generation influences the next.*

Chapter Two Small Group Study Guide - Answer Key

1.
   - *What to eat, what to play, what friends to have*
   - *Play one parent against the other due the parent's favoritism*

2.
   - *Probably - It's hard to imagine they were ignorant of the impact their favoritism had on the two boys.*
   - *Aware of the impact or not, Isaac and Rebekah share the blame for their favoritism and its impact.*

3.
   - *Shame kept Jacob away from his brother for years.*

4.
   - *In spite of his shortcomings, Jacob believed in God and His promises while Esau was "godless." Esau care nothing about God or his family. God's sovereign choice was that Messiah would be born from a family of faith.*

5a.
   - *Jacob grew up, got married, fathered children, and became a responsible provider. He grew spiritually as he experienced several special encounters with God (Genesis 28:10-17, 31:3-13, 32:1-2, 22-30).*

5b.
   - *It appears that Esau continued to walk away from God – marrying foreign women to spite his parents (Genesis 28:8-9).*
   - *Yet time provided Esau with perspective on his family relationships as he ran to meet Jacob, kissed him, and wept for joy (Genesis 33:4).*

6.
   - *Yes an important principle of faith.*
   - *Jesus said the most important commandment was actually two – love God with everything you've got and love others in the same way. You can't love God without loving people and you will not know how to love people without loving God.*

7.
   - *Personal response*
   - *It is nearly impossible for relationships between siblings to be unaffected by parental favoritism.*

8.
   - *Personal response*
   - *Once you set things right between yourself and God, you can overcome shame that keeps you from working things out with other people.*

9
   - *Personal response*

Chapter Three Small Group Study Guide - Answer Key

1a.	- *There is really no correct answer to this question - children with everything rebel and so do children with nothing.*
	- *This story shows that you can be a great parent and still have children that rebel against you and God.*
	- *Sometimes it is difficult to teach children from affluent families to be grateful for what they have.*
1b.	- *Personal response*
	- *Whether the son received the inheritance or not, consider that his rebellion had its roots on the inside.*
2a.	- *Consequences follow sin - Galatians 6:7-8.*
	- *One who constantly tests the boundaries at home and with God has to face the consequences in order to "connect the dots" between faith-based life and a self-willed life.*
2b.	- *Reality thinking - in regard to his present circumstances and uncertain future (Luke 15:16)*
	- *Reality thinking - in regard to the perfect provision of his father for both his family and his servants (Luke 15:17)*
	- *Reality thinking - in regard to the greatness of his father's love that he could go back home (Luke 15:18)*
	- *Reality thinking - in regard to his own responsibility for what happened (Luke 15:19)*
3.	- *Turned away from his life of sin –* **"So he got up and went to his father." (Luke 15:20, NIV)**
	- *Freely admitted his sin to God and to his father –* **"Father, I have sinned against heaven and against you." (Luke 15:18, NIV)**
	- *Humbly asked to be taken back home –* **"am no longer worthy to be called your son; make me like one of your hired men." (Luke 15:19, NIV)**
4a.	- *Salvation*
4b.	- *People in his life to point him to Jesus*
4c.	- *Protection from the folly of youth*

Chapter Three Small Group Study Guide - Answer Key

5.	- *Father filled with compassion rushed to take back his son.*
- *The son was restored to his original relationship.*
- *Revealed the jealous heart of the father's other son who was obedient out of a sense of duty rather than love.*
6.	- *Not likely (ref. question 2a & 2b)*
7.	- *God is love (1 John 4:16) and He never changes. The beautiful act of the father in this story is he never stopped thinking about, praying about, and waiting for his son to come home.*
8.	- *If someone truly loves you, you never have to be afraid (1 John 4:18) no matter how dire the circumstances.*
9.	- *Like the father of the prodigal son – watching and waiting for you to come home. And, like the father in this story, God will come running for you.*

Chapter Four Small Group Study Guide - Answer Key

1.
   - *Hold on to the familiar.*
   - *When you are uncomfortable, you naturally seek out what is comfortable to you.*
   - *You cannot control present circumstances but you can control the past memories - selecting only those that you like.*

2.
   - *Initially they went along with Moses (Exodus 12-14) – "anything is better than slavery" attitude.*
   - *Began to expect everything to be done for them - a reversal of roles from slave to master.*
     - *We want water (Exodus 15:22-25; 17:1-7).*
     - *We want food (Exodus 16).*
     - *We want a new god (Exodus 32:1).*
     - *We want meat (Numbers 11:4-34).*
     - *We want an easier life (Numbers 11:1-3).*
     - *We want to go back to Egypt (Numbers 14:1-4).*

3a.
   - *Personal response*

3b.
   - *They seemed to be going along with Moses but had not committed themselves to the LORD who freed them from slavery.*

4.
   - *Anger - yes. Actions - yes and no.*
   - *Breaking the Ten Commandments inscribed directly by God gives the impression that Moses was out of control.*
   - *But his later actions were decisive, courageous, and righteous.*

5.
   - *Destroy the idol and turn back to the true God.*

6.
   - *Yes - God Himself distinguishes sin in that He offers greater punishment for greater sins (Luke 12:46-48).*
   - *Yes - there are a multitude of minor sins that can and should be overlooked in love (1 Peter 4:8).*

Chapter Four Small Group Study Guide - Answer Key

7.	• *Confronted the people with the issue and took decisive action to destroy the idol (Exodus 32:20)*
	• *Confronted the spiritual leader he had left with them (his brother Aaron) about his goofy decision to make idols for the people (Exodus 32:21-22)*
	• *Followed God's direction to put to death all that refused to repent and turn back to God (Exodus 32:25-29)*
	• *He also offered his life in exchange for their salvation (Exodus 32:31-32).*
8.	• *Moses persevered with people even though he knew their fate.*
	• *Tragic consequences for the adults coming out of Egypt - not a single one entered the Promised Land.*
	• *The sin that breaks relationships has consequences. Forgiveness does not and should not attempt to eliminate the consequences of sin.*
9a.	• *Personal response*
9b.	• *Personal response*
10a.	• *Personal response*
	• *Note to the group – one must be willing to forgive those who have hurt you, especially in prayer. God knows all-things and He knows you and your situation better than anyone. You cannot hide your thoughts or attitudes from Him, nor should you.*
10b.	• *Personal response*
10c.	• *Make sure you examine the situation from all sides before acting.*
	• *Many Christians, out of a desire to help, end up hurting people in the long run because they meet selfish needs as opposed to real needs. Feeding a hungry person is noble but if a lazy person goes from church to church with the same tragic story to get money so he does not have to work, you do him no favor by feeding him or giving him money. You need to teach him to work to support himself.*

Chapter Five Small Group Study Guide - Answer Key

1.
   - The Bible teaches all believers should be **"speaking the truth in love." (Eph. 4:15, NIV)**
   - <u>How</u> you say something is as important as <u>what</u> you say when it comes to reaching people with the gospel.
   - Love and truth go hand in hand. Truth will not be heard without love. You cannot beat someone up with the truth and expect them to listen to you much less trust what you say. And yet love depends on truth for sound relationships.
   - Care must be taken not to sit in judgment over someone (explicitly or on a practical level) because of a particular sin. The ground is level at the foot of the cross. Every Christian is like one beggar telling another beggar where to find bread.

2.
   - If the church practices an unbiblical form of tolerance also known as "political correctness" then it fails to be true to God's word.
   - The Church becomes the same as the world and its mission is forfeited.
   - No reason for people to go to church

3.
   - Personal response
   - Consider if you had a personal relationship with this person, you have a responsibility to intercede.

4.
   - The straying believer and the congregation had become content with his sin.
   - The church must draw the line on major sin or she encourages others to do the same.
   - It demonstrates to the world the moral implications of God's righteousness.

5a.
   - Remember Moses was a murderer with a violent temper and King David an adulterer and murderer.
   - A repentant leader, however, does not go immediately back into a leadership role - lengthy period of counseling, mentoring, and testing should be conducted first.

Chapter Five Small Group Study Guide - Answer Key

5b.	- *Caution against "friendly church" disease. The church of Jesus Christ must be a place to make friends not just be friendly on Sunday.* - *Open hearts and lives beyond Sunday morning are necessary to make friends.*
5c.	- *This should be the normal outcome of a godly leader addressing a major sin in a congregation composed of a majority of believers.* - *Wise people listen to godly counsel (Proverbs 15:31, NIV).* - *Mature Christians appreciate someone pointing out the error of their ways (Proverbs 9:8, NIV).* - *Mature Christians see value in honest confrontation of their sin based on God's word (Proverbs 25:12, NIV).* - *Flattery is appealing but truth actually helps you (Ecclesiastes 7:5, NIV).*
6.	- *Major sin was confronted* - *Offender repented* - *People forgave* - *Offender restored to fellowship*
7.	- *Personal response*
8a.	- *It can cripple God's mission in favor of one person's personal preference.*
8b.	- *The next generation will learn that money/power is how you get things done.* - *The power of God and the wisdom of His word and ways will play no part in their churches, rendering them powerless to advance God's kingdom.*
8c.	- *Follow the proper lines of authority to make the issue known. But make the issue known.* - *Ultimately some churches and church leaders will refuse to deal biblically with a rebellious, influential member. If you have made the issue clear along all lines of authority and the church continues to allow this situation, it is probably time to find a better church.*

SMALL GROUP LEADER'S GUIDE

Chapter Six Small Group Study Guide - Answer Key

1. - *Element of pride in Peter's boast – everyone else will fail but not me.*
   - *If he said, "I hope that would never happen but you are the Christ and know all things," that might indicate his obedience to the LORD Jesus.*

2a. - *He planned to sift them like wheat.*
   - *Sifting involves shaking the wheat vigorously and straining out the kernel from the rest of the wheat stalk – basically taking the plant apart.*
   - *For the disciples, quite a bit of suffering was planned by the devil.*

2b. - *Peter was the leader of the disciples and, almost always, the first to act.*

3. - *His desire to do something for Jesus was genuine but his plan was not well thought out (pretty typical for "ready-fire-aim" Peter). Think about it – a simple fisherman taking on highly trained Roman soldiers.*

4. - *No – His teachings took root though the disciples turned away in fear and ignorance of what Jesus told them plainly would happen.*
   - *The reality of what Jesus had to go through on the cross was simply too different from what they had been taught all their lives.*
   - *But His core disciples – the Twelve minus Judas Iscariot – eventually turned back to Jesus and turned the world upside down with their testimony.*

5a. - *Not a set of laws or principles but a person – the LORD Himself.*

5b. - *It is much easier to bend the rules than betray a person – especially when that person is someone close to you.*

5c. - *The greater the integrity and love of the other person, the less willing you are to disappoint them.*

6. - *Personal response*
   - *Peter might have been trying out a "secret agent" role to find out what was happening. But that is not what Jesus had called Peter to do.*

Chapter Six Small Group Study Guide - Answer Key

7.	▪	*Peter had gone back to his old life as a fisherman. But Jesus called him to become a fisher of men. In this confrontation, Jesus let Peter know he was restored to his position of leadership of the disciples. Peter realized that his failure was not fatal. So he returned to following Jesus and became a great evangelist and teacher.*
8a.	▪	*Personal response*
8b.	▪	*Personal response*
9	▪	*Personal response*
	▪	*Our capacity to love is rooted in God's love for us. Our capacity to forgive is rooted in God's forgiveness for us.*
10.	▪	*Think of how the person you are trying to reach views "love" and try to speak their language.*

Chapter Seven Small Group Study Guide - Answer Key

1.
   - *Body language and verbal clues (known as halo data) might tell you for sure they are not sincere.*
   - *While someone may seem to be sincere, you really cannot know for sure - just accept what they say. You will need a place to start so start here.*

2.
   - *Some cultures see nothing wrong with lying to an enemy. Some people just lie to get ahead or avoid punishment.*
   - *Again, you cannot know for sure other than body language and verbal clues.*
   - *Only God can judge the intent of the heart (Jeremiah 17:9-10).*

3.
   - *He seemed to ask for forgiveness.*
   - *It was a public acknowledgement of sin.*
   - *We do not observe the halo data from the narrative.*
   - *We do, however, see how time revealed his lack of sincerity.*
   - *Definitely not seeking God's forgiveness (you cannot confess sin/ seek forgiveness on behalf of someone else.*

4.
   - *Does nothing to help overcome his problem*
   - *Encourages a hard heart toward sin*

5.
   - *God does not make people sin against Him.*
   - *A careful study of Exodus 7-11 shows that Pharaoh hardened his own heart toward God. Yet God continued to reach out to him. At times the Bible says that God hardened Pharaoh's heart - In the context of man's free will, we understand this to mean that God chose not to intervene. He allowed Pharaoh to remain in his defiant state.*
   - *In this case, Pharaoh was released from the consequences and continued to harden his heart toward God.*

6.
   - *Moses retained a tender heart toward Pharaoh.*
   - *Moses was willing to accept him back in a relationship.*
   - *Moses was willing to work toward reconciliation.*

7a.
   - *She asked for justice.*
   - *Her plea was for justice "against her adversary." She did not want the unjust action to prevail. But the word translated adversary refers to an opponent in a lawsuit, not necessarily an evil person or an enemy.*

Chapter Seven Small Group Study Guide - Answer Key

7b.	- *It works to soften your heart, or keep your heart soft, toward your friend or family member.*
	- *The process of forgiveness is difficult enough in relationships when one person has a hard-heart. It is nearly impossible when both are hard-hearted.*
	- *Intercession keeps you focused on the needs of others as opposed to self-absorption and the despair of not getting what you want.*
8.	- *Bitterness spoils you, not others. It causes trouble inside your heart and defiles your spiritual walk as well.*
	- *Allowing bitterness to take root will also negatively impact your relationships with others.*
9	- *Personal study and response*
10.	- *You gain inner strength and encouragement when you gather with other believers in prayer.*
11.	- *Your presence also encourages other believers. Telling someone "I'll pray for you" is good but actually praying for them in person is much more impactful for both of you.*
	- *You experience the presence of the LORD Jesus in a special way as you join together with others of the same heart and mind.*
12.	- *Personal response*

Chapter Eight Small Group Study Guide - Answer Key

1a.
- *The religious leaders of this day held to traditions (teachings) that had been passed down by previous Rabbis.*
- *The hold of tradition over their worldview and daily lives was so strong that God's actual word became less important than the rabbinical teaching.*

1b.
- *Bitter – no.*
- *Jesus became frustrated, even angry at times (Matthew 23:13-39), and rightly so, since these were supposed to be the teachers who proclaimed and explained the word of God.*

2.
- *To forget? No – you may never forget what caused the hurt.*
- *To release? In a sense yes – keep in mind that forgiveness is not a free pass to the offender – the offender has responsibilities in the process as well.*
- *To ignore? Absolutely not.*
- *To choose not to blame? Yes - Forgiveness is a choice not to bring the offense up again to the offender.*

3a.
- *Physical – Physical pain was the most visible of all. Starved, tortured, mocked, driven beyond endurance, nailed to a cross. On the cross, dehydration and suffocation was common as prisoners had to push up on the foothold to breathe. To speed death, soldiers would break the prisoners' legs. It was an excruciating death.*
- *Mental – Though He was the Creator of all, He was mocked and belittled by His creatures. Doubt was cast on His teachings and His faith.*
- *Emotional – Righteous anger toward those who tortured and crucified Him. Disappointment and despair as all His disciples fled when He was arrested. The only one left was His mother at the cross and John, His best friend.*
- *Spiritual – How could anyone comprehend the penalty for all sin for every human for all time being laid upon Jesus as He was physically dying? The weight of this burden can never be described in human terms. Jesus endured a spiritual beating far beyond any physical pain.*

Chapter Eight Small Group Study Guide - Answer Key

3b.	- *Either a fool (which Jesus was most assuredly not) or One who loved others so greatly He was willing to go through the worst pain imaginable to redeem those who hated Him.*
4.	- *Even the smallest sin (in human estimation) creates an infinite offense before a holy God.* - *Yet there are degrees of sin according to God's word (Matthew 5:22; Luke 12:47-48; John 19:11; 1 John 5:16).*
5.	- *In order to have an acceptable sacrifice, we see in Mosaic law that the sacrificial lamb had to be "perfect" – no outward blemishes or broken bones (Exodus 12:5).* - *The sacrifices were a symbol of what the Messiah (Christ) would do on the cross to offer payment for humanity's sin (Hebrews 9).* - *Only a perfect human could be offered as righteous payment for sin. Since all people have sinned (Romans 3:22-23), God Himself had to become a perfect man, live a perfect life on Earth, and then offer His perfect life for our sins (2 Corinthians 5:21).*
6.	- *Forgiveness is costly for everyone.* - *But for a believer in Christ, the context of our forgiveness is the cost of forgiveness to the LORD Jesus. He gave everything and endured more than any human can even comprehend.* - *So one must always put the cost of forgiveness in that perspective.*
7.	- *God is just and will enact perfect justice. Anyone who will not receive God's grace through Jesus Christ will absolutely, certainly, without exception face God's judgment.* - *And God's judgment is based on perfect knowledge and wisdom while human judgment is always flawed by bias, perspective, and imperfect knowledge.*

Chapter Eight Small Group Study Guide - Answer Key

8.	- *The hurt is real and the offense will never be forgotten. But God's grace can provide a balm for your soul.* - *As you forgive and remember you forgave over time, you will find the hurt becomes dulled and the memory of the offense will lessen in intensity.* - *Keeping the perspective of what Jesus did to forgive your sins puts the right perspective on the offenses of others that you have endured.*
9	- *Personal response*
10.	- *Personal response*

Chapter Nine Small Group Study Guide - Answer Key

1.
   - *Anger, bitterness, desire for revenge*

2.
   - *I don't want to go back - I'm afraid.*
   - *That would not be the "good life."*
   - *Remember, in the 1st century, slaves had no rights - Philemon could have executed or tortured Onesimus.*

3.
   - *It was so ingrained in the culture of Philemon's day that he may not have given it much thought. That is not meant to justify his action but merely an observation.*
   - *Philemon might have justified his ownership of Onesimus with his kind treatment toward all his slaves.*
   - *In the light of God's word, a believer would have to ignore key teachings on God's kingdom regarding love, individual accountability to God, and equality among His people.*

4.
   - *You need a mediator.*
   - *Enlist someone who is a mature, wise believer to intercede.*

5.
   - *Free Onesimus and accept him as a brother in Christ and partner in Paul's ministry.*
   - *Paul wanted Onesimus to continue helping in his ministry work - work that continued even while Paul was in prison.*

6.
   - *Do what you ought to do (Philemon 1:8).*
   - *Though a slave owner, Philemon was a good man who loved people (Philemon 1:4-5). Note - at this time, he may not have thought that slaves were people.*
   - *There is an inference in Paul's request that Philemon was already having second thoughts about keeping slaves. Guilt may have begun bothering him considering his new life in Christ.*

7.
   - *On the basis of love - to forgive a slave who escaped would shine the light of Christ's love into his home and community.*

8.
   - *They could take note of the beauty of God's love shown through Philemon's grace and compassion.*
   - *They would be encouraged to see what Jesus could do for them.*

Chapter Nine Small Group Study Guide - Answer Key

9	- *Sadly, direct ownership of people (slavery) exists in many countries today including the global problem of sex-trafficking.* - *One can also be a slave to others through financial distress.* - *People can enslave others in relationships through the threat of emotional and/or physical harm.* - *Sometimes life circumstances leave one with few personal choices (caring for a dying loved one for instance).* - *The idols in our lives (money, power, fame, sex) can entrap us just as surely as a slave was trapped in the 1st century.*
10.	- *Ensure your friend knows and understands your deep love for them and desire for their well-being.* - *Compassionately point out the biblical teaching on the sin that has entrapped your friend.* - *Listen to your friend and help them understand the biblical teaching and help them see its obvious application to their situation.* - *Pray for them to have courage to face the sin and, with God's forgiveness and help, overcome it.*
11.	- *Personal response*

Section Four Small Group Study Guide - Answer Key

1.
   - *Broken relationships can seem too big for even God to solve but they are not.*

2.
   - *Everything you do matters to God.*
   - *The command to love your neighbor applies even to your unlovable neighbor.*
   - *As long as the relationship is broken, you will have great difficulty in ministering and witnessing to your neighbor.*

3.
   - *Paul was a passionate, outspoken man who had confronted much opposition in his ministry.*
   - *Barnabas was a great encourager and mentor to people. His name means* **"Son of Encouragement", Acts 4:36, NIV).**
   - *Any disagreement has the potential to escalate into relationship-ending event.*

4.
   - *God sent His Son to pay the penalty for our sins - a price we could not pay ourselves.*
   - *Through His resurrection, Jesus declared that His sacrifice was accepted and, through faith in Him, you can be forgiven.*
   - *God provided everything we need to be forgiven.*

5.
   - *God's forgiveness is universally offered but comes with conditions.*
   - *His forgiveness requires that we repent of our sin and place our faith in the LORD Jesus.*

6.
   - *God is pure and holy. His creation was also pure and holy - in the beginning.*
   - *The sin of Adam and Eve, however small it seems to us, was huge in the grand scheme of things.*
   - *To an infinitely holy and righteous God, any sin creates an infinite offense - a debt that cannot be repaid.*

Section Four Small Group Study Guide - Answer Key

7.
- *God confronted them by asking if they had eaten from the tree. He knew the answer but wanted to hear them acknowledge what they had done.*
- *God presented consequences to the serpent, the woman, and the man (Genesis 3:14-19).*
- *Even in presenting the grave consequences of sin, God offered mankind hope:*
   "And I will put enmity between you and the woman, and between your offspring and hers; he will crush your head, and you will strike his heel." (Genesis 3:15, NIV)
- *Referred to as the "proto-gospel" this verse declares that Satan (represented by the serpent) would* **"strike his heel"** *(a significant blow to the coming Messiah, offspring of the woman, Eve). But the Messiah will* **"crush your head"** *(refers to Satan receiving a fatal blow). In this one verse, God makes the first of many references to the cross and the resurrection of Jesus Christ.*
- *The making of garments for Adam and Eve (Genesis 3:21-24) is more than just cosmetic. It sets the groundwork for the animal sacrifice that God would require to cover sin.*
- *The sacrifices of bulls, goats, and lambs commanded in the Law of Moses foreshadowed the sacrifice of Jesus –* **"the Lamb of God who takes away the sin of the world!" (John 1:29, NIV)**

Section Four Small Group Study Guide - Answer Key

8.
- *Do a walkthrough of the stages discussed in the section on <u>Responsibilities of the Offender</u> in chapter 12.*
- *Key points:*
    - *Stage 1: The moment you realize - keep short accounts in your relationship with God.*
    - *Stage 2: Privately - The issue is between you and the other person. Don't involve others at this point - it will only escalate the problem.*
    - *Stage 3: No excuses - No apology in the world will work if it includes "but…"*
    - *Stage 4: Specifically ask for forgiveness - The other person's feelings will not change immediately so don't expect that to happen. But if you have been sincere in these steps, then the offended party now has a responsibility to be obedient to the LORD and offer forgiveness.*

Section Four Small Group Study Guide - Answer Key

9.
- *Do a walkthrough of the stages discussed in the section on <u>Responsibilities of the Offended</u> in chapter 12.*
- *When you need to approach someone who has offended you in a major way, keep in mind these key principles:*
  - *Stage 1 - <u>Quick Response</u>: If you let a problem "percolate," like coffee, it will only grow stronger in its impact on your life.*
  - *Stage 2 - <u>Private confrontation</u>: There is no need to escalate the offense. If you approach the offender in public, you will find the person naturally defensive. Find a quiet, private time to speak with him/her.*
  - *Stage 3 - <u>Facts not emotions</u>: In spite of whatever pain you feel, you must deal in facts rather than emotions. When the Bible says,* **"If your brother sins, rebuke him" (Luke 17:3, NIV),** *it does not mean you get to yell at the offender. Rather, the word "rebuke" means to carefully lay out the facts (as would happen in a court of law) while showing respect for the person. Every human being deserves your respect for each of us has been made in the image of God (Genesis 1:27).*
  - *Stage 4 - <u>Reconciliation not punishment</u>: Your goal in showing the offender the fault is not to punish but to reconcile with the offender. You will not be able win your brother over until you have worked through the process of forgiveness.*
  - *Stage 5 - <u>Humble witnesses</u>: At times, a private one-on-one confrontation will not be enough. You should certainly make several humble one-on-one attempts to work through the process. After earnest individual efforts have failed, you may need to bring along two or three humble, devout Christians to help you mediate your differences. Often the wise counsel of believers who have experienced this process many times in the past can help you to win over the offender.*

	Section Four Small Group Study Guide - Answer Key
10.	▪ *Personal response – most people find it easy.* ▪ *Keep in mind some people have a difficult time "forgiving themselves" which is really another way of saying they find it hard to accept God's forgiveness.*
11.	▪ *No, because forgiveness is costly.*
12.	▪ *This is the key to being able to forgive others.* ▪ *1 Peter 3:18 indicates God has forgiven ALL our sins - past, present, and future.* ▪ *Since you have been freely given forgiveness for your sins, you should freely grant forgiveness to others.* ▪ *Forgiveness is a command to all Christians. We forgive based on the process of forgiveness modeled by God.*

About the Author

Randy Lariscy has a desire to go to Heaven but realizes that God has him on this planet to accomplish a kingdom mission. Spreading the grace of the LORD Jesus is his primary focus. Randy is a bivocational minister working in both the business and ministry worlds. Working in both business and ministry vocations has provided Randy with unique insights into the application of forgiveness in all types of relationships.

His spiritual gifts and passion have concentrated his ministry work in discipleship and evangelism. His ministry roles have been varied including that of Education Pastor, Evangelism Consultant, Radio Bible Teacher, and Supply Preacher. His latest role was with Piedmont Church in Marietta, Georgia working to strengthen their Bible study groups.

Randy holds a B.B.A. in Finance, M.A. in Pastoral Ministry, Master of Divinity, and Doctorate in Theology. Residing in Marietta, Georgia, he is happily married with two adult children and three grandchildren (so far).

Quality resources with significant spiritual impact

WordTruthPress.com

Look for these great resources from WordTruth Press:

	**Heaven** *Your Amazing Journey Home* Jesus gave you this amazing promise: **In my Father's house are many rooms. I go there to prepare a place for you.** What an amazing grace indeed is this place He calls Heaven. And Jesus wants you to be with Him there — He wants you to make the journey home. Heaven reveals both the present hope and incredible future for all who believe.

	**Natural Evangelism** *Strategies for Ordinary People to Make an Extraordinary Difference* Evangelism should be as natural as breathing but for many believers it is a word that leaves you breathless. Natural Evangelism is a lifestyle of sharing the love and message of Christ in the context of relationships you form along the way. Discover five long-term strategies that ordinary believers can practice in their everyday life zones. Use these strategies to develop prospects, create natural opportunities to share the good news, and see people develop a personal relationship with the LORD Jesus.
 *Available now* *$12.95 USD*	**Speedy Devotions** *Volume One – Wise Choices* Do you have only a little time to study the Bible? Or does the Bible seem intimidating in its size and scope? Many find it hard to stay focused on long passages of Scripture. Yet the Bible is God's word for all people. And even a small amount of God's word can have a profound impact on your life. Volume 1 is about wise choices. This devotional takes you through the book of Proverbs where you learn great wisdom in small portions each day

 *Available now* $9.95 USD	### The Book of Mark *Volume 1: Chapters 1-6* The Insight Bible Commentary Series (IBC) is designed with clarity in mind. Not only will you find clear explanations of what the Bible is saying but also unique insights into how you can apply God's eternal truths to daily living. The book of Mark is generally held to be the earliest account of the life of Jesus Christ. It clearly defines its purpose in the very first verse: **"The beginning of the gospel about Jesus Christ, the Son of God."** (Mark 1:1, NIV) From there, the narrative presents a rapid, almost urgent look at the life of Jesus Christ. He is shown to be the Son of God with great power and authority.
 $9.95 USD Qty 50	### The Ten Commandments *Evangelism Tract (Qty 50)* The Ten Commandments are shown on the front of this 3x5 card with a positive version of each command. On the back is a presentation of the gospel. It is printed with a glossy, color front and black-and-white back.
$9.95 USD Qty 50	### The Gospel of GRACE *Evangelism Tract (Qty 50)* This attractive 3x5 card presents the good news using the word GRACE as an acrostic. Each letter represents a different aspect of God's grace at work in salvation. Glossy, color front and black-and-white back.

Our Mission

The mission of WordTruth Press is to provide quality Bible-based resources with significant spiritual impact for individuals and churches. Education and evangelism are the main focus of WordTruth Press. Following the Great Commission of the LORD Jesus[62] this organization provides Bible-based resources to evangelize the world, encourage and equip believers and churches for evangelism, and provide solid Bible teaching to build up the body of Christ.

A key strategy is to find low-cost channels for production and distribution to maximize the availability of our resources to people around the world. WordTruth Press also offers many free resources for churches and individuals available online at:

www.WordTruthPress.com

---

[62] Matthew 28:18-20.

www.ingramcontent.com/pod-product-compliance
Lightning Source LLC
Chambersburg PA
CBHW070548050426
42450CB00011B/2766